DRUNTER UND DRÜBER
DER HEUMARKT

SCHAUPLATZ KÖLNER GESCHICHTE 3

Dank

Zum Gelingen der Ausstellung und des Begleitbands haben viele Personen beigetragen, ihnen allen sei herzlich gedankt:

Beatrix Alexander, Claus Bachem, Wibke Becker, Barbara Becker-Jákli, Stefanie Behrendt, Johannes Ralf Beines, Michael Beuth, Ulrich Bock, Jörg Borger-Besser, Martin Claßen, Johanna Cremer, Maurice Cox, Marion Euskirchen, Tilo Fastabend, Jürgen Fenske, Nadja Fernandes, Bettina Gärtner, Astrid Glüher, Andrea Habel-Schablitzky, Lucie Hagendorf-Nußbaum, Matthias Hamann, Klaus Hardering, Dorothea Heiermann, Jürgen Herres, Thomas Höltken, Mieke Jansen, Frauke Kemmerling, Hiltrud Kier, Jennifer Kirchhoff, Ralf König, Jan Krämer, Marion Kranen, Andreas Kupka, Wilhelm Kutsch, Herbert Labusga, Thorsten Laureck, Stefan Lewejohann, Doris Lindemann, Gudrun Meyer, Iris Metje, Jürgen Müller, Rüdiger Müller, Friederike Naumann-Steckner, Sanna Nübold, Bernhard Ostermann, Annette Paul, Sascha Pries, Nora Probst, Michael Puls, Henriette Reker, Helmut Roitzheim, Astrid Roth, Alfred Schäfer, Marius Schiffer, Bettina Schmidt-Czaia, Dirk Schmitz, Irene Schoor, Igor Schröder, Lothar Schwamberg, Günther Schwanenberg, Melanie Schwartz, Ulrich S. Soénius, Stefan Sommer, Hendrik Strelow, Claudia Teufel, Werner Tschacher, Rita Wagner, Thomas Werner, Miriam Wiegandt, Jennifer Wintgens, Moritz Woelk

Ausstellung

Idee: Mario Kramp und Marcus Trier
Konzept: Marion Euskirchen und Stefan Lewejohann
Mitarbeit: Johanna Cremer, Thomas Höltken, Jennifer Kirchhoff, Jan Krämer
Sekretariat: Petra Pfeiffer, Ursula von Pidoll
Praktikanten: Mieke Jansen, Marius Schiffer
Leihverkehr: Ulrike Hohn
Bildungs- und Öffentlichkeitsarbeit: Museumsdienst Köln, Wibke Becker
Plakate, Flyer: Rüdiger Müller und René Schulz, Köln
Objektfotografien: Wolfgang F. Meier, Sabrina Walz, Anja Wegner, Rheinisches Bildarchiv Köln, Römisch-Germanisches Museum/Archäologische Bodendenkmalpflege und -denkmalschutz der Stadt Köln, Kölnisches Stadtmuseum
Aufbau und restauratorische Betreuung: Kölnisches Stadtmuseum: Stefanie Behrendt, Jörg Borger-Besser, Andrea Habel-Schablitzky, Monika Helfmann, Kristin Krupa, Sevgi Özgür, Kim Ohm, Gerd Schweinsberg, Hendrik Strelow; Römisch-Germanisches Museum: Gabriele Aldrete, Klaus Bungarten, Karl Hainer, Inga Laurinat, Thomas Quaink, Nina Watrin, Martina von Zelewski

Objekte und Leihgaben

Kölnisches Stadtmuseum, Römisch-Germanisches Museum Köln, Brauerei zur Malzmühle, Schwartz GmbH & Co. KG., Martin Claßen Photographie, Archiv Wim Cox, Centrum Schwule Geschichte Köln, Dombauarchiv Köln, Astrid Glüher, Historisches Archiv der Stadt Köln, Prof. Dr. Hiltrud Kier, Kirchengemeinde St. Maria im Kapitol, Lorber Paul Architekten, Maritim Hotel Köln, Museum Schnütgen, NS-Dokumentationszentrum Köln, Theaterwissenschaftliche Sammlung der Universität zu Köln, Universitäts- und Stadtbibliothek Köln, Paulushof Wein- und Wohngut, Privatsammlungen

Mit freundlicher Unterstützung

**Archäologische Gesellschaft Köln e. V. –
Freunde und Förderer des
Römisch-Germanischen Museums**

Stiftung Archäologie in Köln

 Kölner Kulturstiftung
der Kreissparkasse Köln

 Gaffel
kölsch
Kulturpartner

HERAUSGEGEBEN VON
MARIO KRAMP UND MARCUS TRIER

DRUNTER UND DRÜBER
DER HEUMARKT

SCHAUPLATZ KÖLNER GESCHICHTE 3

Begleitband zur Ausstellung des Kölnischen Stadtmuseums
und des Römisch-Germanischen Museums der Stadt Köln
im Kölnischen Stadtmuseum
vom 9. Dezember 2016 bis 1. Mai 2017

KÖLNISCHES STADTMUSEUM

RGM RŒMISCH GERMANISCHES MUSEUM

Museen der

Stadt Köln

J.P. BACHEM VERLAG

Bibliografische Information der Deutschen Nationalbibliothek
Die Deutsche Nationalbibliothek verzeichnet diese Publikation in der Deutschen Nationalbibliografie;
detaillierte bibliografische Daten sind im Internet über http://dnb.dnb.de abrufbar.

1. Auflage 2017
© J.P. Bachem Verlag, Köln 2017
Idee und Konzept: Mario Kramp und Marcus Trier
Bildredaktion: Johanna Cremer
Textredaktion: Marion Euskirchen, Mario Kramp, Stefan Lewejohann, Marcus Trier und Rita Wagner
Lektorat: Astrid Roth, Köln
Innenlayout: Nadja Fernandes, Grafik et cetera, Köln
Reproduktionen: Reprowerkstatt Wargalla GmbH, Köln
Titelgestaltung: Rüdiger Müller und René Schulz, Köln
Titelfoto: Michael Wiesehöfer
Einbandgestaltung: Petra Drumm, Köln
Druck: Grafisches Centrum Cuno, Calbe
Printed in Germany

ISBN 978-3-7616-3099-0 Buchausgabe
ISBN 978-3-7616- 3171-3 EPUB
ISBN 978-3-7616- 3172-0 PDF
ISBN 978-3-7616-3173-7 MOBI

Aktuelle Programminformationen finden Sie unter
www.bachem.de/verlag

Auch als

erhältlich

INHALT

Reiterdenkmal auf dem Heumarkt
Theodor Creifelds jr., Fotografie,
1878 – Kölnisches Stadtmuseum/
Rheinisches Bildarchiv

DER HEUMARKT
MITTENDRIN, URKÖLSCH UND INTERNATIONAL
HENRIETTE REKER

Sehr geehrte Leserinnen und Leser,

seit 2011 präsentieren das Römisch-Germanische Museum und das Kölnische Stadtmuseum gemeinsam die mehr als 2000-jährige Geschichte unserer Stadt für ein großes Publikum – als »Tiefenbohrungen« jeweils am Beispiel eines ausgewählten Quartiers, eines bekannten Veedels. Den Auftakt machte »Der Waidmarkt«, 2013 folgte »Der Eigelstein«. Der dritte Begleitband der erfolgreichen Ausstellungsreihe mit dem ebenso schönen wie doppelsinnigen Titel »Drunter und Drüber« widmet sich dem Heumarkt.

Jede und jeder kennt diesen großen Platz in der Altstadt. Und genutzt wird der Platz vielseitig – für Eröffnungen der Karnevalssessionen am Elften im Elften, für Feste oder Märkte, für politische Kundgebungen oder den Christopher Street Day. Doch wissen wir, dass wir dort auf einer alten Rheininsel schunkeln, demonstrieren, feiern oder als Touristen flanieren, die die Römer vor 2000 Jahren in Beschlag nahmen? Dass dies im Mittelalter einer der größten Handelsplätze Europas war – als Umschlagplatz für Waren und Güter aus aller Herren Länder? Dass hier die Börse stand und die Markthalle, aber auch eine Hinrichtungsstätte?

Im Lauf der Geschichte ist der Heumarkt vieles gewesen – geschäftig, bunt und laut –, aber vor allem eines: ein europäischer und zugleich urkölscher Ort der Begegnung. Ausstellung und Begleitband berichten anschaulich von den Menschen, die hier lebten und wirkten: Menschen unterschiedlichster Herkunft, Reiche und Arme, Prominente mit großen Namen und viele namenlos Gebliebene. Auch jene, die in »Sittenskandale« verwickelt waren, bereits um 1500 und dann erneut in der sogenannten Kießling-Affäre. Menschen, die hier beteten oder mit Tabak und Fleisch handelten, Marktfrauen und Hoteliers – und auch jene, die hier in das Räderwerk der Verfolgung des NS-Regimes gerieten.

Der Heumarkt stand dabei stets im Brennpunkt von Stadt- und Verkehrsplanung: als Handelsplatz, als Platz mit wechselnder Aufenthaltsqualität, als Schneise und Auffahrt zur Deutzer Brücke.

Ausstellung und Begleitband präsentieren dies anschaulich – und unsere beiden historischen Museen leisten damit zugleich einen Beitrag zu aktuellen Debatten mit einem weitgespannten Bogen über die Vergangenheit und die Gegenwart bis in die Zukunft. Alles anhand eines einzigen, eng umrissenen zentralen Kölner Ortes.

Das Projekt »Drunter und Drüber: Der Heumarkt« ist interdisziplinär erarbeitet worden. Dr. Mario Kramp, Direktor des Kölnischen Stadtmuseums, und Dr. Marcus Trier, Direktor des Römisch-Germanischen Museums, haben hierfür erneut renommierte Autorinnen und Autoren aus den Teams der beiden Museen und weit darüber hinaus gewonnen: Kolleginnen und Kollegen anderer Museen und Institutionen, Archäologen, Historiker, Kunst-, Wirtschafts- und Bauhistoriker, Denkmalpfleger und Theaterfachleute, Archivare und Betriebswirtschaftler.

Sie alle bereichern aus unterschiedlichsten Blickwinkeln das Thema. Den Autorinnen und Autoren gilt mein großer Dank für ihre engagierte ehrenamtliche Mitarbeit. Mein besonders herzlicher Dank gebührt den beiden Kuratoren, Stefan Lewejohann vom Kölnischen Stadtmuseum und Marion Euskirchen vom Römisch-Germanischen Museum. Danken möchte ich auch den Kooperationspartnern, den zahlreichen öffentlichen und privaten Leihgebern, die sich für die Zeit der Ausstellung von ihren Schätzen trennen.

Mein persönlicher Dank gilt auch jenen, die durch ihr großzügiges Engagement Ausstellung und Begleitband erst möglich machten: allen voran der Kölner Kulturstiftung der Kreissparkasse Köln, der Stiftung Archäologie in Köln sowie den Fördervereinen der beiden Museen (Freunde des Kölnischen Stadtmuseums e. V. und der Archäologischen Gesellschaft e. V.), den Medienpartnern WDR und Kölnische Rundschau, der Privatbrauerei Gaffel und nicht zuletzt dem J.P. Bachem Verlag für diesen schönen, nunmehr dritten Begleitband der Reihe »Drunter und Drüber«.

Tauchen auch Sie ein in die 2000-jährige Geschichte unserer Stadt und ihres zentralen Platzes. Es lohnt sich!

Henriette Reker

Henriette Reker
Oberbürgermeisterin der Stadt Köln

11

UNGERM STÄTZ VUM PÄÄD!
2000 JAHRE HEUMARKT

MARIO KRAMP UND
MARCUS TRIER

Der Heumarkt war ehemals einer der beliebten Treffpunkte im historischen Zentrum Kölns. Bis zu den gravierenden Zerstörungen des Zweiten Weltkriegs traf sich Köln »ungerm Stätz vum Pääd« – Jugendliche, Liebespärchen, Hausfrauen, Freunde, Geschäftspartner. Jeder wusste, was gemeint war, denn das Denkmal des preußischen Königs Friedrich Wilhelm III. überragte seit seiner Enthüllung 1878 den riesigen, in Rheinnähe gelegenen Platz eindrucksvoll und unübersehbar. Doch dürfte seinerzeit kaum einem Besucher bewusst gewesen sein, dass an diesem Ort 2000 Jahre Stadthistorie ruhen: Geschichte geschichtet und – im wahrsten Sinne des Wortes – auf Sand gebaut!

Doch der Reihe nach. Wir schreiben das Jahr 30 v. Chr.: Ruhig wälzen sich die Wassermassen des Rheins zu Tal. Östlich des Stroms erstrecken sich scheinbar undurchdringliche, menschenleere Urwälder; und auch das Westufer des Flusses – manche würden sagen »die richtige Rheinseite« – zeigt sich bis auf den einen oder anderen Hof eher dünn besiedelt. Von Stadt keine Spur! Hier und da raucht eine Herdstelle, weiden Kühe auf Grasland, werden Felder bestellt und Obstbäume abgeerntet, gehen Menschen ihrem Tagwerk nach. Es ist ein idyllisches Plätzchen: In Richtung Rhein fällt das vor Hochwasser geschützte Plateau in steiler Böschung zum sumpfigen Rheinufer und zu einem schmalen Nebenarm des Stroms ab. Davor erstreckt sich eine lang gezogene Flussinsel, einen guten Kilometer lang, an der breitesten Stelle mehr als 200 Meter messend, von Weiden und Strauchwerk bestanden und bis auf einige Hütten unbebaut. Hier und da sieht man Fischer bei der Arbeit, hier und da liegt ein Holzkahn am Ufer.

Doch die Ruhe sollte nicht mehr lange Bestand haben: Schon wenige Jahre später dringen von Westen und Süden römische Truppen in das Rheinland ein – große und kleine Militärposten entstehen an vielen Plätzen. Trampelpfade werden zu Straßen ausgebaut. Besonders einer alten Wegführung, die seit Menschengedenken parallel zum Rheinufer verläuft, widmen römische Pioniere ihre Aufmerksamkeit. Ziemlich genau dort, wo heute das Historische Rathaus der Stadt steht, trafen wichtige Straßen von Westen (heute: Aachener Straße) und Südwesten (heute: Luxemburger

14

Straße) auf die alte Nord-Süd-Achse, die später zum *Cardo maximus* (Hohe Straße) und zur Hauptverkehrsachse der römischen *Colonia* werden sollte. Am Schnittpunkt dieser Straßen entstanden wenige Jahre vor Christi Geburt die administrativen und religiösen Zentren der römischen Macht im Rheinland: der Sitz des Oberbefehlshabers der römischen Rheinarmee und das Zentralheiligtum für die geplante Provinz *Germania Magna.* Zu Füßen dieses Machtzentrums lag »unsere« beschauliche Rheininsel ...

Deren strategischen Wert hatten die römischen Militärs schnell erkannt, denn das Eiland hatte große logistische Bedeutung. Rasch wurden Bäume und Sträucher gerodet, Entwässerungskanäle in den sandig-lehmigen Untergrund gegraben, das Flussufer mit Holzeinbauten gesichert, das Gelände mit Stützmauern terrassiert und die offene Fläche mit Kiesschotter gedeckt. So entstand in unmittelbarer Nähe des Rheins ein hervorragender Umschlagplatz für Menschen, Baustoffe und Waren aller Art, die auf dem Fluss mit Frachtkähnen transportiert wurden. Es war, wenn man so will, Kölns ältester »Güterbahnhof«, quasi ein antiker Vorgänger des Terminals »Köln Eifeltor«. Und das zu Füßen der römischen Zentralsiedlung, die sich inzwischen auf dem hochwassersicheren Festland etabliert hatte.

Die Bewohner des *Oppidum Ubiorum,* die aus vielen Teilen des römischen Imperiums an den Rhein zogen und dort eine prosperierende, multikulturelle Gemeinschaft bildeten, nutzten den Rhein übrigens noch auf ganz andere Art: als Müllkippe!

Die Ausgrabungen
auf dem Heumarkt 1997, Blick in Richtung Südwesten –
Foto Michael Wiesehöfer

15

Zu hunderttausenden wanderten Tierknochen und andere Speiseabfälle, zerschla-
gene Keramik, Holzabfälle und vieles mehr in die Flussrinne zwischen Festland und
Insel. Dort blieben sie fast 2000 Jahre lang liegen, bis Archäologen sie vor wenigen
Jahren beim Bau der Nord-Süd Stadtbahn wieder ans Tageslicht holten. Die reichen
archäologischen Funde beweisen, dass die kölschen Römer schon damals bestens
mit allen Teilen des Imperiums vernetzt waren, sich Leckereien aus den Ländern rund
ums Mittelmeer, aber auch aus anderen Provinzen des Römischen Reiches kommen
ließen: Wein aus Kleinasien, Kreta und Südfrankreich, Fischsaucen aus Süditalien und
Spanien, Olivenöl aus Tunesien oder frische Austern von der Atlantikküste. Kurzum:
Es fehlte an nichts!

Daran sollte sich über Jahrhunderte hinweg nichts Grundlegendes ändern.
Auch nachdem die alte Nebenrinne zwischen Festland und Insel durch angeschüttete
Erde und Bauschutt längst aufgefüllt, die Insel somit landfest geworden war, wurden
hier weiterhin Waren in unmittelbarer Nachbarschaft des Rheinhafens gelagert, wo
Güter aller Art vertrieben wurden. An mehreren Standorten sind große Steinspei-
cher *(Horrea)* nachgewiesen, in denen vermutlich Getreide und andere Lebensmittel
gelagert wurden. Auf dem Terrain des heutigen Heumarkts entstand in spätrömischer
Zeit ein lang gestreckter Großbau, der vielleicht ebenfalls Lagerräume oder Ladenlokale beheimatete.

Grabungsareal am Heumarkt
Blick nach Norden – Foto Rheinisches Bildarchiv

16

GOK

0,70 m

1,40 m

2,10 m

2,80 m

3,50 m

4,20 m

4,90 m

5,65 m

»Geschichtete Geschichte«

Über dem lehmigen Sand der ehemaligen Rheininsel und der römischen Hangstützmauern türmen sich meterstark die im Laufe von 2000 Jahren gewachsenen Kulturschichten: frühmittelalterliche Siedlungsabfälle, mittelalterliche Marktpflaster bis zur modernen Platzoberfläche, dauerhaft fixiert im Lackprofil der Ausgrabungen 1996 bis 1998 auf dem Heumarkt – Kölnisches Stadtmuseum/Rheinisches Bildarchiv

Die Römer gingen, die Franken kamen. Und mit ihnen Händler und Handwerker, die spezialisierten Tätigkeiten nachgingen, die Kämme aus Tierknochen schnitzten und sägten, Metalle verarbeiteten, kostbare Trinkgläser, Perlen und Amulettanhänger schufen, nebenbei Gartenbau betrieben, Kleinvieh hielten und wohl auch den frischen Rheinfisch kaum verschmähten. Sie alle suchten die Nähe zum Rhein, der kulturellen und wirtschaftlichen Hauptschlagader der gesamten Region.

Die Kölner Erzbischöfe waren gewiss fromme Kirchenleute, aber häufig auch begnadete Stadt- und Wirtschaftsentwickler. Einer ihrer prägendsten Charaktere war ohne jeden Zweifel Erzbischof Bruno, Bruder Kaiser Ottos des Großen. Köln erlebte damals, im 10. Jahrhundert, eine wirtschaftliche Blüte, Handel und Handwerk florierten. Der »Alte Markt«, der wenige Jahrzehnte zuvor einen Steinwurf vom heutigen Heumarkt entfernt eingerichtet worden war, platzte offenbar aus allen Nähten und vermochte die Bedürfnisse der aufstrebenden Rheinmetropole nicht zu befriedigen. Bruno erkannte das Potential des Heumarktgeländes und ließ kurz nach 950 »seinen« neuen Marktplatz auf einer langrechteckigen, Nord-Süd-ausgerichteten Fläche von 300 mal 70 Metern und einer Fläche von rund 20 000 Quadratmetern abstecken, die dort stehenden Häuser räumen und abreißen und das Areal anschließend planieren. Eine städtebauliche Entwicklungsmaßnahme erster Güte auf einer für diese Zeit gigantischen Fläche, die sicherlich nicht den Zuspruch der dort Ansässigen fand. Aber darüber schweigen die Quellen.

17

Der neue Markt, der *Mercatus Coloniae*, zunächst nur mit einer einfachen Kieslage geschottert, wurde ein voller Erfolg: Der Handel florierte und spülte viel Geld in die Kassen des erzbischöflichen Grund- und Stadtherrn. Von nun an wurde in Abständen von 20 bis 70 Jahren das Bodenniveau des Heumarkts durch Erdschüttungen aufgehöht, die Marktfläche mit Kiesschüttungen, später auch mit Steinpflaster immer wieder erneuert. So lagerte sich Schicht auf Schicht, Marktpflaster auf Marktpflaster.

Immer aufwändigere Entwässerungssysteme, Holzbrücken, Marktstraßen, umfriedete Parzellen, Verkaufsbuden und -stände wurden gebaut. Manches ging unter, aus anderen Bauten entwickelten sich feste Häuser. Doch die Marktfläche blieb immer Markt – und das mitten in Köln. Rund um den Heumarkt entwickelte und verdichtete sich die städtische Bebauung von Jahr zu Jahr. Die Grundlagen der modernen Stadt waren geschaffen.

Daran sollte sich im Verlauf der Jahrhunderte kaum etwas ändern – auch nicht, als die Kölner Bürger seit dem 13. Jahrhundert die Vorherrschaft ihrer Erzbischöfe abgeschüttelt hatten und sie ab 1396, mit ihren verschiedenen Berufen zu Gaffeln vereinigt, die Geschicke ihres Gemeinwesens selbst in die Hand nahmen.

Köln boomte. Grundlage des Reichtums war die Lage am Rhein vor dem Salzgassentor, wo alle Handelsgüter auf andere Schiffstypen umgeladen wurden: auf flachbodige Oberländer für die Reise südwärts oder größere Niederländer für den

18

Die Straße Unter Hutmacher
mit Blick nach Süden auf den Heumarkt, rechts erkennt man
den Zugang zur Fleischhalle; Wilhelm Scheiner, Aquarell, 1890 –
Kölnisches Stadtmuseum/Rheinisches Bildarchiv

Transport nach Norden. Vor der Weiterfahrt mussten die Waren den Kölner Kaufleuten zu günstigsten Bedingungen angeboten werden.

Kein Wunder, dass der Heumarkt als bei weitem größte zentrale Platzfläche
der Stadt, zudem in der Nähe des Ufers, zum internationalen Zentrum des Handels,
der Waren- und Finanzgeschäfte wurde. Und dies inmitten einer der größten Städte
Europas: Der Heumarkt war sozusagen Handelshafen und Wall Street des europäischen Mittelalters in einem. Hier etablierte sich mit der Börse der Finanzmarkt, hier
saßen die Global Players, die durch die Hanse ihre Vertretungen auch in Brügge oder
London hatten, hier handelte man mit Wein aus dem Süden, Heringen aus dem Norden, mit Fleisch und Federvieh, mit Heu – was dem Platz seinen Namen gab –, kurz:
mit Waren aller Art, ideal gelegen zwischen Rheinufer im Osten und Gürzenich wie
Rathaus im Westen. Ob man dies fortschrittliche bürgerliche Selbstverwaltung nennt
oder neudeutsch »networking« (oder auf gut kölsch: Klüngel) – die politische Elite
rekrutierte sich aus den rund um den Heumarkt reich gewordenen und dort tätigen
Kaufleuten. Und umgekehrt.

Es ist daher kaum erstaunlich, dass sich hier auch einer der Brennpunkte für
Konflikte befand und mithin die Ordnungsmacht präsent war – von unaufgeklär-
ten Morden an Geschäftsleuten und von Sexskandalen, in die sogar Ratsherren
verwickelt waren, ist ebenso die Rede wie von der Gerichts- und Hinrichtungsstätte. Alles mitten auf dem Heumarkt. Aber auch von Versammlungsstätten der
Kaufleute, vom fortschrittlichen Geist der Bürger – und Bürgerinnen! – rund um
den Heumarkt, von Freimaurerlogen, von umtriebigen Kunstsammlern und aufstrebenden Talenten, vor allem in der Zeit, als in Köln mit den Franzosen 1794 auch die
Moderne einzog.

Wie man im Laufe der Jahrhunderte durch die engen dunklen Gassen der
Altstadt zwischen traditionsreichen Brauhäusern und Kneipen auf den im Sonnen-
licht liegenden riesigen Platz gelangte, zeigen noch die Fotografien und Aquarelle
von Wilhelm Scheiner aus der Zeit um 1900. Damals war die Bevölkerungsdichte in
der Altstadt rund um den Heumarkt bereits so groß wie später im indischen Bom-
bay, dem heutigen Mumbai. Die immer noch vorhandenen, einst stolzen Bauten des
ausgehenden Mittelalters und der Frühen Neuzeit waren von der gesellschaftlichen
Elite verlassen und in engste Parzellen unterteilt an die städtischen Unterschichten
vermietet worden – die Hautevolee bevorzugte nun andere Stadtviertel.

Eines der am dichtesten bebauten, urtümlichsten Kölner Kleine-Leute-Viertel,
in dem die Menschen auf engstem Raum ihrem Gewerbe – auch dem »ältesten der
Welt« – nachgingen, musste weichen. 70 Häuser riss man ab, um 1904 für eine moderne Großmarkthalle an der Stelle Platz zu schaffen, wo heute das Maritim Hotel
steht.

Das 19. Jahrhundert ließ Köln zur modernen Großstadt und den Heumarkt zu
einem Platz preußischer Repräsentanz werden: Hier befand sich ab 1842 die preußi-

20

sche Hauptwache, 1878 folgte das den Platz bildprägende Reiterdenkmal des preußischen Königs – aber hier war auch das Zentrum der linken und liberalen Opposition, geprägt von Karl Marx und Robert Blum.

Im Verlauf des 19. Jahrhunderts deutete sich bereits an, was – bis heute – ein Grundproblem ist: die notwendige Verbindung vom Heumarkt über den Rhein, der nicht mehr, wie unter Römern und Franzosen, Grenze war. Die auf Pontons schwimmende Brücke war ein unbefriedigender Notbehelf, behinderte sie doch den Schiffsverkehr erheblich. Auf ihren Planken spürten die Kölner, dass ihr anderes Ufer wahrlich die »Schäl Sick« war. 1915 war endlich die Brücke fertig, die nach der Zerstörung im Zweiten Weltkrieg durch die heutige »Deutzer Brücke« ersetzt wurde. Stadtplanerisch war diese Ost-West-Verbindung unverzichtbar – aber auch eine ständige, letztlich kaum befriedigend lösbare Herausforderung: trennt sie doch bis heute den kleineren, südlichen Teil des Heumarkts schmerzlich ab.

»Markt« unter freiem Himmel fand auf dem Heumarkt auch nach dem Bau der Markthalle noch regelmäßig statt. Hier boten die »Kappesbuure« aus dem Umland zwischen Straßenbahnen im Schatten des Denkmals weiterhin ihre Waren feil, bevor der Bombenkrieg den Heumarkt und die gesamte Altstadt in eine Trümmerwüste verwandelte. Erst allmählich kam mit dem Wiederaufbau auch wieder gesellschaftliches Leben in diese Brache.

Auch am Anfang des 20. Jahrhunderts
war der Andrang auf den Markt noch immens;
Hugo Schmölz, Fotografie, 1926 –
Kölnisches Stadtmuseum/Rheinisches Bildarchiv

Eindrucksvoll dokumentierten große politische Kundgebungen und die legendäre Prozession mit dem Dreikönigenschrein zum Dombaufest 1948 inmitten der Trümmer des Heumarkts den Willen zum Wiederaufbau. Auch das Leben in Kneipen und Gaststätten erblühte wieder seit den späten 1950er und 1960er Jahren – teils allerdings auch misstrauisch beäugt von Sittenwächtern. Zu Berühmtheit gelangte 1984 die berüchtigte Hühnergasse, als sich Reporter aus aller Welt im Schatten des Heumarkts am Rätselraten um den vermeintlich homosexuellen stellvertretenden NATO-Oberbefehlshaber Günther Kießling beteiligten.

Immer wieder bot und bietet sich der weitläufige Heumarkt als Versammlungsort an: einst für Aufmärsche der Nazis, nach 1945 für Prozessionen oder Gewerkschaftskundgebungen, zuletzt, seit die Masse parkender Autos nicht mehr auf dem Heumarkt, sondern darunter Platz findet, am Elften im Elften für den Karneval, im Winter für den Weihnachtsmarkt mit Eisbahn rund um das Denkmal des Preußenkönigs, im Sommer für den CSD. Und zu jeder Jahreszeit für verschiedenste Events und politische Demonstrationen.

Noch Anfang der 1980er Jahre ragte die im Krieg zerschossene Kruppe inklusive Schweif des bronzenen königlichen Rosses aus einem Blumenbeet, von den Waggons der KVB umfahren – die Geschlechtsmerkmale des Hengstes dabei stets von Spaßvögeln rot lackiert. Wer hätte damals gedacht, dass dieser kölsch-kesse und denkmalpflegerisch frevelhaft inszenierte monumentale Pferdehintern sich einst zum wieder errichteten Reiterdenkmal fügen würde, als neuer – alter – Mittelpunkt eines historischen Platzes?

Heute jedenfalls trifft man sich wieder »Ungerm Stätz« – dort, wo beim CSD 2016 plakativ zu lesen war, was den Heumarkt in Köln ausmacht: »Da simmer dabei«.

Das Pferdehinterteil
des zerstörten Reiterdenkmals ließ die damalige Stadtkonservatorin Prof. Dr. Hiltrud Kier 1982 auf ein Wiesenstück am Heumarkt legen – Foto Stadtkonservator Köln

Ungerm Stätz vum Pääd
ist Platz für das bunte und offene Treiben der Kölner, wie beispielsweise beim ColognePride 2016 – Foto Mario Kramp

UNERWARTETE ENTDECKUNG
AM MALZBÜCHEL
DAS »UBIERMONUMENT«
DIRK SCHMITZ

Köln im Jahr 1965. Das Auto war das Maß aller Dinge: Der Autobahnring um Köln wurde geschlossen, die Nord-Süd-Fahrt befand sich im Bau, zahlreiche Parkhäuser waren bereits fertiggestellt. Die kauflustige Kundschaft sollte über breit ausgebaute Straßen in das Herz von Köln gelockt werden. Jährlich nahm der Ausstoß der Autofabriken an Fahrzeugen zu, die Stadtplaner beschäftigte die Frage, wie sie diesem Wachstumsmarkt mit noch mehr Straßen im Zentrum der Stadt begegnen konnten. Folgerichtig wurde die erste Schrottpresse Deutschlands in Bickendorf eröffnet.

Dieses Wunderwerk der Technik presste am Tag 200 ausrangierte Autos zu handlichen Paketen. Zu diesem Zukunftskonzept gehörte auch der Bau der U-Bahn, deren Schacht in diesen Tagen im offenen Verbau vom Neumarkt über den Appellhofplatz zum Dom durch die Erde führte.

Die Archäologie hatte zu dieser Zeit einen schweren Stand. Bezeichnend für die Situation ist ein Beitrag im Kölner Stadt-Anzeiger vom 8. April 1965. Unter der Schlagzeile »U-Bahn-Bauer fürchten Wasser und Archäologen« heißt es dort: »(...) Tiefbaufirmen haben einen Horror vor archäologischen Überraschungen, weil – handelt es sich um gewichtige Funde – die Arbeit gestoppt werden muß. Seltsamerweise ist bei Kölns U-Bahnbau noch nichts Derartiges gefunden worden. Die Archäologen freuen sich natürlich über Entdeckungen. Behörden und Baufirmen hingegen, die mit solchen Dingen konfrontiert werden, sind

Das Ubiermonument und die römische Stadtmauer nach der Freilegung 1965 – Foto Römisch-Germanisches Museum

Otto Doppelfeld präsentiert bei der Ausgrabung des Ubiermonuments geborgene Funde; Kölnische Rundschau, 17.8.1965 (Ausschnitt) – Foto Wirtz

24

unwirsch. Ein Beispiel hierfür: die Römermauer mit dem Wachturmrest an der Komödienstraße. Ein Teil dieser Mauer stand der Nord-Süd-Trasse im Wege. Oberbürgermeister und Rat mußten erst deutlich werden und eine Planungskorrektur verlangen. (...)«.

Am 13. April 1965 verkündete der Kölner Stadt-Anzeiger »Geheimnisse unter der Römermauer«. Am Malzbüchel, der Verbindung zwischen dem Heumarkt und den »Bächen«, war an der ursprünglichen Südostecke des römischen Köln, überbaut von der antiken Stadtmauer, ein Turm aus mächtigen Steinquadern bei Ausschachtungsarbeiten für einen Neubau zutage getreten. Den Experten war der Wert dieses Bauwerks sofort klar: Es öffnete den Blick in die früheste Zeit der Stadtgeschichte. Der Archäologe Otto Doppelfeld (1907–1979), Direktor des Römisch-Germanischen Museums Köln, erhielt grünes Licht für die Ausgrabung des Turmes.

Die Öffentlichkeit jedoch interessierte sich vor allem für den bevorstehenden Besuch der Queen in Köln, auch wenn das Protokoll am 25. Mai nur zwei Stunden für den Aufenthalt vorsah. Das Reiseprogramm wurde frühzeitig bekannt gegeben: Ankunft am Bahnhof, Besuch im Dom, Eintrag ins Goldene Buch der Stadt. In der Presse wurde heiß diskutiert: Darf Oberbürgermeister Burauen die Königin zur Begrüßung küssen? Welches Geschenk überreicht man diesem hohen Gast? Es verging kaum ein Tag im April und Mai, an dem nicht über dieses Ereignis berichtet wurde.

Die Ausgrabung hatte in 8 Metern Tiefe das Fundament erreicht, als Doppelfeld am 16. August 1965 vor Ort eine Pressekonferenz abhielt. Er sprach von der »großartigen Entdeckung«[1], hob die Bedeutung des Bauwerks für ganz Westeuropa hervor und ordnete seine Errichtung Jahrzehnte vor der Koloniegründung 50 n. Chr. ein. Ausgrabungsfunde reichen bis ins frühe 1. Jahrhundert zurück. Der am Fuße des Monuments im Schlick gefundene keltische Henkelaufsatz eines kostbaren Eimers stammt sogar aus dem letzten vorchristlichen Jahrhundert. Nachgewiesen ist inzwischen, dass der Turm im Jahr 4 oder 5 n. Chr. am Südende der Ubiersiedlung errichtet worden war, er ist damit das älteste Steinquaderbauwerk Deutschlands. Seine Funda-

Das Ubiermonument
kann heute besichtigt werden –
Römisch-Germanisches Museum/
Rheinisches Bildarchiv

Am Fuß des Ubiermonuments gefunden
Frührömische Funde vom Malzbüchel
(heute An der Malzmühle 1) –
Römisch-Germanisches Museum/
Rheinisches Bildarchiv

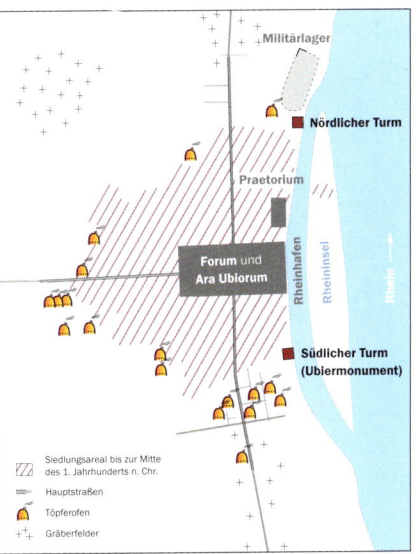

Militärlager

Nördlicher Turm

Praetorium

Forum und
Ara Ubiorum

Rheinhafen

Rheininsel

Rhein →

Südlicher Turm
(Ubiermonument)

Siedlungsareal bis zur Mitte
des 1. Jahrhunderts n. Chr.

Hauptstraßen

Töpferofen

Gräberfelder

mentplatte war über die Köpfe von Holzpfählen gegossen worden, deren Jahresringe das Alter verraten.

Marcus Vipsanius Agrippa (63–12 v. Chr.), Freund und Feldherr des Kaisers Augustus, hatte den Germanenstamm der Ubier linksrheinisch im Gebiet zwischen Remagen und Krefeld angesiedelt, Köln selbst wurde um Christi Geburt als zentraler Ort für die Ubier angelegt. Einst markierte der Turm im Süden das Siedlungsareal zum Rhein hin und verfügte über ein Pendant im Norden. Unterschiedliche Vermutungen wurden über die Bestimmung dieses Bauwerks geäußert: Molenkopf, Wachtturm, Wehrbau, Grabmonument oder Kultbau, bis heute sind nicht alle Geheimnisse seiner Funktion preisgegeben.

Germanisch ist der Turm jedenfalls nicht, er steht gänzlich in griechisch-römischer Bautradition. Das war auch Otto Doppelfeld bekannt, doch schuf er bewusst die Bezeichnung »Ubiermonument«. Prägnant, popularisierend und nicht ganz zutreffend – Doppelfeld war es mit dieser griffigen Formulierung gelungen, die Öffentlichkeit zu mobilisieren. Der Turm erhielt in für die Archäologie schwierigen Zeiten große Aufmerksamkeit und blieb vor dem Abbruch bewahrt. Der Rat konnte überzeugt werden, dieses Zeugnis Kölner Stadtgeschichte zu erhalten und im Kellergeschoss des Neubaus für Interessierte zugänglich zu machen.

Die Queen hatte Köln da schon längst verlassen. Sie war ungeküsst geblieben, im Gepäck eine römische Henkelflasche aus Glas, die aus einer spätantiken Bestattung auf Kölner Boden stammte.

Das stilisierte menschliche Gesicht
schmückt den bronzenen Henkelaufsatz eines keltischen Gefäßes aus dem 1. Jahrhundert v. Chr. – Römisch-Germanisches Museum/Rheinisches Bildarchiv

Das römische Köln
Rekonstruiertes Siedlungsgefüge bis Mitte des 1. Jahrhunderts n. Chr. – Zeichnung Silke Haase

Literatur
Euskirchen, Kleuver und Schneider 2016; Schäfke 1995.

VOM RHEIN KONSERVIERT
ABFÄLLE AUS DER WERKSTATT
EINES SCHUSTERS IM RÖMISCHEN KÖLN
JAN KRÄMER

Ein Großteil der geborgenen Funde bei archäologischen Ausgrabungen besteht aus hart gebrannter Keramik oder Glas, aber auch aus Knochen und Metall. Gegenstände aus vergänglichem Material wie Stoff, Holz oder Leder hingegen bleiben nur unter ganz bestimmten Bedingungen bis in die heutige Zeit erhalten. In unseren Breitengraden wurden Gegenstände aus Holz oder Leder besonders gut in feuchtem bzw. nassem Milieu unter Sauerstoffabschluss konserviert. Diese Bedingungen treffen Archäologen am ehesten in Brunnen, Latrinen oder in Bereichen von Bächen, Flüssen und Seen an.

Bei einer Kölner Grabung des Jahres 1924 im Bereich der Adresse Am Malzbüchel 6–8 war ebendies der Fall. Für die Fundamentierung eines Neubaus wurden mehrere Betonpfeiler über 10 Meter tief in die Erde bis zum gewachsenen, also natürlichen Boden getrieben und schnitten dabei massive römische Auffüllschichten. Genau in der Ecke zwischen dem Duffesbach, dessen Verlauf heute noch durch die Straßen Blaubach und Mühlenbach markiert ist, und dem römischen Hafenarm sorgte hochstehendes Grundwasser für ein konstant feuchtes und luftabgeschlossenes Milieu.

Zu den Funden gehörten eine große Anzahl von Keramikscherben, Tierknochen, Austernschalen, Schnecken, aber auch Leder- und Holzobjekte. Nach dem damals zuständigen Archäologen und späteren Gründungsdirektor des Römisch-Germanischen Museums Fritz Fremersdorf lieferten diese Funde »einen höchst interessanten Einblick in den Küchenzettel vornehmer Schlemmer um die Wende des 2. zum 3. Jahrhundert«.

Außergewöhnlich ist vor allem die große Anzahl erhaltener Lederstücke, mehrheitlich Schuhe bzw. Schuhbestandteile wie Sohlen und Oberleder verschiedener Modelle, aber auch Werkstücke und

Brandsohlen
mit Gelenkleder im Fersenbereich –
Römisch-Germanisches Museum/
Rheinisches Bildarchiv

Rekonstruktion
eines römischen Schnürschuhs,
sogenannter *carbatina* – LVR-Amt für
Bodendenkmalpflege im Rheinland,
Foto Michael Thuns

Fabrikationsabfall. Dabei ist auffällig, dass es sich ausschließlich um einzelne Schuhe unterschiedlicher Größe und nicht um Paare handelt. Bei vielen Sohlen hat es den Anschein, dass diese nicht neu, sondern bereits gebraucht sind. Einige der Lederstücke weisen Ritzungen und Prägungen auf, die bei ausgesuchten Beispielen von den Restauratoren mit weißer Farbe nachgezogen wurden.

Prägungen in Form von Blättern, Rosetten und einfachen Strichmustern dienten wahrscheinlich der Verzierung. Solche, die zwischen den Nägeln auf der Unterseite, der sogenannten Laufsohle, zu finden sind, hatten mit der Schuhproduktion selbst vermutlich nichts zu tun. Vielmehr stellen diese eher Fabrikationsstempel des entsprechenden Gerberbetriebes dar.

Bei den beiden einzigen beinahe vollständig erhaltenen Schuhen handelt es sich um ein Modell, das aus einem Stück Leder geschnitten ist *(carbatinae)*. Dazu wurde das Leder über einen Leisten gearbeitet und es wurden Schlaufen ausgeschnitten, die zur Formgebung und späteren Schnürung des Schuhes dienten. Charakteristisch ist die von der Ferse bis zur Schaftoberkante reichende Fersennaht. Mit einer Länge von nur 13 Zentimetern handelt es sich bei diesem Modell wohl um Kinderschuhe.

Soleae – Sandalen mit Zehenbindung, ähnlich den heutigen Flip-Flops – lassen sich insgesamt 13 Lederfunde zuordnen. Klar zu erkennen ist dieses Modell an den beiden größeren Einschnitten in der obersten Lederschicht, der sogenannten Brandsohle. Im Bereich zwischen großem und danebenliegendem Zeh dienten diese als Öse für den Zehenriemen. Die äußere Form der Sohle ist dem Fuß nachempfunden, es kommt aber auch vor, dass zusätzlich die einzelnen Zehen im Umriss ausgeschnitten sind. *Soleae* können aus mehreren Lederschichten zusammengesetzt sein, die alle miteinander verklebt und durch eine Bandnaht zusätzlich fixiert sind. Die Laufsohle ist in den meisten Fällen genagelt, die Anordnung der Nägel kann unterschiedlich sein.

Zu den *calcei*, den geschlossenen Schuhen, gehören mindestens 14 Schuhfragmente. Auch dieses Modell ist aus mehreren Teilen zusammengesetzt, die einzelnen Bestandteile sind miteinander verklebt und teilweise auch vernäht. Neben mehreren Sohlenschichten besteht auch das Oberleder aus unterschiedlichen, miteinander

Ledersohlen
von Männer-, Frauen- und Kinderschuhen, teilweise mit geprägtem Schmuckmuster – Römisch-Germanisches Museum/Rheinisches Bildarchiv

Zwei aus einem Lederstück
gefertigte Schuhe, sogenannte *carbatinae* – Römisch-Germanisches Museum/Rheinisches Bildarchiv

vernähten Teilen. Charakteristisch für diese Art von Schuhen sind im Fersenbereich befindliche feste Lederstücke zur Verstärkung oder zur Ausballung zwischen Brand- und Laufsohle, die Gelenkleder. Sie sind mit einem Lederstreifen an beiden Sohlen durch Schlaufen und Nähte fixiert.

Weitere 27 Sohlen bzw. Sohlenfragmente, Brand- und Laufsohlen können keinem bestimmten Modell zugeordnet werden. Zusätzlich haben die Archäologen auch eine größere Anzahl von Fabrikationsabfall, wie z. B. große, unverarbeitete Stücke und Fetzen mit Ausschnitten, ausgegraben.

Dies alles weist auf Schusterwerkstätten im näheren Umkreis hin, da die Entsorgung des Abfalls wohl in unmittelbarer Nähe stattfand. Aus dem Mittelalter ist bekannt, dass entlang des Duffesbaches lederverarbeitendes Gewerbe ansässig war, weshalb ein Teilbereich auch heute noch Rothgerberbach genannt wird. Die Funde aus der Altgrabung von 1924 legen die Vermutung nahe, dass dies auch schon in römischer Zeit der Fall gewesen ist.

Fragmentarische Beispiele
für geschlossene Schuhe,
sogenannte *calcei* – Römisch-
Germanisches Museum/
Rheinisches Bildarchiv

Fabrikationsabfall
und Halbfabrikate eines Schuster-
betriebes – Römisch-Germanisches
Museum/Rheinisches Bildarchiv

Literatur
Fremersdorf 1926, S. 44–56;
Göpfrich 1986, S. 5–67;
Knötzele 2007; Knötzele 2014,
S. 699–766.

NERO? CLAUDIUS? DOMITIAN!
EIN PORTRÄT FÜR DREI KAISER
ALFRED SCHÄFER

Auf öffentlichen Platzanlagen römischer Städte des Mittelmeerraumes standen zahlreiche Ehrenstatuen, um an die Verdienste herausragender Persönlichkeiten für das Gemeinwohl zu erinnern. Die Bildnisstatuen variierten in Materialbeschaffenheit, Größe, figürlicher Ausgestaltung und ihrem inschriftlichen Formular. Zum Darstellungsrepertoire gehörten einfache Standbilder *(statuae pedestres)*, Reiterstatuen *(statuae equestres)* und Pferdegespanne mit Streitwagen *(bigae* oder *quadrigae)*. Mitglieder des Kaiserhauses, Angehörige der Reichsaristokratie, wie etwa der Provinzstatthalter, und Vertreter der lokalen Oberschicht wurden auf diese Weise bildlich geehrt.

 In Köln belegen zwei Inschriften auf Statuenbasen, die im späteren 3. Jahrhundert als Sarkophage wiederverwendet wurden, dass es auch hier Ehrenstatuen gab. Hinzu kommen Funde von Bronzefragmenten von Panzer- und Reiterstandbildern aus dem Kölner Stadtgebiet. Aufgrund der Überlieferungssituation – Steindenkmäler dienten oft als Baumaterial, solche aus Bronze konnten leicht eingeschmolzen werden – ist jedoch nicht zu erschließen, in welchem quantitativen Umfang solche Denkmäler zur Ausschmückung *(ornatus)* der *Colonia Claudia Ara Agrippinensium (CCAA)* beigetragen haben. Am Beispiel eines Fundes vom Heumarkt können zumindest Rückschlüsse auf die Art der Darstellung im öffentlichen Raum der römischen Stadt gezogen werden.

 Die ungewöhnliche Fundgeschichte ist im Kontext der Stadtentwicklung um 1900 zu sehen, als Köln nach den Erfordernissen einer modernen Groß- und Industriestadt neu gestaltet wurde. Im Rahmen des Baus der Markthalle am Sassenhof (heute Maritim Hotel) wurde Anfang des 20. Jahrhunderts ein antiker Marmorkopf ausgegraben. Nach Aussage der damaligen Bauleitung handelte es sich um einen überlebensgroßen, stark beschädigten steinernen Kopf, der zusammen mit dem Erdaushub auf eine Halde in der Nähe des Klettenbergparks abgefahren wurde. Erst 1911 wurde der Kopf glücklicherweise bei Kanalbaumaßnahmen auf Höhe der heutigen Ölbergstraße wiederentdeckt und im Juli gleichen Jahres in das Inventar des Römisch-Germanischen Museums überführt.

 Der leicht nach links gewandte Kopf besteht aus weißem, feinkörnigem, bläulich geädertem Marmor. Der importierte Werkstein stammt sehr wahrscheinlich aus

Kolossales Marmorporträt
des Kaisers Domitian (81–96 n. Chr.) –
Römisch-Germanisches Museum/Rheinisches Bildarchiv

den oberitalischen Steinbrüchen von Luna (heute Carrara). Der Erhaltungszustand ist trotz einiger Bestoßungen, Fehlstellen und Abarbeitungen bemerkenswert gut. Selbst die antike Oberfläche ist zu einem großen Teil unversehrt. Möglicherweise ist die obere Haarkappe bereits in der Antike angestückt gewesen. Höhe und Breite des Kopfes deuten mit 46 und 21 Zentimetern auf ein kolossales Statuenformat. Der Kopf war in eine rundplastische Statue von etwa 2,40 bis 2,50 Meter Gesamthöhe eingesetzt.

Doch um welche historische Person handelte es sich? Dass es das Bildnis eines Mannes ist, belegt die Kurzhaarfrisur mit der geschlossenen Haarkappe und den sichelförmigen Strähnen. Maßgeblich für die Identifizierung des Dargestellten ist die Gestaltung der Stirnhaare. Über dem äußeren Winkel des rechten Auges befindet sich eine Haarzange. Es schließen sich zur Stirnmitte hin eine Haargabel und nebeneinandergereihte sichelförmigen Locken an. In der linken Stirnecke ragt eine Haarzange etwas hervor.

Das klar gegliederte Muster der Stirnhaare ist nicht für den römischen Herrscher Claudius charakteristisch, wie einige Forscher annehmen, sondern für Kaiser Domitian, der die Geschicke des Römischen Reiches von 81–96 n. Chr. lenkte. Der engste Vergleich ist ein Marmorkopf in der Glyptothek München, der Domitian in seinem ersten Bildnistypus zeigt. Selbst die Physiognomie mit der leicht zusammengezogenen Stirn, den tiefliegenden Augen und den schmalen Wangen findet sich bei beiden Köpfen wieder. Vielleicht ist der Kölner Kopf wie auch sein Pendant in München aus einem älteren Nero-Bildnis umgearbeitet worden. Hierfür sprechen die vom rahmenden Haar nachträglich freigestellten Ohren, so dass diese nun leicht abstehen und der Ohrknorpel (tragus) unnatürlich flach erscheint. Unterstützt wird diese

Seitenansichten
des kolossalen Herrscherbildnisses
des Domitian – Römisch-Germanisches
Museum/Rheinisches Bildarchiv

Deutung durch den linearen Abschluss der seitlichen Nackenhaare, der vermutlich auf eine Kürzung der reichen Lockenpracht Neros zurückzuführen ist. Hinzu kommt die scharfe Linie direkt unterhalb des Stirnhaares, die ebenfalls auf einen solch plastischen Eingriff hinweist. Ein deutliches Indiz sind schließlich die Koteletten, die weit in die Wangenpartie hineinreichen und bei den Porträttypen Neros geradezu stilprägend sind.

Der Kölner Marmorkopf ist damit als Domitian im ersten Bildnistypus aus dem Anfang seiner Regierungszeit zu identifizieren. Plastisch umgestaltet wurde dieser aus einem Bildnis des Kaisers Nero, dessen Andenken auf Senatsbeschluss im ganzen Reich demonstrativ getilgt wurde. Sehr wahrscheinlich war der Kopf in eine überlebensgroße Toga- oder Panzerstatue aus Marmor eingelassen, die selbst auf einem erhöhten Inschriftensockel stand. Der zeitgenössische Betrachter nahm das Standbild aus der Unteransicht wahr und dürfte umso mehr von dessen Großartigkeit beeindruckt gewesen sein.

Der Fundort des Kolossalkopfes am Heumarkt legt nahe, dass die Bildnisstatue ursprünglich auf einer der großen Platzanlagen des römischen Köln stand, die sich entlang der Hangkante des hochwassersicheren Siedlungsplateaus erhoben. Im ausgehenden 1. Jahrhundert n. Chr., also in der Regierungszeit des Kaisers Domitian, wurde das Zentralheiligtum, der Bezirk mit dem Rundtempel und das Kapitol, auf monumentale Weise neu gestaltet. Aus der Sicht der Stadtväter bot sich eine dieser Platzanlagen mit ihren sakralen Großbauten gewiss als Aufstellungsort an, um dem regierenden Herrscher eine besondere Ehrung zu erweisen – auch, da die dortigen Monumente auf der Hangkante über die Rheingrenze hinweg sichtbar waren.

Domitian im ersten Bildnistypus
Staatliche Antikensammlungen
und Glyptothek München

Zeichnerische Dokumentation
des Domitian-Bildnisses vom
Heumarkt – Zeichnung Silke Haase

Literatur
Bergmann und Zanker 1981,
S. 317–412; Kreikenbom 1992;
Salzmann 1990, S. 131–220.

AEDIBUS. HIS. PHANO MARTIS. CELEBERRIMA PORTA
ASTITIT. HANC. URBIS. STRUXIT. AGRIPPA PARENS
ADDIDIT. ILLUSTREIS. ARAS. UBI IURA. FEREBANT
BELLORUM. ET. STABANT. FIXA. TROPHAEA. DIIS.
HIC GLADIUS. MAGNI FUERAT. SUSPENSUS IULI
SILVIUE. ET. QUO. SE. FODERAT ENSIS. OTHO.

DAS TOR ZUM HEUMARKT
DIE MARSPFORTE
DIRK SCHMITZ

Das römische Köln war seit der Herrschaft des Kaisers Domitian (81–96 n. Chr.) von einer steinernen Mauer umgeben, die einerseits Schutz bot, andererseits Macht und Größe Roms vor Augen führte. Auf der Höhe der Häuser Marsplatz 3–5 und Martinstraße 42/Marsplatz 2–4 stand das Marstor, das seit den ersten Forschungen zur Umwehrung der *Colonia Claudia Ara Agrippinensium* als Haupttor auf der Ostseite galt. Lange ging man von drei Toren in der rheinseitigen Stadtmauer aus; Untersuchungen im Rahmen der U-Bahn-Archäologie lassen mittlerweile fünf vermuten.

Vom Siedlungsplateau führte die Straße auf derselben Trasse wie heute durch das Marstor hinunter in die Rheinaue auf die ehemalige Insel und seit dem frühen 4. Jahrhundert auf die Brücke hinüber zum spätantiken Kastell Deutz. Der Name des Tores blieb in heutigen Straßenbezeichnungen erhalten, während das Tor selbst nicht mehr existiert. Es überdauerte die römische Zeit und bildete im Mittelalter einen Zugang von der Innenstadt auf den Heumarkt. Der Kölner Ratsherr Hermann Weinsberg (1518–1598) weiß zu berichten, dass der Name dieser Pforte nicht auf den römischen Kriegsgott Mars zurückzuführen ist: »Mich dünkt, sie sei eher nach dem Markt benannt, der nahe bei war.«[1] Wahrscheinlich hat Weinsberg recht, doch schließt die Überlieferung den Bezug zu Mars nicht völlig aus. Tatsächlich ist die lateinische Bezeichnung *porta fori*, also Markttor, für das Jahr 989 überliefert. Der Begriff *porta Martis*, Marspforte, erscheint erstmals Mitte des 12. Jahrhunderts. Man kann ihn etymologisch mit Varianten wie »Martporta« bzw. »Martporz« oder »Marporz« gleichsetzen.

Im 11. Jahrhundert ließ angeblich der einflussreiche Erzbischof Pilgrim (1021–1036) die Toranlage in die Michaelskapelle umbauen. Verbürgt ist die Existenz dieses Sakralbaus erst für das 12. Jahrhundert. Der Tordurchgang blieb erhalten. Dem Kölner Rat diente das Gotteshaus auf der Marspforte mehrfach als Ratskapelle.

Im 14. Jahrhundert geben die überlieferten Quellen einen Einblick in die Gegebenheiten um die Marspforte. Die Umgebung des Tores war dicht bebaut. Unmittelbar angrenzende Gebäude fußten mit einer Wand auf der oberirdisch mittlerweile abgetragenen römischen Stadtmauer. In benachbarten Wirtshäusern wurde unerlaub-

Neuzeitliche Darstellung des Gottes Mars
in der zweiten Hälfte des 16. Jahrhunderts zur Erinnerung am Ort
der abgerissenen Marspforte angebracht; die Inschrift verweist auf den
literarisch überlieferten Marstempel – aus: Ferdinand Wallraf: Beiträge
zur Geschichte der Stadt Köln und ihrer Umgebung, Köln 1818, Abb. 2

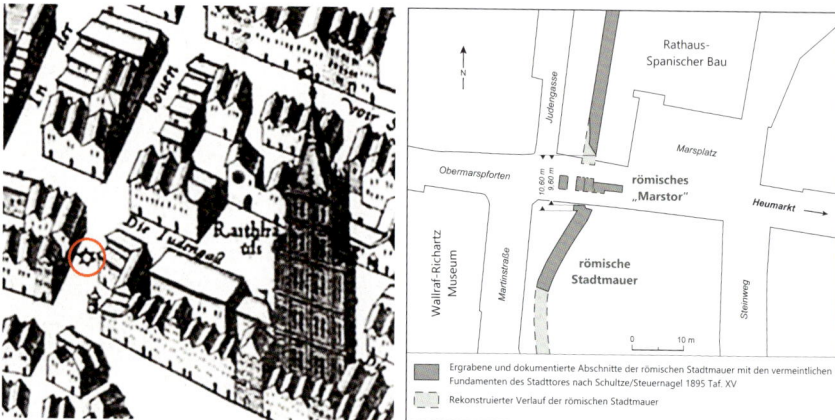

36

tes Spiel um Geld gepflegt und in Buden im Durchgang der Marspforte Kleinkram verkauft. Angesichts der zwielichtigen Verhältnisse forderte der Rat, den Tordurchgang stets beleuchten zu lassen.

Nach der Vertreibung der Juden aus Köln im Jahr 1424 wurde innerhalb von zwei Jahren im benachbarten jüdischen Viertel die Synagoge zur Ratskapelle St. Maria in Jerusalem umgebaut. Damit entfiel die gelegentliche Nutzung der Michaelskapelle durch den Rat und die Gegend verkam zusehends. Man schüttete seinen Unrat unter die Pforte – es stank unerträglich. Im Jahr 1545 schildert Hermann von Weinsberg den Abbruch der Marspforte:

»Als sie oben abgebrochen war bis auf die Bogen, da die Capella S. Michaeli gestanden, hab ich eines Tages die Nachbarn auf dem Bogen sitzen sehen an einem Tisch, essend und trinkend, wollten der Marspforte den Abschied geben.«[2] Die Steine wurden für städtische Bauten wiederverwendet, die Ausstattung der Kapelle kam nach St. Alban.

Die archäologische Kenntnis zur Toranlage ist dürftig. In der Antike kam die Stadtmauer aus südlicher Richtung in einem sanften Bogen nach Osten auf Höhe des Marstores an, die Mauer von Norden verlief geradlinig auf das Tor zu. Es entstand ein leichter Versatz, der durch das Tor ausgeglichen wurde. Fundamentfragmente inmitten der Straße sind ausschnitthaft im Zuge von Kanalisierungsmaßnahmen im späten 19. Jahrhundert beobachtet und aufgezeichnet worden. Leider erlauben diese in der schmalen Baugrube erfassten Substruktionen keine gesicherte Rekonstruktion des Grundrisses des antiken Tores. Otto Doppelfeld (1907–1979), ein profunder Kenner der Stadtmauer, war anderer Meinung und vermutete auf dieser Grundlage »ein stattliches Tor mit Flankentürmen und zwei Durchfahrten«.[3] Als Informationsquelle diente auch Weinsberg, der von »zwei Bogen von Drachenfelser Stein«[4] sprach. Ob dieser Doppelbogen auf einen mittelalterlichen Umbau zurückzuführen ist, bleibt

Mercatorplan
Der Stern markiert die Stelle der ehemaligen Marspforte; Arnold Mercator, Kupferstich (Ausschnitt), 1571 – Kölnisches Stadtmuseum/ Rheinisches Bildarchiv

Situationsplan
mit den archäologischen Kenntnissen zum Marstor – Zeichnung Silke Haase

offen. Möglicherweise entsprach das ursprüngliche Erscheinungsbild des Marstores dem nördlich anschließenden sogenannten Hafentor mit nur einem Durchgang, zumal der Raum zwischen den erhaltenen Stadtmauerstümpfen kaum Platz für flankierende Türme lässt.

Auf dem Mercatorplan belegt ein Stern an der Stelle des mittlerweile abgerissenen Marstores, dass es 1571 zum kollektiven Gedächtnis gehörte. Unter Einfluss der Renaissance verband man die ehemalige Marspforte mit einer Textstelle beim antiken Historiker Sueton (um 70–122 n. Chr.), nach der im römischen Köln ein Marstempel stand *(delubrum Martis)*, in dem das Schwert des Gaius Iulius Caesar aufbewahrt wurde. Der Kölner Rat ließ in Erinnerung an den Ort des ehemaligen Tores zwei lateinisch beschriftete Standbilder, eins des Kriegsgottes und eins des Erzengels Michael, an gegenüberliegenden Hauswänden anbringen. Die Inschriften fügen den Tempel und die Kapelle vor dem Hintergrund einer fantasievoll ausgeschmückten Stadtgeschichte in eine direkte Kontinuitätslinie. Seither lebt die Diskussion, ob der Marstempel in Nachbarschaft zum Tor stand und namengebend wirkte. Der archäologische Nachweis ist bis heute nicht gelungen.

Digitale Rekonstruktion des Hafentors im Norden der rheinseitigen Stadtmauer; der einzelne Bogen ist archäologisch gesichert – Colonia 3D

Die Inschrift am Weinhaus Brungs erinnert noch heute an den Standort der Marspforte – Foto Rheinisches Bildarchiv

Literatur
Doppelfeld 1979;
Hässlin 1961; Irmler 2004;
Schultze und Steuernagel
1895, S. 1–144.

STECKBRIEFLICH GESUCHT!
WER KENNT DIESES FRAUENPORTRÄT?

MARION EUSKIRCHEN

Unzählige Kunstschätze und Kulturgüter sind im Zweiten Weltkrieg zerstört oder in den Nachkriegswirren verschleppt worden. Wie überall in Europa haben auch die Kultureinrichtungen der Stadt Köln solche Verluste zu beklagen. Nach manchen wird – auch 70 Jahre nach Kriegsende – immer noch gefahndet.

Verloren ging im Krieg etwa das römische Marmorporträt einer Frau, das 1924 unterhalb der Kirche St. Maria im Kapitol auf dem Grundstück Am Malzbüchel 6 gefunden worden und von dort in die damalige römische Abteilung des Wallraf-Richartz-Museums gelangt war.

Dieses rund 30 Zentimeter hohe Bildnis ist in vielerlei Hinsicht von gro-ßer Bedeutung für das römische Köln. Bemerkenswert ist zunächst das Material: Marmor. Luxuriöser Marmor schmückte zwar als Skulptur, Wandverkleidung oder Bauschmuck in Fülle die Häuser, Villen und Paläste, Tempel, Thermen und Platz-anlagen sowie manche Grabmäler der niedergermanischen Hauptstadt, doch sind antike Bildwerke aus Marmor nur selten in Köln gefunden worden. Der Neufund von 1924 erhöhte die Anzahl damals auf vier Exemplare. Vor allem den mittelalter-lichen Kalkbrennöfen ist der kunstvoll gestaltete Marmor zum Opfer gefallen. Der hier gebrannte Kalk wurde im Bauhandwerk als Grundstoff für den Mauermörtel benötigt.

Einzigartig ist dieses Porträt aus weißem Marmor, weil es unvollendet geblie-ben ist. Hatte man bis zu diesem Fund allgemein angenommen, dass hochwertige Marmorskulpturen nur als fertige Produkte mediterraner bzw. stadtrömischer Bildhauerwerkstätten die Provinzhauptstadt Köln erreichten, so belegt dieses un-fertige Werkstück, dass ein in Köln ansässiger Bildhauer das Porträt in Arbeit hatte. Nachdem an dem pfeilerartigen Schaft unterhalb des Kopfes ein viel zu großes Stück abgeplatzt war – entweder aufgrund eines missglückten Schlages oder aufgrund eines Fehlers im Gestein –, hatte er es jedoch verworfen.

Das Marmorbild ist das kleinformatige Porträt einer nicht mehr jungen Frau: Ihre Haartracht, vom Bildhauer erst grob angelegt, orientiert sich an modischen Frisu-ren, die die Frauen des Kaiserhauses in der Zeit zu Beginn des 3. Jahrhunderts n. Chr.

Verschollenes Marmorporträt
in der Seitenansicht –
Foto Rheinisches Bildarchiv

40

trugen. Eine Prinzessin oder gar Kaiserin hat der Bildhauer hier aber nicht dargestellt, sondern eine vornehme *Matrona*, eine Frau aus der Oberschicht des römischen Köln.

Das Bildnis mit dem kantigen Schaft ist eine Porträt-Herme. Hermen sind Pfeiler oder Säulen, die mit einer Büste bekrönt sind. Ihr Name leitet sich vom griechischen Gott Hermes (lat.: *Merkur*) ab, zu dessen Ehren man ursprünglich diese Pfeiler aufstellte. In der römischen Kaiserzeit wurden neben Götterbildnissen gerne Porträtköpfe vorbildhafter Personen wie Philosophen oder Staatsmänner auf Hermenschäfte gesetzt – ein berühmtes Beispiel in den römischen Nordwestprovinzen sind die Hermen der kaiserlichen Palastvilla von Welschbillig bei Trier.

Die Tradition der antiken Porträt-Herme wird heute noch besonders in Griechenland, wo die Herme herstammt, weiter gepflegt: Verdiente Personen wie Politiker, Heimatforscher, Revolutionäre, Kirchenfürsten, Dichter, Denker und Komponisten werden dort landauf, landab mit dieser kleineren Denkmalform geehrt. Beispiele aus heutiger Zeit finden sich aber auch in Deutschland.

Antike Privatporträts auf Hermenpfeilern wurden bisher nicht häufig im Befundzusammenhang entdeckt. Im sogenannten Haus des Bankiers in Pompeji stand eine solche Herme im Innenhof *(Atrium)* vor dem repräsentativen Empfangsraum *(Tablinum)*. Eine Gruppe von Hermen mit Porträts siegreicher Wagenlenker wurde in einem Tempel des Herkules in Rom gefunden, wo sie als Weihgeschenk deponiert worden war. Ob unser Kölner Frauenporträt zur Aufstellung in einem Wohnhaus, in einem Heiligtum oder auch in einem Grabbau vorgesehen war, wissen wir nicht. In den Nordwestprovinzen des Imperiums fehlt jegliche Parallele zu unserer weiblichen Porträt-Herme im Kleinformat aus Köln.

1924 sorgte nicht nur ihre Auffindung, sondern auch der Fundplatz selbst für Aufsehen. Die Fundstelle liegt in der Topografie des römischen Köln am südöstlichen Hangfuß des Stadtplateaus vor der Stadtmauer, im Zwickel zwischen Duffesbach

Hermen aus der römischen
Palastvilla von Welschbillig bei Trier –
Foto Marion Euskirchen

Modernes Hermendenkmal
für den Politiker Athanasios Kanellopoulos im
griechischen Andritsena – Foto Marion Euskirchen

und südwestlichem Rand des ehemaligen Hafens – einem gegen Mitte des
2. Jahrhunderts n. Chr. verlandeten Rheinarm. Die hier in der dauerfeuchten Rheinaue abgelagerten 5 Meter starken römischen Müll- und Auffüllschichten wurden
erstmals in größerem Maßstab durch neun tiefe Pfahlgründungen für einen Neubau
angeschnitten. Im Bericht des Ausgräbers Fritz Fremersdorf heißt es, die Porträt-
Herme habe sich »(...) etwa 6 m unter der heutigen Straßenhöhe, in einer bis 10 m
tief hinabreichenden Schichte, die Auffüllmaterial aller Art – darunter Dinge der
verschiedensten Art aus leicht vergänglichen Stoffen, vor allem Leder und Holz –
in Massen enthielt, [befunden]. Die Figur lag waagrecht in dem sumpfigen Boden,
mit dem Gesicht nach unten und kam so ohne Beschädigung zutage.«

Riesige Mengen römischer Alltagsgegenstände wurden aus dieser schwarzen
sumpfigen Schicht geborgen. Organische Gegenstände aus Holz, Bein, Wolle oder
Leder waren bis zu diesem Zeitpunkt noch nie in solcher Fülle in Deutschland
ausgegraben worden. Dieser erstaunliche Fund wurde erst durch die archäologischen
Untersuchungen zum Bau der Nord-Süd Stadtbahn Köln übertroffen: Im Bereich des
römischen Althafens am Kurt-Hackenberg-Platz, in der Bechergasse und am Alter
Markt wurden ebenfalls außerordentlich mächtige Abfall- und Auffüllschichten entdeckt. Diesmal bezifferte sich die Fundmenge aus den Schichten auf rund
1,2 Millionen Objekte.

Aber noch einmal zur Ausgangsfrage: Wer kennt dieses Frauenporträt? Ist es
möglich, dass dieses für das römische Köln so bedeutende Stück die Kriegs- und
Nachkriegszeit irgendwo, möglicherweise sogar in Köln selbst, überdauert hat? Dass es
in einem Museumsdepot, einem Institutskeller, in einer Privatsammlung oder in einem
Kunsthaus unzerstört erhalten geblieben ist? Vielleicht sogar deshalb, weil es durch
seinen unfertigen Charakter gar nicht als antikes Stück erkannt, sondern irrtümlich als
eine Skulptur der klassischen Moderne eingeschätzt und bewahrt worden ist?

Modernes Hermendenkmal
für den Komponisten Richard
Wagner vor dem Lippischen
Landestheater in Detmold –
Foto Marion Euskirchen

Hermen aus einem
Herkules-Tempel in Rom –
Museo Nazionale Romano,
Palazzo Massimo alle Terme,
Foto Marion Euskirchen

Literatur
Dahmen 2001; Eckert 2011,
S. 178–179; Fremersdorf, Fund-
bericht 1924.012; Salzmann 1990,
S. 131–220; Thomas 2007,
S. 285–286; Wrede 1972.

MATRIBVS
SVEBIS
L·FLAVIVS
Q·VIETVS
L   M

SUEBISCHE MÜTTER
GERMANEN IM VÖLKERGEMISCH
DES RÖMISCHEN KÖLN
MARION EUSKIRCHEN

Römer und Germanen, Kelten und Griechen – von Anfang an war Köln Drehscheibe und Schmelztiegel von Menschen aus allen Gebieten des *Imperium Romanum*. Von einigen sind Namen und Herkunft auf Grabdenkmälern und Weihesteinen überliefert. Die Anwesenheit germanischer Sueben im römischen Köln kann durch insgesamt sieben Inschriftensteine belegt werden, deren schönster und am besten erhaltener 1996 auf dem Heumarkt ausgegraben wurde.

    Der Weihaltar aus dem frühen 3. Jahrhundert n. Chr., im Ausbruchsgraben einer römischen Mauer entdeckt, war als Baumaterial aus einem Tempel verschleppt und zu unserem Glück weder in handliche Stücke zerhackt noch in eine Mauer vermörtelt worden.

    Die Weihinschrift gilt MATRIBVS SVEBIS, den suebischen Müttern. Ihnen, seinen Heimatgottheiten, stiftet L(ucius) FLAVIVS QVIETVS den Altar. Die Buchstaben L und M am Schluss der Inschrift bedeuten, dass Quietus den Weihestein gerne *(Libens)* und nach Verdienst *(Merito)* der Mütter gestiftet hat. Er löste damit nach dem Prinzip des »do ut des« – ich gebe, damit du gibst – ein Versprechen gegenüber den Göttinnen ein, nachdem diese sein Gebet erhört hatten.

    Die Schauseite des Weihaltars ist mit seinen rahmenden, mit Blätterkelchen geschmückten Pilastern und dem Sprenggiebel wie ein kleiner offener Tempel *(Aedicula)* gestaltet. Das »Tempeldach« zeigt, wie die Oberseite eines Altars, kissenartige, rosettengeschmückte Aufsätze an den Seiten. In der Mitte dazwischen liegen in Dreierreihen neun runde Früchte.

    Die drei göttlichen suebischen Mütter thronen in einer muschelüberspannten Nische. Sie sitzen nebeneinander auf einer Bank und halten auf ihrem Schoß mit Früchten gefüllte Schüsseln. Über einem Untergewand tragen sie einen symmetrisch umgeleg-

Weihaltar des L. Flavius Quietus
für die suebischen Mütter, gefunden auf dem Heumarkt;
Kalkstein, um 180 n. Chr. – Römisch-Germanisches
Museum/Rheinisches Bildarchiv

Bronzeköpfchen eines Germanen
mit Suebenknoten – Römisch-Germanisches
Museum/Rheinisches Bildarchiv

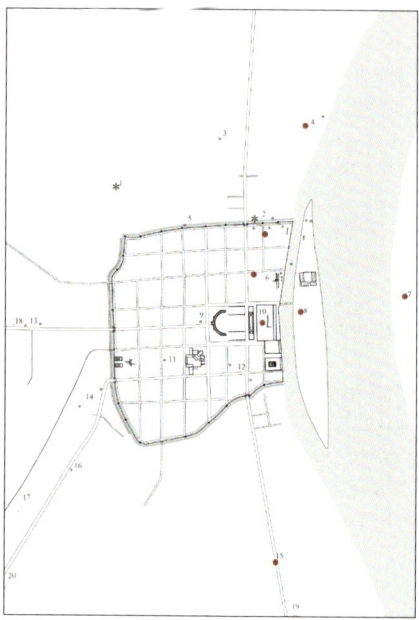

44

ten Mantel, der mit einer großen Gewandspange auf der Brust geschlossen ist. Jede der Frauen ist mit einem breiten Halsreif geschmückt, jedoch nur die beiden äußeren tragen eine Haube. Das Inschriftfeld ist durch seine obere und untere Profilierung wie ein Sockel gestaltet, der die Gruppe der Göttinnen trägt. Der Weihestein orientiert sich damit in seiner Gestaltung an einem großen Kultbild der *Matres (Suebae?)* in einem bisher noch nicht lokalisierten Tempel im römischen Köln.

Die suebischen *Matres* gehören zu den mehrzahligen Göttinnen, die in Köln und in Niedergermanien synonym als *Matres* (lat.: »Mütter«) oder *Matronae* (kelt.: »Mütter«) verehrt werden. Sie erscheinen fast immer im selben Bildnistyp: in der Dreizahl, thronend, in einheimischer, niemals in römischer Tracht, mit Früchten auf dem Schoß, mit einer mädchenhaften Göttin in der Mitte und zwei Hauben tragenden Göttinnen zu den Seiten.

Die Inschriften unterscheiden zwischen *Matres* und *Matronae* und überliefern die zahlreichen einheimischen, d. h. germanischen oder keltischen Beinamen der Göttinnen. Die Beinamen erläutern Eigenschaften der göttlichen Frauen oder lassen auf eine jeweils spezielle Funktion als Schutzgottheiten für Familien und Sippen, Gewässer und Landstriche, Bäume und Pflanzen, Siedlungen, Provinzen und Länder, Stämme und Stammesverbände schließen. Im Unterschied zu den *Matronen* sind die *Matres* ausschließlich für Territorien, Stämme und Stammesverbände zuständig. So wie bei dem Weihestein vom Heumarkt, der den *Matres* der germanischen Sueben gewidmet ist.

Weihaltar des Händlers
Lucius Septimus Fidelis für die suebischen juthungischen Mütter, gefunden Hohe Straße/ Marspfortengasse; Kalkstein, 2. Jahrhundert n. Chr. – Römisch-Germanisches Museum/Rheinisches Bildarchiv

Kartierung der Matres-/Matronensteine
im Stadtgebiet der *CCAA*, rot gekennzeichnet: Fundplätze der Weihaltäre für die suebischen *Matres* – Grafik nach Renate Thomas: Kölner Jahrbuch 47, 2014, Tafel 1, überarbeitet von Silke Haase

Die Sueben siedelten zwischen Ostsee und den westdeutschen Mittelgebirgen in der *Germania magna*. Zu ihnen gehören u. a. die Stammesgruppen der Semnonen, Juthungen und Markomannen. Allgemein bekannt sind die Sueben, in deren Namen schon unser Wort für »Schwaben« anklingt, durch den berühmten (typischen) »Suebenknoten«, der eigenartigen Haartracht ihrer Kriegereliten.

Als Suebe gibt sich auch Quietus durch die Stiftung des Weihesteins für die suebischen Mütter zu erkennen. Er ist nicht der einzige Suebe, der den heimatlichen Muttergottheiten im römischen Köln einen Weihestein setzte. Seinem Beispiel folgten seine Zeitgenossen Aemilius Primitivus und Marcus Rudius Acceptus. Der Letztere benennt auf seinem Altar die Göttinnen nicht nur als *Suebae*, sondern auch als *Sidinae*, also als Gottheiten eines Teilstammes, womit er seine eigene Abstammung präzisiert. Ähnlich verdeutlichen der Freigelassene Julius Secundus und der Händler Lucius Septiminius Fidelis ihre engere ethnische Herkunft mit ihren Weihungen an die *Matres Suebae Hieudungae*: Sie sind Juthungen und gehören damit zu jenem germanischen Stamm, dessen kriegerische Raubzüge im späteren 3. Jahrhundert Kaiser Aurelian veranlassten, Rom mit der nach ihm benannten Stadtmauer neu zu befestigen.

Der Juthunge Fidelis unterstreicht seine enge Bindung an die Göttinnen zusätzlich durch das sehr persönliche »meine« (lat.: *meis*): »Für meine suebischen juthungischen Mütter« – MATRIBVS MEIS SVEBIS HIEVDVNGIS. Ähnlich macht es ein weiterer suebischer Kaufmann namens Verecundius. »Für meine germanischen suebischen Mütter« lässt er als Anrufung auf seinen Weihestein setzen. Hier wird abweichend von den anderen Sueben-Weihungen »suebisch« nicht näher erläutert, sondern dient selbst als nähere Erläuterung zu »germanisch«.

Hunderte inschriftlicher Weihungen an die *Matres* und *Matronen* sind bisher in Niedergermanien gefunden worden. Weihinschriften für die suebischen Mütter jedoch gibt es nur in Köln. Allerdings ist nicht zu erkennen, ob die Stifter dieser Weihesteine sich nur zeitweise in Köln aufhielten (z. B. als Händler) oder ob sie Mitglieder einer suebischen Gemeinde in Köln waren. Zeitweilig ansässig war jedenfalls ein suebischer Gardesoldat des Statthalters, der einen nur unvollständig erhaltenen Inschriftenstein setzte. Der Leibwächter, der seine suebische Herkunft eigens angibt *(cives suebis)*, weihte den Stein einer unbekannten Gottheit auch im Namen von Kameraden oder Vereinskollegen, die wie er aus dem suebischen Lopodunum stammten, dem heutigen Ladenburg am Neckar.

Alle sechs Kölner Weihaltäre für die suebischen Mütter stammen aus der ersten Hälfte des 3. Jahrhundert n. Chr. Ihre Fundplätze verteilen sich auf den östlichen Teil der Stadt. Sie waren als Baumaterial zweckentfremdet dorthin gelangt. Die schweren Steine werden jedoch nicht allzu weit transportiert worden sein, so dass ihr ursprünglicher Aufstellungsort ebenfalls im Ostteil des römischen Köln zu suchen sein wird – in der Nähe des Hafens und des Statthalterpalastes.

45

RÖMER & CO.

Literatur
Galsterer 2010 Kat. Nr. 144, S. 155–159, 385;
Reallexikon der Germanischen Altertumskunde
2005, S. 184–212; Speidel 1994; Tacitus, Germania,
S. 38–40; Thomas 2014, Kat. Nr. 62–67.

VERDAMMT LANG UND KEIN ENDE IN SICHT
EIN RÖMISCHER GROSSBAU AUF DER EHEMALIGEN RHEININSEL

MARION EUSKIRCHEN

In der Nachbarschaft des Heumarkts erhebt sich das Historische Rathaus auf den mächtigen Fundamenten der Statthalterpaläste des römischen Köln. Gegenüber in Richtung Rheinufer liegt die romanische Basilika Groß St. Martin, die bis zur Vollendung der Domtürme gemeinsam mit dem Rathausturm die Silhouette der Stadt beherrschte. Sie gründet auf den überaus starken Mauern eines riesigen römischen Speichergebäudes. Unmittelbar südlich des Rathauses ruhen auch Gürzenich sowie die Kirchen St. Alban und St. Maria im Kapitol auf Fundamentmauern großer öffentlicher Bauten der römischen Stadt; der Name der Marienkirche trägt dabei die Erinnerung an den Vorgängerbau weiter – den Kapitoltempel für die Trias der römischen Staatsgötter Jupiter, Juno und Minerva.

Öffentliche römische Großgebäude sind durch mittelalterliche, neuzeitliche und moderne Bauten auf ihren Grundmauern weiterhin im Stadtbild des modernen Köln präsent und bestimmen als antike Erinnerungsorte die städtebauliche Struktur bis heute mit.

Das riesige römische Bauwerk auf dem Heumarkt jedoch, das im Bereich der nördlichen Platzhälfte bei Ausgrabungen 1996 bis 1998 gefunden wurde, ist seit dem 10. Jahrhundert aus der kollektiven Erinnerung verschwunden: Der Kölner Erzbischof Bruno ließ das damals bereits rund 500 Jahre genutzte Gebäude niederlegen bzw. abbrechen, als er um das Jahr 957 den ersten Marktplatz an dieser Stelle anlegte.

In der mittleren und späten römischen Kaiserzeit befanden sich in diesem Bereich der späteren mittelalterlichen Rheinvorstadt Logistikflächen des antiken Handelshafens auf der ehemaligen Rheininsel, deren Infrastruktur durch große Magazinbauten geprägt war.

Der monumentale Großbau auf dem Heumarkt – sicher ein öffentliches Gebäude – erstreckte sich von Nordosten nach Südwesten diagonal über die 6000 Quadratmeter große und 120 Meter lange Ausgrabungsfläche und setzte sich nach Norden und Süden außerhalb der Ausgrabungsgrenzen weiter fort. Bei dem zu einem großen Teil nur noch durch Ausbruchsgräben bezeichneten Gebäudegrundriss handelt es sich in der Rekonstruktion um einen etwa 6,30 Meter breiten Bau, dessen

Römischer Großbau
Fundament der Ostfassade mit Mauervorlage außen (rechts)
und Fundamenten der Innenteilung (links), Detail, von Norden –
Foto Michael Wiesehöfer

48

Ostwand außen durchschnittlich etwa alle 3 Meter durch lisenenartige Mauervor-
lagen verstärkt war und für die aufgehende, weitgehend geschlossene Ostfassade
eine Gliederung etwa durch Blendarkaden annehmen lässt. Das Gebäude wurde
durch unterschiedlich lange Innenwände mit geraden Kopfseiten unterteilt, so dass
seine spezifischen Merkmale deutlich werden: leiterförmig angeordnete Folgen von
kleinen Kammern mit einer zum Rheinufer im Osten geschlossenen und im Westen
geöffneten Gebäudefront. Insgesamt konnten 29 rechteckige Kammern mit einer
Größe von je ca. 3 mal 4,80 Metern ermittelt werden. An mindestens zwei Stellen der
Ostwand – im Bereich einer verfüllten Geländemulde – wurden Pfahlgründungen zur
Baugrundertüchtigung festgestellt. Trotz der starken Fundamente aus Tuffstein und
römischem Beton für die Ostwand spricht die geringe Gründungstiefe der West-
mauer eher für einen einstöckigen Bau.

Der Baukörper wirkte durch seine imposante Länge von deutlich mehr als
120 Metern ungemein schmal – die rheinseitige Fassade des Statthalterpalastes *(Praetorium)* wies eine Länge von nur 90 Metern auf, die äußere Länge des Kölner Domes
beträgt 144,58 Meter. Ob das Gebäudefragment zu einem vierflügeligen, einen
Innenhof umschließenden Speichergebäude *(Horreum)* zu rekonstruieren ist, wie z. B.
die berühmten Magazingebäude im Hafen des antiken Ostia, bleibt ohne weitere
archäologische Untersuchungen Spekulation.

Schmale, langrechteckige Bauten wie der auf dem Heumarkt mit gleichmäßigen
Kammerfolgen *(Tabernae)* sind feste Bestandteile antiker urbaner Architektur. Sie

Römischer Großbau
Fundament der Ostfassade mit äußeren Vorlagen
(rechts) und Fundamenten der Innenteilung (links),
Detail, gegen Norden – Römisch-Germanisches
Museum, Foto Jennifer Lauer

Grundrisskonstruktion des Großbaus
in der Untersuchungsfläche auf dem Heumarkt –
Plan Römisch-Germanisches Museum

finden sich sowohl in zivilem als auch in militärischem Kontext als Hof- oder Platzanlagen rahmende sowie Straßen begleitende Gebäude, je nach architektonischem
Zusammenhang in unterschiedlicher Funktion – als Ladenlokale, Magazine und
Speicher, aber auch als Kasernen oder Pferdeställe. Im Bereich eines Handelshafens
wie dem des römischen Köln wird man solche Gebäude wohl am ehesten als Lager-
häuser einordnen wollen.

Fest steht, dass der römische Großbau vom Heumarkt in der kurzen Blütezeit
Kölns während der Regierung von Kaiser Julian um die Mitte des 4. Jahrhunderts
entstand – also einige Jahrzehnte nachdem sein Onkel und Vorgänger Konstantin der
Große im Jahr 310 eine Brücke über den Rhein schlagen und das den Brückenkopf
sichernde Kastell Divitia (Deutz) (310–315) auf der rechten Rheinseite errichten ließ.

Römischer Großbau
Fundament der Ostfassade mit Mauerkopf der
ersten inneren Quermauer, Detail, gegen Osten –
Foto Römisch-Germanisches Museum

Literatur
Aten, Frasheri, Kempken und
Merse 1998, S. 481–513.

VOM HEUMARKTVIERTEL
AUF DIE SCHÄL SICK
EICHENPFÄHLE DER
RÖMISCHEN RHEINBRÜCKE
MARIO KRAMP UND
ALFRED SCHÄFER

Das rheinseitige Stadtpanorama der *Colonia Agrippina* wurde von einer etwa 420 Meter langen Brücke geprägt, die zwischen dem mittleren Tor der römischen Stadtmauer auf Höhe Marsplatz und dem Deutzer Brückenkopfkastell verlief. In einer zeitgenössischen Lobrede *(Panegyricus)* auf Kaiser Konstantin den Großen wird diese erste feste Brücke über den Niederrhein, dort, wo der Strom seine volle Breite entfaltete, als Sieg über die Gewalten der Natur gefeiert.

Zum konstantinischen Bauprogramm gehörten steinerne Schenkelmauern, die von den beiden Ecken der alten Stadtmauer zum Fluss führten, um das Gelände der ehemaligen Insel und den Zugang zur Brücke zu sichern. Ob auch das Prätorium, der Sitz des Statthalters, zu dieser Zeit eine neue Fassade erhielt, die man von der Brücke aus erblickte, bleibt zu untersuchen. Der Baubeginn des Rheinübergangs dürfte in die Jahre zwischen 308 und 310 n. Chr. fallen. Die Brücke und das Brückenkopfkastell auf dem Deutzer Ufer wurden *sub praesentia principis* (in Anwesenheit des Kaisers) 315 n. Chr. eingeweiht.

Unter der Herrschaft Konstantins bekam die Sicherung der Grenzen des Römischen Reichs an Rhein und Donau einen besonderen Stellenwert. Dies zeigt der Vergleich mit dem Bau der steinernen Brücke zwischen Oescus und Sucidava am bulgarischen und rumänischen Donauufer, deren Einweihung ebenfalls von Konstantin persönlich durchgeführt wurde. Wie in Köln-Deutz sicherte auch in Sucidava ein über die Flussgrenze hinaus vorgeschobener Verteidigungsposten den Übergang. Am Rhein bildete das Kastell Divitia (Deutz) einen wichtigen römischen Stützpunkt im Barbarenland *(in barbarico)*.

Zu welchem Zeitpunkt die römische Rheinbrücke in Köln zerstört wurde, ist nicht sicher belegt. Die Koelhoff-sche Chronik berichtet noch am Ende des 15. Jahrhunderts von sichtbaren Resten der steinernen Brückenpfeiler. Arnold

Armlehnstuhl aus der Zeit des Historismus, angeblich aus dem Eichenholz der römischen Rheinbrücke gefertigt – Kölnisches Stadtmuseum/ Rheinisches Bildarchiv

Eichenpfähle der Rheinbrücke Kaiser Konstantins – Römisch-Germanisches Museum/ Rheinisches Bildarchiv

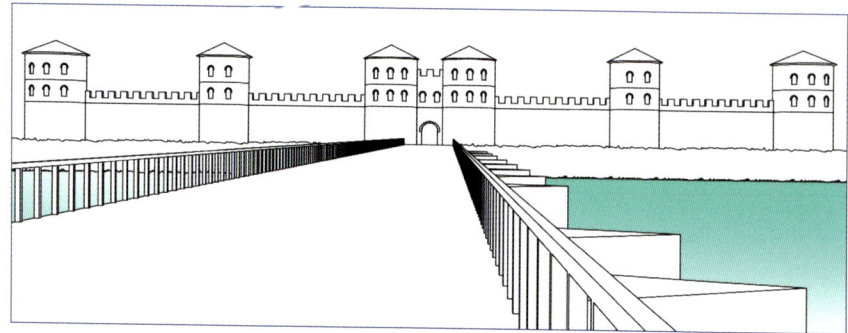

Mercator bezeichnet auf seinem Stadtplan von 1571 die Verlängerung der Salzgasse hinter der Straße Obenmarspforten als »die bruck straiß« – die heute noch so benannte Brückenstraße. Dass die Römerbrücke am linken Rheinufer auf Höhe der Salzgasse ihren Ausgang nahm, geht ebenfalls aus einer urkundlichen Erwähnung der dortigen Häuser als »Haussa uff der Brücken« im Brigidenschrein hervor. Im frühen 17. Jahrhundert war der Kölner Stephan Broelmann der Erste, der mit Hilfe eines Landvermessers aus dem niederländischen Gouda die noch an Ort und Stelle erhaltenen Überreste der alten Rheinbrücke kartierte. Von einem Boot aus konnte er fünf steinerne Pfeilerreste feststellen. Ortskundige Fischer erklärten ihm, es gebe insgesamt noch 19 Brückenpfeiler.

Seit dem ausgehenden 19. Jahrhundert bot sich mit Taucherschiffen wiederholt die Gelegenheit, die Konstruktionsweise der Rheinbrücke zu erforschen. Insgesamt konnten 15 hölzerne Pfahlgründungen nachgewiesen werden, die als Fundamente der Brückenpfeiler dienten. Die Pfähle aus Eichenholz besaßen eine Stärke von 20 bis 50 Zentimetern und eine Länge bis zu 7,50 Metern. Sie waren spitz zugebeilt, einzelne hatten um die Spitze einen eisernen Pfahlschuh, so dass man sie bis zu ca. 3 Meter tief in den Flussgrund rammen konnte. Im Römisch-Germanischen Museum sind einige dieser Eichenpfähle zu sehen. Die rechteckigen, etwa 4 mal 12 Meter großen Fundamente hatten jeweils ein stromaufwärts gerichtetes dreieckiges Vorhaupt, um der Strömung auch bei Hochwasser und Eisgang standzuhalten. Sand- und Kalksteinquader, zum Teil in Zweitverwendung, belegen, dass die Brückenpfeiler selbst aus Stein gebaut waren.

Oberbau und Fahrbahn der Brücke waren aus Holz gezimmert. Untersuchungen des Labors für Dendroarchäologie der Universität zu Köln an den erhaltenen Eichenpfählen aus dem Rheinbett erbrachten mehrere Jahrringdaten, die auf eine längere Bauperiode in konstantinischer Zeit hindeuten. Möglicherweise ist die feierliche Einweihung des Jahres 315 als eine Art Grundsteinlegung zu verstehen, die zwar eine Begehbarkeit, aber noch keine vollständige Fertigstellung der Rheinbrücke voraussetzte.

Perspektivische Rekonstruktion
der römischen Rheinbrücke und des Kastells Divitia (Deutz) –
Zeichnung Jennifer Lauer

Teilmodell der römischen Rheinbrücke
Mitten im Rhein wird in der mit Spundwänden
abgedichteten Baugrube ein Brückenpfeiler errichtet –
Römisch-Germanisches Museum, Foto Alfred Schäfer

54

1822 wurde das Viertel um den Heumarkt erstmals seit der Römerzeit wieder mit dem Deutzer Ufer verbunden – durch eine Pontonbrücke, die mehrmals täglich für den Schiffsverkehr geöffnet werden musste. An anderer Stelle, auf Wunsch des preußischen Königs in der Achse des Doms, erfolgte feierlich die »Eröffnung der festen Rheinbrücke zu Cöln am 3. Oct. 1859«. Diese Dombrücke, die erste feste Brücke seit der Zeit Konstantins des Großen, bestand parallel mit der Pontonbrücke am Heumarkt. Für den Heumarkt beendete erst 1915 die Deutzer Brücke, 1935 »Hindenburgbrücke« genannt, das Provisorium der Pontonbrücke. Das war auch bitter nötig, die moderne Großstadt Köln war auf den reibungslosen Schiffs-, Eisenbahn- und Straßenverkehr angewiesen.

In dieser Zeit des Aufbruchs erforschte man, stolz auf die eigene römische Geschichte und auf deren Fortsetzung durch moderne Brückenkonstruktionen, die Überreste der alten Römerbrücke. Kein Wunder, dass Pfeilerfragmente als Zeugnisse des Bürgerstolzes an unvermuteter Stelle im wahrsten Sinne wieder auftauchten – ähnlich wie Reste des hölzernen Turmkrans, der im Zuge der Domvollendung abgebaut wurde.

So erhielt 1906 der Kölner Verleger und Publizist Franz Xaver Bachem einen Polsterstuhl im neubarocken Stil mit der Inschrift »Angefertigt aus Pfahlholz der

Die römische Rheinbrücke
in der Vorstellung des 17. Jahrhunderts; Johann Hogenberg,
kolorierter Kupferstich, 1608, nach einer Zeichnung von Stephan Broelman –
Kölnisches Stadtmuseum/Rheinisches Bildarchiv

ersten Kölner Römerbrücke des Jul. Caesar, 55 v. Chr. 1898«, der sich heute noch im Familienbesitz befindet. Dass viele damals noch glaubten, die Römerbrücke stamme sogar aus Caesars Zeiten, erhöhte zweifellos den Wert für diese Kölner Familie, die auch im Stadtrat vertreten war.

    In das Rathaus führt ein weiterer Überrest, wenngleich wohl aus anderem Holz: einer jener Armlehnstühle, die Stadtbaumeister Julius Carl Raschdorff 1867 für die Ausstattung des von ihm neugotisch ausgebauten Rathauses entwarf. Diese »neuen gothischen Möbel« wurden vom Stadtrat im Hansasaal genutzt, bis sie der Modernisierung des Rathauses durch die Nationalsozialisten zum Opfer fielen. Nur zwei Stühle waren im Kölnischen Stadtmuseum erhalten – bis 2012 drei weitere im Handel auftauchten, zwar mit Kunstlederpolsterung, aber ansonsten im Originalzustand. Einer dieser Stühle verweist auf der Rückenlehne mit einer Inschrift in gotischen Lettern auf die Herkunft des Materials: »Holz der Römerbrücke zu Köln«. Unklar ist, ob dieser Stuhl auch bereits 1867 entstand, oder – wahrscheinlicher – ebenfalls Ende des 19. Jahrhunderts, als man im Rhein die Hölzer barg. Man darf aber vermuten, dass er in der Folgezeit von einer herausragenden Persönlichkeit genutzt wurde: von Konrad Adenauer. Der war seit 1917 Oberbürgermeister und verknüpfte in besonderer Weise die römische Vergangenheit Kölns mit der modernen Metropole.

    Ob das Holz wirklich von den Pfählen jener römischen Brücke stammt, das unser Viertel einst mit dem anderen Ufer verband? Jedenfalls ist es jenes Holz, aus dem man in Köln Geschichte zu schnitzen versteht.

RÖMER & CO.

Inschriftenschild auf einem Stuhl,
der angeblich aus dem Eichenholz der römischen
Rheinbrücke gefertigt wurde; das Schild verortet die
Brücke fälschlicherweise in die Zeit von Julius Caesar –
Privatbesitz, Foto Marion Euskirchen

Literatur
Kramp 2000, S. 529–580;
Lewejohann 2013, S. 76–77;
Schallmayer 2000, S. 205–212;
Soénius 2014, S. 82–89.

MIT FÜSSEN GETRETEN
RÖMISCHE GÖTTER
IN MITTELALTERLICHEN
MARKTPFLASTERN
MARION EUSKIRCHEN UND
THOMAS HÖLTKEN

Die Füße abgeschlagen, die Arme nur noch Stummel, die Oberfläche zerhackt, zer-
schrammt und zernarbt – jedoch die Haltung majestätisch, die Nacktheit heroisch,
der Kopf göttlich: Die antike Bronzefigur, von Archäologen überraschend im Heumarktpflaster des 10. Jahrhunderts entdeckt, zeigt Jupiter, den römischen Himmels-
gott. Ein Kranz krönt das Haupt des bärtigen Göttervaters, in den verlorenen Händen
hielt er ursprünglich Zepter und Blitzbündel. Der Rest eines massiven Hakens am
Rücken der Götterfigur verrät, dass die Skulptur ursprünglich einen prächtigen drei-
oder vierbeinigen Klapptisch aus Metall geschmückt hat, der möglicherweise im
(Jupiter?-)Kult als tragbarer Altar gedient hat.

Unter den Hunderten von römischen und mittelalterlichen Funden aus dem
Kies der mittelalterlichen Marktflächen war jedoch nicht nur die lädierte Figur
des obersten römischen Gottes besonders bemerkenswert. Aus den Marktflächen
konnten kurioserweise noch zwei weitere römische Gottheiten geborgen werden –
dargestellt auf Gebrauchsobjekten der römischen Kaiserzeit.

Bei der einen handelt es sich um Minerva, die Tochter des Jupiter, zuständig
für Weisheit, Handwerk und Kriegshandwerk, bei der anderen um Venus, die Göttin
der Schönheit und der Liebe. Minerva, an Helm und Brustpanzer zu erkennen, gibt
als Göttin der Weisheit sinnreich dem Griff eines Wachsspachtels in Form einer
Büste Gestalt. Mit solch einem Spachtel wurden Wachsschichten auf hölzerne
Schreibtäfelchen aufgetragen und geglättet bzw. entfernt. Wachsspachtel gehörten
mit Tintenfässern, Schreibgriffeln und -federn zu den unentbehrlichen Schreibuten-
silien in römischer Zeit. Venus mit Helm und Schild (Venus victrix) schmückt die blaue
Glasgemme eines eisernen Siegelrings. Der ehemalige Besitzer des Rings, der damit
das Privileg zu siegeln besaß, war möglicherweise ein Soldat – diese trugen gerne
Eisenringe als Zeichen der Stärke. Das Bild der siegreichen Venus wählte er wohl als
Loyalitätsbekundung gegenüber dem Kaiser bzw. dem römischen Volk. Denn Venus
galt als göttliche Stammmutter der Römer.

Wie aber gelangten unsere drei römischen Götter in die mittelalterlichen Kiespflaster des Heumarkts? Hier muss zur Erklärung etwas ausgeholt werden: Als in der

Jupiter-Figur aus Bronze,
wohl von einem Klapptisch aus Metall; 3. Jahrhundert n. Chr. –
Römisch-Germanisches Museum/Rheinisches Bildarchiv

58

Mitte des 10. Jahrhunderts, im Jahr 957 oder kurze Zeit später, an dieser Stelle die
erste Marktfläche angelegt wurde, stand hier – wie an zahlreichen anderen Orten in
der Stadt – mehr oder minder intakt ein antikes Gebäude. Der riesige, über 120 Meter lange Großbau aus spätrömischer Zeit zog sich diagonal mitten durch die frühmittelalterliche Siedlung an dieser Stelle. Das ruinöse Gebäude war über Jahrhunderte von den Siedlungsbewohnern so in Stand gehalten worden, dass es in Teilen
noch weiter genutzt werden konnte. Während die Siedlungshäuser im Bereich der
neuen Marktfläche auf Befehl des Erzbischofs Bruno rigoros abgerissen und beseitigt
wurden, blieben die Ruinen des antiken Gebäudes auch noch nach Einrichtung des
ersten Marktes teilweise sichtbar; erst nachdem das Kiespflaster der Marktfläche
aufgebracht worden war, wurden die letzten Mauerreste ausgebrochen.

Die Kiesdecke des ersten Heumarkts bestand ursprünglich aus einem durchschnittlich nur 2 Zentimeter starken sauberen Pflaster aus Feinkies, römischem
Ziegelbruch, Kalkstein- und Tuffstückchen, das im Laufe der Nutzung mit allerhand
Abfall wie Keramik- und Glasscherben, Metallresten, Tierknochen oder Holzkohle
verunreinigt wurde. Dieses dünne Pflaster war ohne nennenswerte Aufschüttung
bzw. Befestigung auf die einplanierte Fläche der frühmittelalterlichen Siedlung
aufgetragen worden und sackte dadurch im Lauf der Zeit im Bereich der ehemali-

Die Rückansicht
der Jupiter-Figur zeigt den Rest eines massiven
Hakens, der der Befestigung diente; Bronze,
3. Jahrhundert n. Chr. – Römisch-Germanisches
Museum/Rheinisches Bildarchiv

Wachsspachtelgriff
in Form einer Minerva-Büste; Bronze, 2. Jahrhundert n. Chr. –
Römisch-Germanisches Museum/Rheinisches Bildarchiv

gen Siedlungsgruben, Brunnen und Latrinen, aber auch über den Ausbruchsgruben des spätrömischen Großbaus ab. Um die entstandenen Senken und Löcher auf der Marktfläche auszugleichen, verwendete man offensichtlich alten Siedlungsschutt, den man wohl im benachbarten Umfeld des Marktes ausgrub und heranschaffte. Dieses Auffüllmaterial war nicht nur mit frühmittelalterlichen, sondern auch stark mit römischen Scherben und Abfall durchsetzt. Denn damals galt bereits, was noch heute meist die Regel ist: Setzt man in Köln den Spaten an, trifft man auf die Spuren der römischen Vergangenheit der Stadt.

Während jedoch heute römische Funde sorgfältig dokumentiert, konserviert, bewahrt und erforscht werden, landeten die römischen Artefakte damals noch unbeachtet und pragmatisch mitsamt unseren drei Gottheiten Jupiter, Minerva und Venus in den Planierschichten und wurden von tausenden Füßen ins Kiespflaster des mittelalterlichen Platzes getreten.

Eiserner Siegelring
Die Gemme aus blauer Glaspaste zeigt Venus Victrix in Rückenansicht auf eine Säule gestützt, einen Helm in der Hand haltend, vor ihren Füßen ein Schild; 2. Jahrhundert n.Chr. –
Römisch-Germanisches Museum/Rheinisches Bildarchiv

Literatur
Aten, Befunde 2001, S. 621–700;
Franken 1994, S. 311–316; Höltken 2006,
S. 457–520; Klatt 1995, S. 349–573;
Krug 1981, Kat. Nr. 10; Thomas 1995,
S. 575–614.

DER HEUMARKT VOR DEM HEUMARKT
VOM LEBEN IN DER FRÜHMITTELALTERLICHEN COLONIA

THOMAS HÖLTKEN UND
MARCUS TRIER

Seit dem 3. Jahrhundert wuchs der Druck auf das römische Imperium durch kriegeri-sche Völker immer mehr, bis diese in der Spätantike zu einem offenen Gefahrenpoten-tial wurden. Von dieser brandgefährlichen militärischen Gemengelage war auch die *CCAA* betroffen. Rom versuchte dem entgegenzuwirken und stockte das Militär an den Grenzen massiv auf. Seit Kaiser Konstantin wurden gezielt germanische Verbände als Föderierte zu dessen Sicherung eingesetzt. Söldner erwiesen sich rasch als gelehrige Schüler und arbeiteten sich als Heermeister bis in Generalsränge des römischen Heers vor. Germanen rückten so in den letzten 100 Jahren des Weströmi-schen Reiches bis in die politische und gesellschaftliche Führungsspitze auf.

Archäologische und schriftliche Quellen belegen: Köln hat – trotz des außer-ordentlich bedrohlichen Szenarios – den Übergang von der römischen zur fränki-schen Herrschaft als kontinuierlich bestehendes urbanes, kirchliches und politisches Zentrum erlebt – auch, wenn den Übergang ein nicht unerheblicher Bevölkerungs-schwund begleitete. Anzeichen einer gewaltsamen Wachablösung der römischen Machthaber durch germanische Verbände gibt es nicht. Die neuen, fränkischen Eliten rekrutieren sich aus Söldnern germanischer Provenienz, denen im Auftrag Roms bis zur Mitte des 5. Jahrhunderts die Sicherung der Reichsgrenze am Rhein oblag. Wie in anderen Teilen des Reiches erfolgte die faktische Machtübernahme durch die Rheinfranken (Ripuarier) gewiss mit Billigung Roms, das später tatenlos mitansehen musste, wie die nordwestlichen Provinzen gänzlich ihrer Kontrolle entglitten.

Die germanischen Föderaten sicherten die Rheingrenze spätestens bis 455, als nach der Ermordung des Heermeisters Aetius († 454) und dem Tod seines Mörders, des weströmischen Kaisers Valentinian III. († 455), zugesagter Sold ausblieb. Das kam einer Aufkündigung der Bündnisverträge gleich! Fortan sahen sie sich nicht mehr an die Verträge gebunden. Der *liber historiae Francorum*, eine Chronik des 8. Jahrhun-derts, nennt die Jahre 459/61 als Zeitpunkt der fränkischen Übernahme in Köln.

Im letzten Viertel des 5. Jahrhunderts, so berichtet Gregor von Tours, war Sigibert König der Rheinfranken. Sein Vater war vermutlich ein hoher Offizier in römischen Diensten und hatte, wie andere germanische Militärs, die Gunst der

Die Heumarktgrabung
von 1996 bis 1998 gab einen Blick auf die
frühmittelalterlichen Siedlungsreste frei –
Foto Michael Wiesehöfer

Stunde genutzt. Seine Herrschaft wird im Allgemeinen »Ripuarisches Reich« genannt. Die Ripuarier (Uferbewohner) waren diejenigen Franken, die am Rhein siedelten. Doch Sigiberts Herrschaft blieb von kurzer Dauer: Schon 511 räumte der benachbarte salfränkische König Chlodwig ihn und das ripuarische Geschlecht gewaltsam aus dem Weg und ließ sich in Köln zum König aller Franken ausrufen.

Wie sah nun die Colonia der Merowingerzeit aus? Nach Aussage der archäologischen Quellen konzentrierte sich die fränkisch-romanische Besiedlung auf den ufernahen Bereich im Osten der ummauerten antiken Stadt. Im frühen 6. Jahrhundert stand auf dem Domhügel in der Nordostecke der Stadt die Bischofskirche mit separatem Baptisterium. Die christlich-romanische Gemeinde und der Bischofssitz waren wesentliche Pfeiler der städtischen Kontinuität. 300 Meter südlich der Kirche residierten die merowingischen Herrscher und ihre Statthalter. Gregor von Tours nennt um 520 die *aula regia* – die königliche Residenz. Der Sitz der Frankenkönige wird von der Forschung einvernehmlich am Platz des römischen Statthalterpalastes *(praetorium)* lokalisiert. Das wirtschaftliche Zentrum der frühmittelalterlichen Colonia befand sich, nach allem, was wir wissen, in Rheinnähe, dort, wo heute der Heumarkt und die ihn umgebende Altstadt liegen.

Die fränkischen Neusiedler fanden bei ihrer Ankunft am linken Rheinufer ein Gelände vor, das in römischer Zeit markant umgestaltet worden war. Die alte

Siedlungsfläche und Fundorte innerhalb der antiken Stadtmauern
8. bis 10. Jahrhundert: 1 Bischofsgartenstraße, 2 Heumarkt, 3 Kurt-Hackenberg-Platz,
4 Alter Markt, 5 Martinstraße, 6 Josef-Haubrich-Hof, 7 St. Columba, 8 Kastell Divitia (Deutz) –
Grafik aus: Carl Dietmar/Marcus Trier: Colonia, Köln 2011, Abb. 146

Rheininsel diente anfangs als geschotterte Logistikfläche. Nachdem um die Mitte des 2. Jahrhunderts die Hafenrinne zwischen Festland und Insel nach dem Bau von Dämmen und anderen Baumaßnahmen immer mehr verlandete, machte man aus der Not eine Tugend und füllte diese ehemalige Nebenrinne des Rheins mit Erde, Bauschutt und Müll aus dem Stadtgebiet auf. So wurde die Insel wohl um das Jahr 200 landfest – und verschwand aus dem Stadtbild. In der ersten Hälfte des 3. Jahrhunderts wurden auf dem aufgelassenen Hafengelände erste Gebäude errichtet, die allerdings nicht lange Bestand hatten. Vermutlich war der Baugrund zu instabil. Auf der ehemaligen Insel wurde im 4. Jahrhundert ein über 120 Meter langer Steingroßbau durch die öffentliche Hand errichtet. Teile dieses Gebäudes, das vermutlich wirtschaftlichen Zwecken diente, wurden 1996 bis 1998 bei Ausgrabungen freigelegt. Die bis zum Ostufer der »Insel« erweiterte Stadt wurde ebenfalls im 4. Jahrhundert durch Schenkelmauern im Norden und Süden befestigt, eine Maßnahme, die wohlmöglich im Zusammenhang mit dem Bau der ersten Rheinbrücke unter Kaiser Konstantin zu verstehen ist.

Nach der fränkischen Übernahme der Stadt Mitte des 5. Jahrhunderts entstand östlich und westlich dieses spätrömischen Steinbaus eine frühmittelalterliche Siedlung. Aus dieser Zeit stammen sieben Grubenhäuser, also Gebäude, die ins Erdreich eingegraben waren. Während diese dem Handwerk und der Vorratshaltung dienten,

Merowinger- und karolingerzeitliche Funde
aus der frühmittelalterlichen Heumarktsiedlung; Buntmetall –
Römisch-Germanisches Museum/Rheinisches Bildarchiv

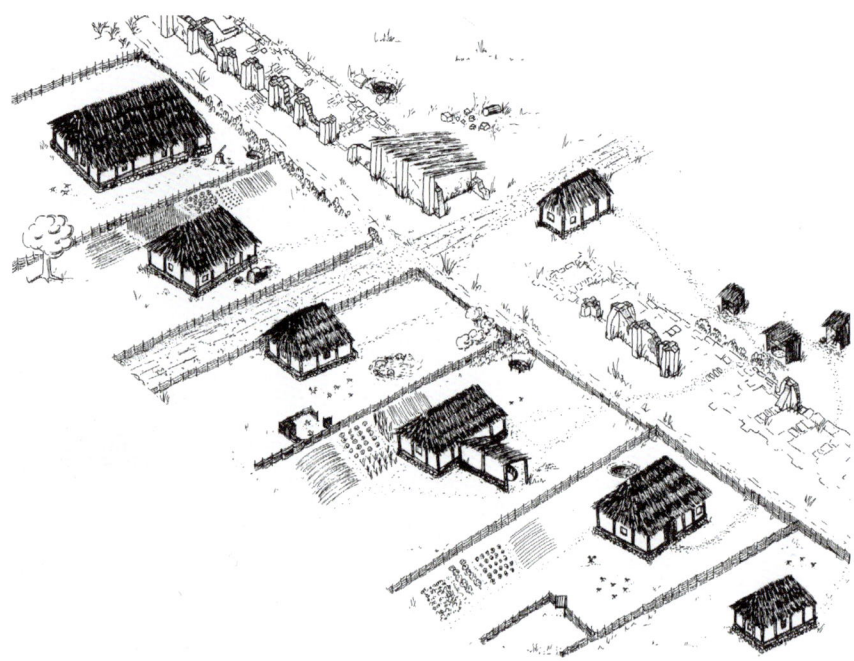

wohnten die Handwerker möglicherweise in den benachbarten römischen Gebäuden, die in Besitz genommen und von den Franken notdürftig in Stand gehalten wurden.

In karolingischer Zeit wurden in größerem Umfang neue Gebäude errichtet. Es handelt sich dabei um bis zu 6,5 Meter breite und 12 Meter lange Holz- bzw. Fachwerkgebäude. Die Häuser standen auf Sockeln aus Steinen, die aus römischen Ruinen herbeigeschafft wurden. Nur selten nutzte man Mörtel zur Errichtung der Sockelmauern; in der Regel wurden die Steine mit Lehm verbunden. Häufig bediente man sich sehr großer römischer Werksteine in den Raumecken, nutzte beispielsweise Säulentrommeln o. Ä. als Unterleger. Darauf standen die tragenden Hölzer der Gebäude, die Ständer. Die höheren Gebäudeteile führte man wahrscheinlich in Fachwerk aus. Die Dächer dürften mit Stroh eingedeckt gewesen sein, die Böden bestanden aus Stampflehm. Wiederverwendete römische Dachziegel bildeten Herd- bzw. Feuerstellen, auf denen ein offenes Feuer angefacht wurde, in welches man das Kochgeschirr hineinstellte. Dieser Gebäudetyp war noch im 10. Jahrhundert in Gebrauch. Zu diesem Zeitpunkt lassen sich auf dem Heumarkt acht eingezäunte Grundstücke mit Häusern rekonstruieren, die sich in regelmäßigen Abständen westlich und östlich des genannten spätrömischen Großbaus verteilen. Letzterer dürfte

Lebensbild der Heumarktsiedlung
in ottonischer Zeit –
Grafik Corinna Claus/Thomas Höltken

noch als Ruine gestanden haben. Die Technik, Holzbauten auf Sockelmauerbasis zu errichten, war übrigens in der frühmittelalterlichen Architektur weit verbreitet. Vergleichbares kennen wir vornehmlich in Städten und Siedlungen, die aus römischen Wurzeln entstanden sind. Es handelt sich also um eine Mischung aus römischer und germanischer Bautradition.

Ihren Lebensunterhalt bestritten die Menschen vom Heumarkt mit Handwerk: So fanden sich Reste von Ofenwandungen, Buntmetallschlackereste, Glasverarbeitungsreste sowie zugehörige Schmelztiegel und Glashäfen. Geweihstücke mit Bearbeitungsspuren sowie Halbfabrikate aus Bein bezeugen die Verarbeitung organischer Materialien. Zu den beliebten Produkten, die hier hergestellt wurden, gehören auch Fibeln, die wie Sicherheitsnadeln Gewänder verschlossen haben. Mit hoher Wahrscheinlichkeit wurden diese Gegenstände nicht nur vor Ort produziert, sondern auch zum Verkauf angeboten. Daneben hat man auch – nach Analyse der Pflanzenreste – Gewürz- und Gemüsegärten angelegt sowie Obst angebaut. Zu jedem Haushalt gehörte eine stattliche Anzahl an Vieh – nach den Knochenfunden Rinder, Schweine, Ziegen, Schafe und Geflügel. Auch die Haltung von Hunden ist belegt, und zwar in Form sogenannter Koprolithen (der wissenschaftliche Begriff für fossile Hundehaufen).

Die Untersuchung der Pflanzenreste wirft ein Licht auf die Ernährung der Menschen im frühen Mittelalter: Beliebt waren Süßkirschen, Weintrauben, Äpfel, Pflaumen, Holunderbeeren und Feigen. An Gewürzen fanden sich etwa Bohnenkraut,

Frühmittelalterliche Gruben
mit humoser Verfüllung im hellen Lehm –
Foto Römisch-Germanisches Museum

Sellerie und Dill. Möhren, Sellerie und Hülsenfrüchte wurden regelmäßig verzehrt. Auch Getreidespeisen gehörten zur Grundnahrung. Daneben wurde Rind- und Schweinefleisch und gelegentlich das von Schafen, Ziegen und Fisch gegessen. Wahrscheinlich gehörten vor allem Getreidebrei und Rindfleischsuppe zur täglichen Mahlzeit.

Das Vieh lief mehr oder weniger frei in der Siedlung herum; überall verteilten sich Dung, Garten- und Speiseabfälle. Das ganze Areal entwickelte sich zu einem – man kann es kaum anders ausdrücken – gewaltigen Komposthaufen. Im Laufe von fünf Jahrhunderten lagerte sich hier eine bis zu 60 Zentimeter starke schwarze humose Schicht ab. Kein Geringerer als Charles Darwin berechnete im Jahr 1881, dass allein durch die winzigen Kothäufchen von Regenwürmern die Oberfläche im Allgemeinen jährlich um eine 5 Milimeter dicke Schicht Erde anwächst. Aber nicht nur den Kölnern mangelte es an Reinlichkeit in der Hofstelle: Das Phänomen schwarzer Erde, die sich im frühen Mittelalter über römischen Schichten ablagert, begegnet uns in zahlreichen Städten und Siedlungen, in denen sich Germanen niedergelassen haben. In England ist sie als »black soil«, in Frankreich und Belgien als »terre noire« aus unterschiedlichen Grabungen bekannt.

Die Ausgrabungen am Heumarkt geben einen tiefen Einblick in das frühmittelalterliche Leben der Stadt in bisher nicht bekannter Vielfalt. Inzwischen förderten auch die archäologischen Untersuchungen anlässlich des Baus der Nord-Süd Stadtbahn Köln unzählige Siedlungsreste des Frühmittelalters zu Tage. Die jüngsten Ausgrabungen machen es möglich, auch ältere Funde in einem neuen Licht zu betrachten: Frühmittelalterliche Keramik, römische Werksteine und die typische schwarze Schicht wurden in den vergangenen 100 Jahren an vielen Stellen zwischen Hohe Straße *(Cardo maximus)* und Rheinufer nachgewiesen, doch lange Zeit in ihrer siedlungsgeschichtlichen Bedeutung nicht erkannt. Heute wissen wir, dass es Zeugnisse der frühmittelalterlichen Colonia sind, einem der bedeutendsten Zentren des Handels und Handwerks seiner Zeit am Rhein, das seit Karl dem Großen Sitz des Erzbischofs war.

Hier lag der merkantile Mittelpunkt der Stadt, waren Handwerker und Kaufleute beheimatet. Das Kaufmannswik war eine Art Basar, in dem gewohnt, produziert und vermarktet wurde. Die dort lebenden und tätigen Kölner bildeten das Fundament der späteren mittelalterlichen Handelsmetropole. Die Handwerker und Kaufleute lebten in der Merowingerzeit wahrscheinlich auf dem Grundbesitz des Königs, dabei wirkten sie unter seinem Schutz und in seinem Auftrag. In der Karolingerzeit übertrugen die Könige das administrative Geschäft in die Hände der Kirchenspitze. So weist im Jahr 744 der fränkische König Pippin III. an, dass die Bischöfe dafür zu sorgen hätten, dass ein regelmäßiger Markt in den Städten abgehalten werde.

Im Jahr 957 oder kurze Zeit später wird die Siedlung am Heumarkt komplett und in einem Zug abgebrochen, das Gelände einplaniert und eine Marktfläche aus

Kies angelegt. So entsteht der erste offene Heumarkt des Mittelalters. Aus den einst freien Kaufleuten unter königlichem Schutz und königlichen Handwerkern wurden dem Erzbischof hörige Untertanen. Dass ihre Siedlung im Jahr 957 oder kurz danach vollständig und radikal niedergelegt wurde, lässt auf einen herrschaftlichen Akt bzw. Befehl rückschließen, der in dieser Zeit nur vom erzbischöflichen Stadtherrn, d.h. von Erzbischof Bruno – dem jüngeren Bruder Kaiser Ottos I. –, ausgegangen sein konnte. Mit diesem städtebaulichen Auftrag wurde dieser Markt, der seit dem Hochmittelalter Heumarkt heißt, geboren!

Produktionsreste
von frühmittelalterlicher Glasverarbeitung auf dem Heumarkt; Keramik, Glas, Lehm – Römisch-Germanisches Museum/ Rheinisches Bildarchiv

Literatur
Aten, Befunde 2001, S. 621–700; Dietmar und Trier 2011; Höltken 2006, S. 457–520; Höltken und Trier 2011, S. 170–184; Schäfke und Trier 2010.

WO DER RUBEL ROLLT ...
DER HEUMARKT ALS MITTELALTERLICHER MARKTPLATZ

THOMAS HÖLTKEN UND STEFAN LEWEJOHANN

10. und 11. Jahrhundert sind eine wichtige Periode der Kölner Stadtentwicklung. Auch rund 500 Jahre nach dem Ende der *Colonia* prägte die römische Topografie das Stadtbild noch deutlich: Klassische Merkmale wie der gotische Dombau oder die gewaltige staufische Stadtmauer fehlten, ebenso repräsentative Patrizierhäuser. Wirtschaftlich war es die Epoche vor der Hanse und der Organisation des Handwerks in Zünften und Gaffeln. Die Geschicke der Stadt lagen weder in den Händen eines Stadtrats noch in denen reicher Bürger – in Köln herrschte einzig und allein der Erzbischof. Er war mit königlichen Rechten wie der Hochgerichtsbarkeit und dem Zollrecht, seit 1027 auch mit dem Münzrecht ausgestattet.

Erzbischof Bruno von Köln, der jüngere Bruder Kaiser Ottos I., zugleich Kanzler und Erzkaplan des Kaisers, ab 953 zudem Herzog von Lothringen, war der erste und einer der bedeutendsten Vertreter der sogenannten Reichsbischöfe im ottonisch-salischen Reichskirchensystem – faktisch war er Vizekönig. Unter ihm bildete sich die Kölner Kirche zur Territorialmacht aus. Von seinem Bruder erhielt er wohl auch das Marktrecht – woraufhin er wahrscheinlich die alte Kaufmanns- und Handwerkersiedlung in der Rheinvorstadt abreißen und in eine Marktfläche umwandeln ließ.

Die Ausgrabungen auf dem Heumarkt zwischen 1996 und 1998 haben gezeigt, dass sämtliche Hofanlagen und Produktionsstätten des Kaufmannswik in kurzer Zeit gezielt niedergelegt worden waren und man ein über 5 Hektar umfassendes Kiespflaster über die gesamte planierte Fläche gelegt hatte. Nach den dendrochronologischen Daten erfolgte diese Umstrukturierung 957 oder

Haufenweise Knochen und Kies
Mit der Marktoberfläche des 11. Jahrhunderts konnte eine der frühesten Marktschichten freigelegt werden – Foto Michael Wiesehöfer

Accessoire und gefragtes Handelsgut
Mittelalterliche Fingerringe vom Heumarkt; Buntmetall, Silber, Glas – Römisch-Germanisches Museum/Rheinisches Bildarchiv

kurz danach. Ursprünglich waren Heumarkt und Alter Markt eine zusammenhängende Marktfläche. Bereits im Februar 992 wird diese als »mercatus colonie«[1] in einer Urkunde König Ottos III. erwähnt. Nachdem man um das Jahr 1000 den Neumarkt im Westen der Stadt anlegte, nannte man zur Unterscheidung die Marktfläche am Rhein »Alter Markt«.

Auf der Mitte des Heumarkts stand die erzbischöfliche Münze, an die sich schon im 11. Jahrhundert eine Budenreihe anschloss, die sich nach und nach zu einem dichten, kleinen, eigenständigen Stadtviertel mit Gassen und festen Wohnhäusern entwickelte. Auf diese Weise wurde die Marktfläche in zwei Teile geteilt: Den nördlichen Teil nannte man weiterhin Alter Markt, den südlicheren ab ungefähr 1300 Heumarkt – wohl wegen des im unteren Bereich, in der Nähe der heutigen Straße Am Malzbüchel, stattfindenden Heuverkaufs. Dort befand sich ab 1492 auch die Kornwaage.

Die ehemals auf dieser Fläche ansässigen Handwerker und Kaufleute lebten wahrscheinlich auf dem Grund des Königs und somit innerhalb seiner Grundherrschaft. Später gelangten sie mitsamt ihrem Grund in kirchliche Obhut und wirkten dort unter dem Schutz und im Auftrag des Erzbischofs. Ob die Bewohner der Rheinvorstadt die Umgestaltung der 960er Jahre begrüßten oder missbilligend in Kauf nahmen, ist unbekannt. Die Handwerker werden ihre neuen Häuser jedenfalls unweit der alten Siedlungsfläche errichtet haben, wahrscheinlich im Randbereich des Marktes. Auch auf dem Alter Markt und im Bereich des heutigen Kurt-Hackenberg-Platzes entstanden zu dieser Zeit weitläufige Frei- bzw. Marktflächen.

Mit ihm nahm alles seinen Anfang
Das älteste Marktpflaster des Heumarkts aus dem 10. Jahrhundert –
Foto Römisch-Germanisches Museum

Im Laufe des Mittelalters wurde die Marktoberfläche des Heumarkts fünfmal erneuert und um insgesamt 6 Meter aufgeschüttet. Offenbar wollte man die alte abgelaufene und verschlammte Oberfläche regelmäßig in Stand setzen und das Marktniveau erhöhen, um es der randlichen Bebauung anzupassen.

Bei den ältesten Marktschichten des 10. und 11. Jahrhunderts handelt es sich um einfache Pflaster aus Kies, die gelegentlich mit kleinen Gräben zur Entwässerung durchzogen waren. Fest installierte Marktstände oder gar Gebäude lassen sich in dieser Schicht nicht nachweisen. Reste von Marktständen, und zwar am Rand der gepflasterten Fläche, sind erst in der Schicht, die in den 1080er Jahren aufgeschüttet wurde, zu finden. Es handelte sich um Bretterbuden mit Stampflehmboden, die teilweise überdacht waren, sowie Holzgestelle *(macella)*, Krame *(varende, wechferdige)* oder Gaddemen *(tabernae)*. Daneben bezeugen über tausend kleine Pfosten- und Stakenreste, dass hier auch kleinere Stände – wie einfache Stehplätze *(stationes* oder *statiunculae)*, Kisten *(cistae)*, Bänke *(bankae)* oder Tische *(mensae)* – installiert wurden, die abends wohl wieder abgebaut werden mussten. Der Transport der Waren erfolgte über mit Kies befestigte Straßentrassen.

In dieser Zeit hatten die Kaufleute erheblich an Macht gewonnen. Im Jahr 1074 kam es zu einem Konflikt zwischen den immer machtvoller werdenden Kaufleuten

Mittelalterliche Handwerkskunst
Schnallen und Gürtelbeschläge wurden auf dem Markt
gefertigt und zum Kauf angeboten; Buntmetall, Blei –
Römisch-Germanisches Museum/Rheinisches Bildarchiv

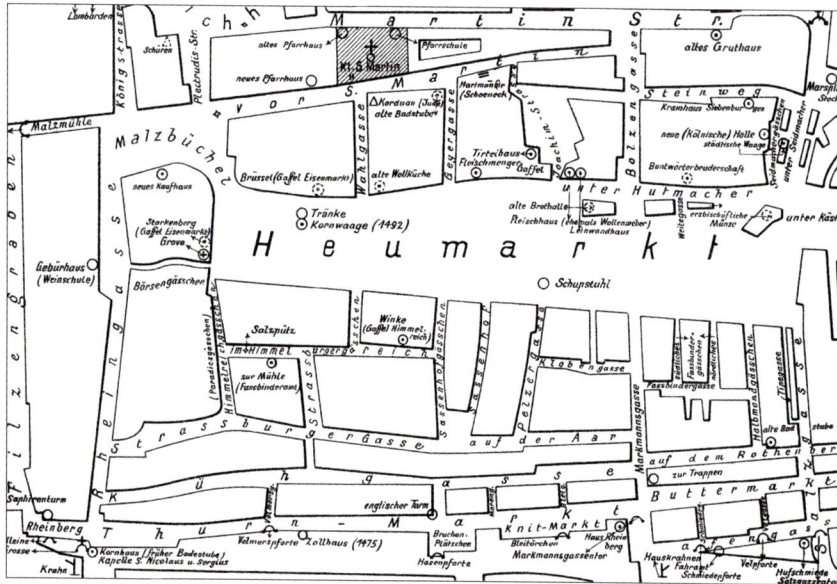

und Erzbischof Anno II., nachdem dieser sich an Privateigentum einer reichen Familie vergriffen hatte. Der Streit eskalierte und der Erzbischof musste fluchtartig die Stadt verlassen. Der Chronist Lampert von Hersfeld benannte als die Aufständischen reiche Kaufleute *(mercatores opulentissimi)* und »vornehme« Personen. Er berichtet auch, dass mehr als 600 Kaufleute aus der Stadt flohen, als Anno mit einer großen Streitmacht nach Köln zurückkehrte und den Aufstand niederschlug.

Rund 30 Jahre später, zwischen 1104 und 1106, wurde die Kiesfläche des Marktes wieder erneuert und es wurden mehrere Holzkanäle zur Entwässerung angelegt. Diese wurden bei der letzten mittelalterlichen Instandsetzung durch steinerne Kanäle, sogenannte Aduchte, ersetzt – den Münzfunden nach zu urteilen geschah dies wahrscheinlich nach 1266. Die Marktfläche bestand im 13. Jahrhundert teils aus Schotter und teils aus einem sorgfältig verlegten Kopfsteinpflaster aus Basalten. Erstmals wurde auch ein festes Gebäude aus Stein errichtet, das vielleicht als überdachter Unterstand diente, um auch bei schlechtem Wetter verderbliche Waren wie Brot und Fleisch verkaufen zu können. Möglicherweise handelt es sich um eine der offenen Hallen, die in den historischen Quellen als »schattige Orte« *(umbraculum, obumbraculum)* Erwähnung fanden.

1259 gewährte Erzbischof Konrad von Hochstaden den Kölner Bürgern das Stapelrecht, welches bestimmte, dass fremde Kaufleute ihre Waren drei Tage zum Kauf anbieten mussten, bevor sie weiterzogen. Dies verhalf den Kölnern zu erheblichem Reichtum. Sie hatten nämlich ein Vorkaufsrecht: Im Sommer bis zehn und im

Der mittelalterliche Marktplatz
nach einer Rekonstruktion des Historikers Hermann Keussen von 1910 –
Zeichnung aus: Hermann Keussen: Topographie der Stadt Köln im Mittelalter,
Bd. 1, Bonn 1910, Tafel III, überarbeitet von Sanna Nübold

Winter bis elf Uhr morgens konnten sie die Waren auswärtiger Produzenten, Bauern oder Jäger erstehen. Erst danach kamen die auswärtigen, fremden Kaufleute zu ihrem Recht und durften Waren einkaufen. Großhandelsgeschäften hatte ein einheimischer Unterkäufer, der Kölner Bürger sein musste, beizuwohnen bzw. sie mussten durch ihn vermittelt werden. Unterkäufer brachten die Parteien zusammen, stellten die gehandelten Mengen fest, ermittelten die Preise und erhoben die zu zahlenden Abgaben. Gleichzeitig kontrollierten sie die Qualität.

Das Marktrecht, das bis ins 12. Jahrhundert noch in erzbischöflicher Hand lag, ging in der Folge an die einflussreichen Kölner Kaufleute, denen – geeint in der Richerzeche – es gelang, sich ebenso die Marktaufsicht und die einträglichen Marktzölle zu sichern. Das Kompetenzgerangel zwischen geistlichem Stadtherrn und Kölner Patri-

Ort des Handels und Warenaustauschs
Die Holzrahmen gehören zu einem Marktstand aus dem späten 11. Jahrhundert –
Foto Römisch-Germanisches Museum

74

ziern eskalierte im 13. Jahrhundert: Mehrfach griffen beide Parteien zu den Waffen. Die
1288 ausgetragene Schlacht von Worringen markiert einen blutigen Höhepunkt, bei
dem Erzbischof Siegfried von Westerburg mit seinen Verbündeten geschlagen wurde.

Über die auf dem Markt in dieser Zeit verhandelten Waren geben vor allem
historische Quellen des Spätmittelalters Auskunft. Die Namensgebung »Heumarkt«
lässt darauf schließen, dass hier ausschließlich Heu oder zumindest Vieh gehandelt
wurde, doch fand auf der gesamten Marktfläche verteilt eine Reihe unterschiedlicher
Märkte statt. Demnach waren die großen Flächen in Bereiche aufgeteilt, in denen
die einzelnen Güter angeboten wurden. Die archäologische Ausgrabung zwischen
1996 bis 1998 fand in der nördlichen Hälfte des mittelalterlichen Heumarkts statt.
Obwohl bei den Grabungen rund 150 000 Fundgegenstände aus den Marktschichten
geborgen wurden, sind nur wenige Stücke mit dem eigentlichen Marktgeschehen in
Verbindung zu bringen und tatsächlich auf dem Markt verkauft worden. In den meisten Fällen handelt es sich um verlorenen Besitz – darunter Schmuck und Gegenstände des Alltags, wie z. B. Kämme aus Knochen – oder um städtischen Müll. Zahllose
Bleigewichte hingegen weisen unmittelbar auf das geschäftige Marktleben hin. Diese
stammen fast ausschließlich von den jeweiligen Kiesoberflächen des Marktes, d. h.,
sie waren in der Geschäftszeit verloren und dann in die Kiesdecke hineingetreten
worden. Mit Sicherheit war es damals einträglich, den Platz am Ende eines ereignis-
reichen Markttages auf der Suche nach verlorenen Münzen und anderen Wertgegen-
ständen abzulaufen.

Die ottonische Bronzeschale
aus einer Grube vom Heumarkt ist ein Unikat unter den Funden;
solche »Hanseschalen« dienten wohl in erster Linie
dem Händewaschen im häuslichen Bereich; 10./11. Jahrhundert –
Römisch-Germanisches Museum/Rheinisches Bildarchiv

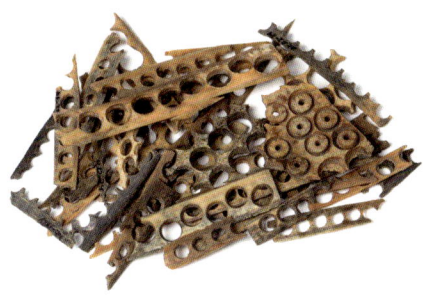

Mitte und Westseite des Platzes waren bis zum Bau der Fleischhalle 1371 durchzogen von Fleischbänken – Stände, an denen man die unterschiedlichsten Fleischwaren erstehen konnte. In Richtung Salzgasse machten die Salz- und Kohlenhändler ihre Geschäfte. Bis 1475 durften Kohlen nur auf dem Heumarkt gehandelt werden, Händler sollten »myt yren koyllen, sij brencgen sy zo schyffe, zo waen, off zo karren, up den Heůmart varen«[2]. Später kam nur noch die Kohle, die durch die Salzgasse eingeführt wurde, auf den Heumarkt. Längs der Ostseite des Heumarkts bot man Gemüse, Käse, Gewürze und Hülsenfrüchte feil. Im nördlichen Bereich in der Nähe der Münze befanden sich ein Zwiebelmarkt und Verkaufsstände der Kürschner. Auch Leinwandhandel fand hier statt. Um den sich in der Mitte des Heumarkts befindlichen Pranger wurde an Verkaufsständen Fisch verkauft. Die Stände des Wild-, Geflügel und Eierverkaufs zogen sich an der nordwestlichen Seite des Heumarkts vor der Marspforte über die Westseite des Alter Markts bis hin zur Budengasse entlang – noch heute erinnert der Name »Hühnergasse« an das hier angebotene Federvieh, darunter auch seltenes und kostspieliges, wie Schnepfen, Birkhühner, Wildenten oder Fischreiher. Insgesamt gab es auf und um den Heumarkt um 1300 mindestens 98 Verkaufsstände. Doch ein großer Teil des Platzes hatte frei von festen Ständen zu bleiben, so dass hier problemlos der viel Platz in Anspruch nehmende Viehmarkt stattfinden konnte.

Einen schnellen Zugang hin zum Rhein besorgten Salzgasse, Markmannsgasse und Rheingasse. Die Gassen und die Tore der rheinseitigen Stadtbefestigung hatten gleichzeitig auch die Aufgabe, den Warenstrom zu lenken und zu kontrollieren. So

Der Paternostrer Leupold bei der Arbeit um 1425
Das Hausbuch der Mendelschen Zwölfbrüderstiftung zu Nürnberg gibt Einblicke in das mittelalterliche Handwerk – Stadtbibliothek Nürnberg, Amb. 317.2°, f. 13r

Paternosterherstellung auf dem Heumarkt
Werkstattabfälle von der Rosenkranzproduktion, gefunden auf dem Heumarkt; Rinderknochen, 12. Jahrhundert – Römisch-Germanisches Museum/ Rheinisches Bildarchiv

76

durften an Land gebrachte Waren nur durch bestimmte Pforten in die Stadt ein- oder ausgeführt werden. Brot durfte beispielsweise nur durch die Salzgassenpforte eingeführt werden, Gleiches galt für Bier und Wein, der von hier aus in die ganze Welt gehandelt wurde. Am Salzgassentor saß der Weinakzisemeister, ein städtischer Beamter, der Buch über die Zahl der Weinfässer, den Inhalt und die Menge führte, um die zu zahlende Abgabe (Einfuhrakzise) zu erheben, die vom Kaufmann bei der Einfuhr zu entrichten war. Über die Ausfuhr der Fässer wurde ebenfalls genau Buch geführt, denn auch hier galt es für den Kaufmann, Abgaben zu entrichten.

Doch nicht nur auf der Marktfläche trieb man Handel, auch öffentliche Gebäude rund um den Heumarkt nutzte man für kaufmännische Zwecke. So kauften die Wollweber aus dem Bereich des Griechenmarkts im Jahr 1278 ein Haus auf dem Heumarkt, in dessen Nachbarschaft 1322 die Wollweber von Oversburg das Ikenhaus erwarben. Im Verlauf des Weberaufstandes wurden die Verkaufshäuser zerstört und 1371 an der Stelle die Fleischhalle gebaut. 1373 wurde die neue »Kölnische Halle« als Ersatz für den Verkauf des einheimischen Tuchs errichtet. Dieses Haus stand unter städtischer Aufsicht und lag im Seidmachergässchen (seit 1985 Seidmacherinnengäßchen) im nordwestlichen Teil des Heumarkts. Die Kölnische Halle besaß ein Monopol auf den Verkauf des kölnischen Tuchs – bis sie 1568 infolge des Niedergangs der Kölner Wollweberei schloss.

1388 entstand das Kaufhaus am Malzbüchel. Hier wurde eine bunte Fülle an Gütern gehandelt, vor allem aber Gewürze und Kräuter, wie beispielsweise Muskat,

Der Sporenmacher Enderes Sporer bei der Arbeit
Darstellung im Hausbuch der Mendelschen
Zwölfbrüderstiftung – Stadtbibliothek Nürnberg,
Amb. 317.2°, f. 78r

Synonym des berittenen Krieges
Ob der Eisensporn hier verloren oder zum Kauf angeboten wurde, bleibt unbekannt; seit dem 11. Jahrhundert gehörten Stachelsporen zur Standardausrüstung berittener Männer; 10./11. Jahrhundert – Römisch-Germanisches Museum/ Rheinisches Bildarchiv

Paradieskörner, Zibeben, Kardamom, Zinnober sowie Aloe, aber auch Waren wie Pfeffer, Melasse, Weihrauch, Salpeter, Zwiebelsamen, Sennesblätter, Mandelkerne, Kümmel, Reis und Lorbeer. Auch Zucker und bunte Seide wurden dort zum Verkauf angeboten. Hier befanden sich nicht zuletzt die Krautwaage und eine Eisenwaage. Spätestens seit 1395 gab es ebenfalls das Seidhaus in der Straße »Unter Seidmacher«, wo die Seidenwaage stand.

Die Kaufhäuser sollten das Monopol an dem jeweiligen dort gehandelten Gut haben, weshalb der Rat verordnete, dass »geyn burger noch wyrt noch nymant anders geyn guet halden in yren huyseren«[3]. Für das Leinwandhaus auf dem Alter Markt wurde sogar festgelegt, dass die dafür bestimmten Lieferungen nur auf direktem Wege dorthin gebracht werden durften.

Der Rat legte strenge Regeln fest, die das friedliche Miteinander auf dem Markt und in den Kaufhäusern gewährleisten sollten. So »sal nyeman (...) vloichen [fluchen]«, auch »eyn metz tzuege« oder jemanden mit »eynre vuyst« zu schlagen wurde mit einer Geldbuße von zwei Mark bestraft.[4] Kam es dennoch zu Zwischenfällen oder Betrug, übten Ratsherren in den Kaufhäusern die Rechtsprechung aus, so

Einen Höhepunkt gotischer Siegelkunst
stellt das Typar der Gaffel Eisenmarkt dar; sie war eine von mehreren
Gaffeln, die ihr Haus an den geschäftigen Heumarkt baute; Silber, um 1396 –
Kölnisches Stadtmuseum/Rheinisches Bildarchiv

78

Nadelöhr des Kölner Warenstroms
Zahlreiche verschiedene Waren, wie beispielsweise Wein,
mussten bei der Ein- und Ausfuhr ihren Weg durch die
Salzgasse nehmen; heute weist nur noch wenig darauf hin –
Foto Rheinisches Bildarchiv

dass jedem Kaufmann die Möglichkeit gegeben war, sich zwei- oder dreimal wöchentlich an das Gericht zu wenden.

Um Warenstrom und Handel auf den Märkten und in den Kaufhäusern bestmöglich zu überwachen und zu kontrollieren, hatte die Stadt ein engmaschiges Kontrollsystem mit städtischen Beamten eingerichtet. Die Aufsicht eines bestimmten Marktes oder Kaufhauses oblag den jeweiligen Markt- und Hallenmeistern. Sie wurden per Eid verpflichtet, für Ordnung und Frieden zu sorgen. Ihnen unterstanden die Marktdiener, die Standgebühren einzogen oder Betrug aufdecken sollten.

Daneben gab es vereidete Messbeamte, die Waren abwogen, versteuerten und gleichzeitig die Benutzung der richtigen Maße kontrollierten. Dabei unterzogen sie die Waren auch einem Qualitätstest. Die enormen Warenmengen von den Schiffen oder den ankommenden Karren auf die Märkte, zu den Waagen in den Kaufhäusern oder vom Markt in die Häuser zu transportieren, unterlag der Verantwortung der Arbeitsgesellen. Sie hatten ebenfalls einen Eid abzulegen, damit eine vorschriftsmäßige Ausübung ihrer Tätigkeit gewährleistet war. Auch die Arbeitsknechte hatten eine Kontrollfunktion, so durften sie nur Waren transportieren, die vorher durch die Messbeamten vermessen, versteuert worden waren und bei denen das Wiegegeld schon bezahlt war.

Vom Heumarkt aus wurden Waren in alle Orte der bekannten Welt verschickt. Ein breites Handelsnetz von London über das Baltikum bis in das russische Nowgorod sowie in das südliche Europa hatte hier seinen Anfang. Oftmals wurden dabei logistische Meisterleistungen vollbracht: So sorgten beispielsweise Lademarken an den am Heumarkt gelegenen Gasthäusern »Zum Fischgarn« und »Zum Bären« für die richtige Beladung der Karren, die in Richtung der Frankfurter Messe geschickt wurden. Hintergrund war die äußerst schmale Fahrgasse in Limburg, die die Fuhrleute mit ihren Fuhrwerken durchfahren mussten. Um hier das umständliche Umladen vor Ort zu vermeiden, wurden die Waren in Köln mit Hilfe der Lademarken so beladen, dass sie nur zu einem bestimmten Maße über die Fuhrwerke hinausragten, damit dieses Nadelöhr problemlos passiert werden konnte.

Der Heumarkt war also im Mittelalter vieles: Handelszentrum, Begegnungsstätte internationaler Kaufleute und Magen der Stadt. Hier rollten die Fässer – und hier rollte eben auch der Rubel.

Literatur

Aten, Befunde 2001, S. 621–700; Aten, Bente, Kempken, Lotter und Merse 1997, S. 345–404; Aten, Frasheri, Kempken und Merse 1998, S. 481–596; Beyer 1860; Haertel 2007, S. 27–59; Irsigler 1975, S. 217–319; Keussen 1910; Kuske 1913, S. 75–133; Kuske 1917–1934; Leiverkus 2005; Schäfke und Trier 2010; Schmitt 1981, S. 235–236; Stehkämper und Dietmar 2016; Stein 1893–1895.

WO DER RUBEL ENTSTEHT...
DIE ERZBISCHÖFLICHE MÜNZE
THOMAS HÖLTKEN

Bereits die römische *CCAA* war – zumindest zeitweise – eine Reichsmünzstätte. Das Münzrecht lag seit der Spätantike ausschließlich in den Händen der römischen Kaiser. Nach dem Machtwechsel am Rhein im 5. Jahrhundert kursierten im fränkischen Köln noch geraume Zeit spätrömische und byzantinische Münzen sowie deren Nachprägungen. Als der fränkische König Theudebert I (533/34–548), ein Enkel Chlodwigs, in Köln Goldmünzen mit seinem Bild und Namen – ganz im Stil der oströmischen Kaiser – prägen ließ, kam dies einem Tabubruch gleich. Doch Ostrom lag fern, weshalb diese Anmaßung ohne Konsequenzen blieb. Im 6. und 7. Jahrhundert spielte die Münzwährung noch eine untergeordnete Rolle; es ist die Zeit der sogenannten Monetarmünzen, d. h., der König beauftragte Münzmeister *(monetarii)*, die Prägungen aus Gold und Silber herstellten. Aus Köln sind die Meister Rauchomarus, Gaucemarus und Suno namentlich bekannt.

Unter den Königen Ludwig dem Kind (✝ 911) und Karl dem Einfältigen (✝ 923) erlebte die Prägetätigkeit in Köln einen großen Aufschwung. In dieser Zeit war die Stadt eine Hauptmünzstätte des karolingischen Reiches. Hier wurde der »Kölner Pfennig« aus Silber geprägt, dessen Rückseite der Schriftzug »Sancta Colonia« (das heilige Köln) zierte. Köln war die vierte christliche Metropole, die neben Jerusalem, Byzanz und Rom die Bezeichnung »Sancta« im Stadtnamen führen durfte. Im internationalen Handel waren die Kölner Prägungen nicht mehr wegzudenken; sie begegnen daher in großer Zahl in mittelalterlichen Schatzfunden des 10. bis 12. Jahrhunderts von Skandinavien bis nach Westrussland. Schätzungsweise ein bis zwei Millionen Silbermünzen sind im 12. Jahrhundert jährlich in Köln geprägt worden.

Der Standort der ehemaligen Münze
war auch um 1910 noch durch die Bauinsel im nördlichen Bereich des Heumarkts zu erkennen; unbekannter Fotograf, um 1910 – Foto Rheinisches Bildarchiv

Bleigewicht mit Abdruck
einer ottonischen Münze mit »Sancta Colonia«-Aufschrift aus den Marktschichten der Zeit um 1100 – Römisch-Germanisches Museum, Foto Thomas Höltken

Das Münzregal – das hoheitliche Recht, Münzen zu schlagen – wurde im Mittelalter vom Herrscher nur mit Bedacht aus den Händen gegeben. Als Erster ließ Erzbischof Bruno I. (953–965) in Köln Münzen prägen; die Befugnis wurde ihm von seinem Bruder, Kaiser Otto I., übertragen. Wahrscheinlich prägte Bruno aber nicht in der Funktion als Kölner Erzbischof, sondern als Herzog von Lothringen. Von seinen Nachfolgern auf dem Bischofsstuhl sind jedenfalls keine Münzen bekannt. Erst Kaiser Konrad II. (1024–1039) verlieh Erzbischof Pilgrim (1021–1036) das Münzrecht auf Dauer.

Eine erzbischöfliche Münzstätte *(moneta)* wird in Köln erstmals zwischen 1142 und 1156 genannt. Sie befand sich am Nordwestrand des heutigen Heumarkts. Hier saßen die Münzer, die sich im 13. Jahrhundert zu den Münzerhausgenossen zusammengeschlossen hatten. Sie übten das erzbischöfliche Münzregal aus und prägten unter der Aufsicht erzbischöflicher Beamter. Die Genossen besaßen zudem das Wechselmonopol und das alleinige Recht, mit Edelmetallen zu handeln.

Im Laufe des Mittelalters lösten sie sich vom Erzbischof und agierten als selbstständiges Unternehmen. Im Jahr 1205 wurde ihnen das Privileg zuteil, dass in Zukunft kein Erzbischof Münzer gegen den Willen der Hausgenossen einsetzen durfte. 1225 wurde ihnen das Selbstergänzungsrecht zugesichert, das sie befugte, eigenständig Münzer einzusetzen. Das einträgliche Geschäft gelangte allmählich in die Hände der Kölner Patrizier und verselbstständigte sich. Die Erzbischöfe hatten nur noch den Münzmeister, der in ihrem Auftrag den genossenschaftlichen Gerichten vorsaß, sowie den Münzprüfer (Wardein) zu ernennen, dem die Aufgabe zukam, die Prägungen auf ihren Metallwert hin zu prüfen.

Es blieb nicht aus, dass der finanzielle Erfolg der Genossen mit Missgunst beobachtet wurde. Der Zisterziensermönch Cäsarius von Heisterbach († nach 1240) berichtet über eine Vision, in welcher der bei St. Andreas tätige Stiftsherr Godefrid, der zudem als Münzmeister und Münzerhausgenosse »viel Geld zusammengescharrt

Trennendes Element
Im Mittelalter trennt der Bau der erzbischöflichen Münze die ursprünglich zusammenhängende Marktfläche von Heumarkt und Alter Markt; 1571 zeigt der Mercatorplan schon zwei völlig unabhängige Marktplätze; Arnold Mercator, Kupferstich – Kölnisches Stadtmuseum/Rheinisches Bildarchiv

habe«, aufgrund seiner Gier vor der Münze in Köln auf einem Amboss liegend mit einem Hammer geschlagen worden sei, »bis er klein geworden, wie die kleinste Münze«.[1]

Seit der Schlacht von Worringen im Jahr 1288 war Köln faktisch eine Freie Reichsstadt. Heinrich von Virneburg (1304–1332) war der letzte Erzbischof, der in Köln prägen ließ. Die Kölner Münze wurde nach Bonn, Deutz und Riehl verlegt. Trotzdem bestand das Gebäude auch nach 1288 weiter und wurde verschiedentlich als Münze, Münzhaus oder Moneta erwähnt und zweckentfremdet als Boten- und Mietshaus genutzt. So heißt es zum Hochwasser des Jahres 1374, dass man vor der Münze Pferde tränkte.

Da die Stadt Köln bis 1474 keine offizielle Berechtigung hatte, eigene Münzen zu schlagen, und doch an diesem Geschäft teilhaben wollte, bedienten sich die Bürger eines Tricks: Sie führten in der Mitte des 14. Jahrhunderts eine ideale Münzeinheit, eine Rechnungswährung, die Pagamentsmark, ein.

Überreste der ehemaligen Münze wurden bei den Ausgrabungen der Jahre 1997/98 auf dem Heumarkt wieder aufgedeckt. Es handelt sich um ein mindestens 10 mal 10 Meter großes Gebäude mit trapezförmigem Grundriss. Bei der Errichtung des Baus musste eine ältere Marktstraße verschmälert werden; dies geschah – nach dendrochronologischen Daten – um 1133. Die Münze dürfte demnach zwischen 1133 und der Ersterwähnung 1142/1156 entstanden sein. Hinweise auf einen Vorgängerbau ergaben die Ausgrabungen nicht. Die frühen Münzstätten aus merowingi-

Fundamentmauern der Münze
des 12. Jahrhunderts mit jüngeren Ein- und Anbauten –
Foto Römisch-Germanisches Museum

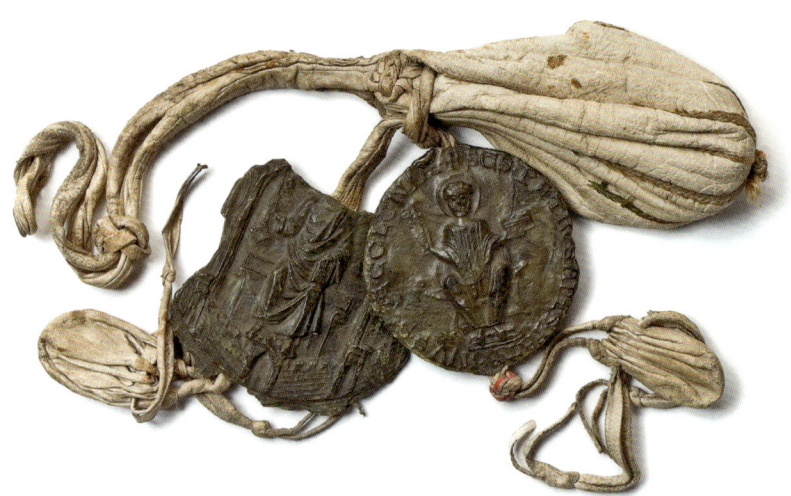

Münzapprobationsbeutel mit Stadtsiegel und Siegel des Domstifts
Der Beutel enthielt einen Probedenar, der im Streitfall eine Gegen-
prüfung des Silbergehalts und Gewichts der von der erzbischöflichen
Münze geprägten Denare zuließ; das gotische Stadtsiegel lässt den
Beutel auf nach 1268 datieren; Leder, Seide, Wachs –
Kölnisches Stadtmuseum/Rheinisches Bildarchiv

Typar der Münzhausgenossenschaft
Die Genossenschaft von Geldwechs-
lern übte im Auftrag des Erzbischofs
das Münzregal aus; Messing, zweites
Viertel 13. Jahrhundert – Kölnisches
Stadtmuseum/Rheinisches Bildarchiv

scher, karolingischer, ottonischer und salischer Zeit müssen sich demnach an anderen Stellen in der Stadt – wohl in der Nähe der Königsresidenz und der Bischofskirche – befunden haben.

Die Münze war fest in das Marktgeschehen integriert. Auf allen Seiten vollzog sich der Handel mit Pelz- und Lederwaren. Hier standen auch die Bänke der Wechsler. Im 13. Jahrhundert führte eine mit Steinplatten bedeckte Straße zur Münze, die *via lapidea de moneta*. In den folgenden Jahrhunderten – zwischen 1200 und 1600 – wurde der hochmittelalterliche Kernbau der Münze durch weitere Räume mit zugehörigen Kellern erweitert. Dabei dürfte es sich zum Teil um Gaddemen gehandelt haben, von denen es heißt, dass sie von außen an das Gebäude angebaut waren. Das Ende dieser Entwicklung ist auf dem Mercatorplan von 1571 wiedergegeben. Hier erscheint die ehemalige Münze als eine kleine Gebäudeinsel, die sich kaum von der umliegenden Architektur abhebt. Die letzten Baureste wurden 1910 abgerissen.

Archäologische Hinweise auf die Prägetätigkeit in Form von Produktionsabfällen, Edelmetallresten oder Münzstempeln fanden sich im Rahmen der Heumarkt-Ausgrabungen nicht. Die Münzmeister haben ihre Arbeitsstätte offenbar gewissenhaft organisiert und »besenrein« verlassen. Wer leichtfertig riskierte, dass Rohstoffe und Arbeitsmaterial in unbefugte Hände fielen, dürfte ähnlich hart bestraft worden sein wie die berüchtigten Falschmünzer. Die Strafen für Fälscher waren drastisch: Im 9. Jahrhundert wurde ihnen die Hand abgeschlagen, im Spätmittelalter kochte man sie in siedendem Wasser oder Öl langsam zu Tode.

Beispiel eines Prägewerkzeugs
Das Münzprägen war ein Handwerk, das es zu beherrschen galt –
Kölnisches Stadtmuseum/Rheinisches Bildarchiv

Literatur

Aten, Frasheri, Kempken und Merse 1998, S. 481–596; Höltken 2008, S. 579–677; Kaufmann 1888; Keussen 1910, Schäfke und Trier 2010.

BÖRSE UND INDUSTRIE- UND HANDELSKAMMER
INSTITUTIONEN DER WIRTSCHAFT AUF DEM HEUMARKT
ULRICH S. SOÉNIUS

Der wirtschaftliche Mittelpunkt Kölns war über Jahrhunderte das Viertel um den Heumarkt – erst mit der Ausdehnung des Stadtgebietes gegen Ende des 19. Jahrhunderts veränderte sich dies. Es lag nahe, dass wirtschaftliche Institutionen am und rund um den Heumarkt als traditioneller Handelsplatz ihren Sitz nahmen. Dies galt im 16. Jahrhundert für die Börse und im 19. Jahrhundert für die Industrie- und Handelskammer zu Köln. Beides waren – zu unterschiedlichen Zeiten – Kaufmannsgründungen.

Zu Beginn des Jahres 1553 erlaubte der Rat der Stadt auf Antrag einiger Kölner Kaufleute die Einrichtung einer »borse«. Die Kaufleute beriefen sich auf Vorbilder in Antwerpen und Brügge, aber auch in Augsburg und Nürnberg gab es bereits seit 1540 ähnliche Einrichtungen. Der Rat wollte die Börse im »Haus zum Bolzen« am Gürzenich unterbringen. Dies scheiterte und so gestattete der Rat Börsenversammlungen vor dem Rathaus – unter freiem Himmel. 1580 wurde die Börse auf den Heumarkt verlegt, weil der Platz vor dem Rathaus auf Dauer zu eng war. Dies deutet auf größere Versammlungen hin, bei denen die Kaufleute zwar nicht alle Waren vollständig anboten, aber zumindest Muster vorlegten.

Auf dem Heumarkt erhielt die Börse eine etwas erhöhte und gepflasterte Fläche von 50 mal 20 Schritt. Einerseits war dies ein geschützter Raum, andererseits ein Zeichen gegenüber Dritten, dass dieser Platz einem gesonderten Reglement unterworfen war. Beginn und Ende der Börsenzeiten wurden mit einem Schellensignal angekündigt. Gehandelt wurden »Produkte«: Getreide, Mehl, Öl, später Spiritus und Futtermittel. Bedeutung hatte zudem der Wechselhandel. Der Dreißigjährige Krieg behinderte die Börsengeschäfte. Neuen Auf-

Mitten auf dem Heumarkt
stand seit 1727 die Börse, umsäumt von Bäumen;
Charles Dupuis, Kupferstich (Ausschnitt), um 1795 –
Kölnisches Stadtmuseum/Rheinisches Bildarchiv

Baumeister der Börse
Albert Bourscheid entwarf das Gebäude auf
dem Heumarkt, das allerdings erst nach seinem
Tod errichtet wurde; unbekannter Künstler,
Öl auf Holz, 1704 – Kölnisches Stadtmuseum/
Rheinisches Bildarchiv

88

Das Haus Vacomont
auf dem Heumarkt 6 war erster Sitz des Handelsvorstandes und
der Handelskammer von 1797 bis 1803; hier tagte seit 1778 auch
eine Freimaurerloge, heute steht hier die »Brauerei zur Malzmühle« –
Stiftung Rheinisch-Westfälisches Wirtschaftsarchiv zu Köln

schwung erhielten sie Anfang des 18. Jahrhunderts. 1727 bis 1730 erbaute die Stadt – unter Kostenbeteiligung der Kaufleute – eine Börsenhalle, genannt »Alte Börse«. Diese wurde auch für Theateraufführungen, Puppenspiele und andere Veranstaltungen genutzt. Ende des 18. Jahrhunderts scheint der Börsenhandel eingestellt worden zu sein.

Zu dieser Zeit entstand unter den Kölner Kaufleuten der Gedanke, sich in »Kollegien« zusammenzufinden. Inzwischen strebten wirtschaftlich erfolgreiche protestantische Kaufleute, denen der Zugang zu den Machtgremien der Stadt verwehrt war, nach Mitsprache. Einige katholische Unternehmer schlossen sich an. 1776 gründeten sie zusammen das »Handlungskollegium«, das im Haus Vacomont am Heumarkt 6 seinen Sitz nahm. Heute befindet sich dort die »Brauerei zur Malzmühle«. In erster Linie fungierte das Kollegium wie ein Casino, in dem die neuesten Journale auslagen und Treffen stattfanden. Versuche, eine politische Vertretung der Kaufleute zu gründen, unterdrückte der Rat jedoch.

Mit der Besetzung Kölns durch französische Revolutionstruppen am 6. Oktober 1794 änderten sich die Bedingungen auch für die Kaufleute. Es galt nun, die Interessen des Handels institutionell zu festigen. Im Haus Vacomont tagte seit 1778 eine Freimaurerloge, in der bedeutende Händler Mitglied waren. Deshalb lag es nahe, dort am 8. November 1797 die Gründungsversammlung des Kölner Handelsvorstandes abzuhalten. Dieser war drei Tage zuvor vom Rat gebilligt worden. Laut Beschluss sollten zu Handelsvorstehern vier Katholiken und zwei Protestanten gewählt werden – die anwesenden 35 Unternehmer wählten aber vier Katholiken und vier Protestanten. Dennoch bestätigte der Rat am 9. November die Wahl. Der Handelsvorstand gab sich wenige Wochen später eine Aufgabenbeschreibung und setzte sich für Handelsfreiheit, »Verhältnismäßigkeit in den Abgaben« sowie Angleichung von Maßen und Gewichten ein.

Die Börse
auf dem Heumarkt in einer Ansicht
von Nordwesten; unbekannter Künstler,
Kupferstich (Ausschnitt), um 1830 –
Foto Rheinisches Bildarchiv

90

1802 führte Napoleon die »Chambres de Commerce« in Frankreich ein – dies galt auch für das Rheinland, das seit 1797 de facto und seit 1801 de jure Teil des französischen Staatsgebietes war. In Köln konstituierte sich die »Handelskammer« am 24. Mai 1803 – damit ist die hiesige IHK die älteste in Deutschland, die diesen Namen trägt. Der Handelsvorstand beendete seine Tätigkeit und setzte seine Arbeit in der neuen Kammer fort, die zunächst einen Raum gegenüber dem Rathaus bezog, aber Ende 1804 in das Haus der Fischmengerzunft am Salzgassentor umzog. 1815 siedelte sie in das spätere Stapelhaus um, sechs Jahre später in das Haus Auf dem Rothenberg 5, das die Handelskammer erwarb. Das Haus entwickelte sich zu einem viel belebten »Haus der Wirtschaft«, in dem Kommissionen tagten und Unternehmen Informationen erhielten. 1831 wandte die Kammer das neue preußische Recht an und wählte ihren Präsidenten – wie bereits vor 1803 – aus ihrer Mitte. 1842 zog sie in das größere, 1838 von der Stadt erworbene »Templerhaus« an der Rheingasse 8 um. Das Haus wurde auch Sitz der Agrippina-Versicherung und der Kölnischen Dampfschleppschiffahrts-Gesellschaft.

Die Handelskammer war seit 1811 gemeinsam mit der Stadt Aufseherin über die Börse und ersuchte umgehend bei der französischen Verwaltung eine Wiedererrichtung. 1813 wurde eine neue Börsenordnung erlassen. Vier Jahre später – nunmehr waren die Preußen die neuen Herren – wollte die Regierung das herunterge-

Vis-à-vis der preußischen Wache
Nicht nur Geldgeschäfte wurden hier getätigt, die Börse diente in ihrer Geschichte auch als Exerzierhalle, Theatersaal oder Café; Tillmann Wattler, Aquarell, 1851 – Kölnisches Stadtmuseum/Rheinisches Bildarchiv

kommene Börsengebäude abreißen lassen. Kammer und Kaufleute wehrten sich, denn sie befürchteten die Umwidmung des Heumarkts zum Exerzierplatz, weshalb sie die Renovierung bezahlten, die im März 1820 abgeschlossen wurde. Von dem damaligen Standort der Börse zeugt seit 2005 auf der Ostseite des Heumarkts eine Bronzeplatte, entworfen von der Kölner Bildhauerin Gisela Weinert und gestiftet von Herwig Nowak, der als IHK-Geschäftsführer lange Jahre die Nachfolgebörsen betreute.

1843 verließ die Börse den Heumarkt und zog zur Handelskammer in das Templerhaus um. 1848 regelte das erste preußische Handelskammergesetz die gesetzliche Aufsicht der Kammer über die Börse. De facto war dies schon vorher der Fall. Im Kammergebäude gab es zu den Börsenstunden ein Café, das die Geschäftsverhandlungen erleichterte. In den Börsenräumen fanden regelmäßig Versammlungen von Aktiengesellschaften statt. Handelskammer und Börse luden zu wissenschaftlichen Vorlesungen ein und abends gab es Konzerte. 1848 exerzierte die Bürgerwehr im Börsensaal. Seit Mitte des 19. Jahrhunderts wurden »Effekten« – Wertpapiere – gehandelt. Zum 1. Januar 1873 trennten Stadt und Handelskammer die Effekten- von der Produktenbörse.

Durch die wachsende Tätigkeit der beiden Institutionen wurde das »Templerhaus«, nach den Erbauern (um 1230) auch »Overstolzenhaus« genannt, zu eng. Zeit-

Erinnerung an das Herz des Kölner Handels
Bronzeplatte auf dem Heumarkt, gestaltet von Gisela Weiner –
Stiftung Rheinisch-Westfälisches Wirtschaftsarchiv zu Köln,
Foto Olaf-Wull Nickel

92

weise fanden Börsenveranstaltungen im Gartenzelt statt, weil die Hitze aufgrund der großen Anzahl an Menschen im Börsensaal unerträglich war. Die Börse siedelte daher in den Gürzenich um, wo sie am 18. Oktober 1875 ihren Geschäftsbetrieb aufnahm. Zwei Jahre später wurde die »Alte Börse« auf dem Heumarkt abgerissen. Die Handelskammer vermietete die Börsenräume im Overstolzenhaus u. a. an die Baptistengemeinde. Seit 1899 nutzte sie das Haus allein und seit 1907 auch das Haus Filzengraben 9, das die Stadt für die Kammer erwarb und das mit dem Haupthaus verbunden war. 1919 entstand die Warenbörse für Nahrungs- und Genussmittel, Getränke, Chemikalien und vieles mehr. 1922 trennte sich dieser Teil von der Produktenbörse und erhielt am Gürzenich einen Anbau. 1927 kam die Immobilien- und Hypothekenbörse hinzu. 1932 verließen beide das Heumarktviertel und zogen gemeinsam in den neugestalteten Bau Unter Sachsenhausen 4 in das Bankenviertel um. Dieser Standort verhinderte jedoch nicht die Zusammenlegung der Kölner, Essener und Düsseldorfer Börse zur »Rheinisch-Westfälischen Börse« in Düsseldorf 1935. Seitdem gibt es in Köln keine Wertpapierbörse mehr. Das Haus Unter Sachsenhausen

200 Jahre Industrie- und Handelskammer
Zum Kammerjubiläum am 23. April 1997 wurde bei einer Pressekonferenz
in der »Malzmühle« die historische Gründungsszene nachgestellt, mit dabei
auch der Verleger Prof. Alfred Neven DuMont – Stiftung Rheinisch-
Westfälisches Wirtschaftsarchiv zu Köln, Foto Heiko Specht, 23. April 1997

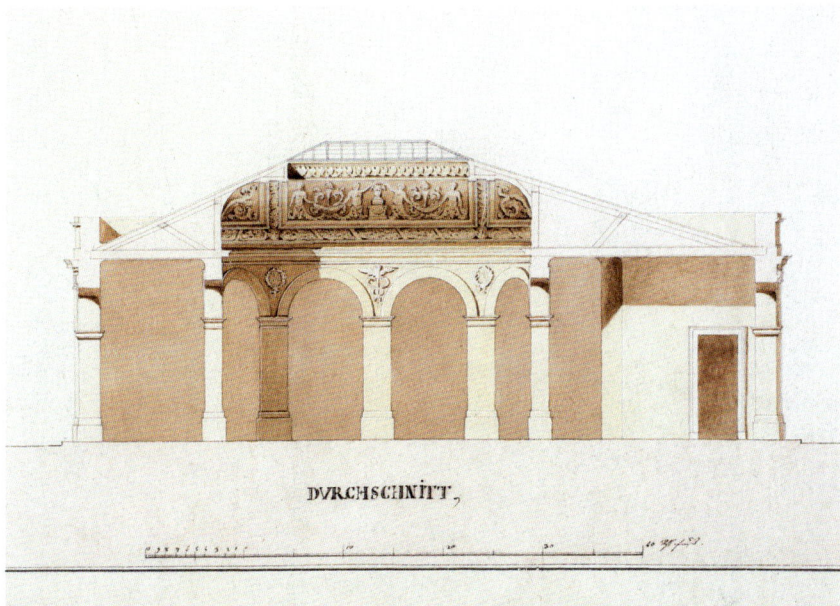

VOM MITTELALTER IN DIE NEUZEIT

wurde im Juni 1943 durch Bomben zerstört, die Börse und die Handelskammer zogen in Ausweichquartiere. Wegen des Krieges stellte die Börse 1944 ihren Betrieb ein und nahm diesen 1947 wieder auf. 1952 bezogen IHK und Börse den Neubau Unter Sachsenhausen 10–26. Der dortige Börsensaal mit den Telefonzellen erinnert an den Parketthandel, der bis in die 1980er Jahre hinein stattfand. Seit 2007 sind die Warenbörse und die Immobilienbörse jeweils in einem Verein organisiert.

Die IHK Köln hat in den fast 220 Jahren ihres Bestehens manchen Wandel durchgemacht – heute ist sie mit 150 000 Mitgliedsunternehmen in zwei kreisfreien Städten und drei Landkreisen eine der größten Industrie- und Handelskammern in Deutschland. Alle wichtigen Gesetze und Erlasse wurden von ihr mit beraten, sie agiert heute noch als Interessenvertretung der gewerblichen Wirtschaft in ihrem Bezirk, als hoheitliche Einrichtung insbesondere in der Ausbildung junger Menschen und als Serviceeinrichtung für die Unternehmen. Begonnen hat die Geschichte einer der ältesten deutschen Börsen und einer der ältesten deutschen Industrie- und Handelskammern im Heumarktviertel.

Die Börse nach der Restaurierung
Durchschnitt (Innenansicht);
Johann Peter Weyer, getuschte
Federzeichnung, 1817/18 –
Kölnisches Stadtmuseum/
Rheinisches Bildarchiv

Literatur
Helten 1928; Kellenbenz und
van Eyll 1972; Kuske 1953.

OCHSE, SCHWEIN UND SCHAF
DIE FLEISCHHALLE AM HEUMARKT
RITA WAGNER

Über 500 Jahre lang beherrschte das gotische Portal der Fleischhalle, des Zentrums des Kölner Fleischhandels, den nordwestlichen Teil des Heumarkts. Zuvor hatte sich an dieser zentralen Stelle des Kaufmannsviertels der Sitz des mächtigen Wollenamtes befunden – die zeitgenössischen Quellen berichten von einem »köstlichen« palastartigen Haus. Die im Wollenamt, der größten Kölner Zunft, organisierten Weber erhoben sich 1370 gegen die ungerechte Herrschaft der Geschlechter und verlangten Anteil der Zünfte an der Stadtherrschaft. Im November 1371 unterlagen sie in der blutigen »Weberschlacht« am Waidmarkt. Viele Weber wurden erschlagen, die übrigen der Stadt verwiesen. Die Häuser ihrer Zunft am Heumarkt wurden zerstört, nur ein romanisches Fensterpaar blieb erhalten.

Das Weberareal wurde stattdessen zur städtischen Fleischhalle umgewidmet, später fand auch das Fleischeramt hier sein Zuhause. 1372 wurde unter Stadtsteinmetz Arnold Franken von Wynter (aus Königswinter; gest. 1399) das *domus novus carnium* errichtet. Bereits 1363 wird ein *domus carnificum* am Heumarkt erwähnt. Die Stadt kaufte 1373 die letzten privaten Fleischbänke auf, so dass alle Fleischbänke in der neuen Fleischhalle zentralisiert werden konnten. Auf dem südlichen Heumarkt verblieben nur der Kotzmarkt (Innereien, minderwertiges Fleisch) sowie die Speckbänke und der Schinkenmarkt.

Die Fleischhalle war ein von 35 bis 44 Fleischständen bzw. -bänken umgebener Hof. Diese Stände befanden sich in Gewerbslauben; die überbauten Lauben der Obergeschosse wurden von »Pilar«, also Pfeilern oder Säulen, getragen. Die Anlage war so beengt, dass 1692 zur Unterbringung von zehn weiteren Bänken »Pilar« versetzt werden mussten.

In diesen Hof führte vom Heumarkt her ein spitzbogiges Einfahrtstor. »Darüber stand in einer (...) flachbogigen Nische eine (...) in dieser Art in Köln einzigartige plastische Gruppe aus Trachyt.« Die Skulpturen stellen den Verkauf eines Ochsen

96

dar: Rechts sitzt vermutlich die Bäuerin, erkennbar an einem Korb in ihrem Schoß. Dank ihrer Kräuselhaube kann die Gruppe auf die 1370er Jahre datiert werden (also in die Bauzeit der Fleischhalle). Neben der Bäuerin steht wohl der Bauer mit Gugel, wilder Haarpracht und Vollbart, in der linken Hand einen Geldbeutel haltend. Auffallend ist der Gegensatz: die sorgfältig gekleidete Frau, die, einer antiken Fruchtbarkeitsgöttin ähnlich, auf einem »Thron« sitzt, und der »wild« anmutende Mann. Von diesem Paar führt ein Junge einen Ochsen weg und bringt ihn zum links stehenden Fleischer, den seine Kleidung als wohlhabenden Städter ausweist. Durch ein ehemals vorhandenes Beil im erhobenen Arm und einen Lederschurz mit Messer wird er gleichzeitig als Fleischhauer kenntlich gemacht. Die Skulpturengruppe gelangte beim Abbruch des Tores 1903 zunächst in das Wallraf-Richartz-Museum, dann in das Rheinische Museum. Im Zweiten Weltkrieg wurde sie beschädigt und konnte erst 2002 restauriert im Kölnischen Stadtmuseum wieder aufgestellt werden.

Auch das – relativ kleine – Fleischamt überwarf sich mit dem Rat: 1348 wollte dieser nämlich die Fleischer zwingen, nach Gewicht zu verkaufen und dementsprechend die Preise festzusetzen. Zuvor war der Verkauf nach der Hand bzw. stückweise erfolgt, der Preis wurde nach Gutdünken festgelegt, nicht selten zu

Blick von der Fleischhalle nach Norden
Die romanischen Fensterbögen am Haus Ecke Bolzengasse stammen wohl noch vom 1371 niedergelegten Wollweberhaus; Roland Anheisser, Bleistiftzeichnung, 2. September 1901 – Kölnisches Stadtmuseum/Rheinisches Bildarchiv

Amtshaus der Fleischer
Das ehemalige Gaffelhaus am Heumarkt 51 zeigt noch die Fassade des 18. Jahrhunderts; Walter Wegener, Federzeichnung, 1937 – Kölnisches Stadtmuseum/ Rheinisches Bildarchiv

Ungunsten des Käufers. Um einem Aufruhr durch die Fleischer vorzubeugen, wurde das Fleischamt aufgehoben und erst 1396 im Verbundbrief wieder als Amt anerkannt. Dort ist es als 15. unter den 22 Kölner Gaffeln genannt. Es bildete eine Gaffel für sich, durfte aber nur einen Ratsherrn wählen. Den Amtsbrief und damit das Recht des Zunftzwangs erhielt das Fleischamt im folgenden Jahr.

Eigentliche Mitglieder waren die Fleischermeister, die zur selbstständigen Ausübung des Fleischerberufs berechtigt waren. Sie hießen auch »Gesellen des Fleischamts«, allgemein gebräuchlich war der Begriff »Fleischhauer«. Daneben gab es aber auch die »Fleischmenger«, bei denen es sich wohl um die Verkäufer von Fleisch handelte. Frauen finden sich im Fleischamt nur als Meisterwitwen, die Fleischbank, also einen städtischen Verkaufsstand, und Verkaufsrecht geerbt hatten. Heiratete eine Meistertochter den Gesellen, hatte der gute Aussichten, es selbst zum Meister zu bringen. Mitunter brauchte der Lehrling nach vier bis sechs Jahren Lehre noch weitere zehn Jahre bis zum Meister. Nur wenn eine Fleischbank frei war, konnte man Meister werden, so dass es nie mehr Meister als Fleischbänke gab.

Den Fleischern war der Handel mit Vieh untersagt. Sie durften Vieh nur erwerben, um es im städtischen Schlachthaus zu schlachten – selbstverständlich unter Entrichtung einer Akzise. Ihre Knechte brachten das Fleisch dann zu den Fleischbänken. Hier waren die Fleischsorten streng getrennt. Neben Ochsenfleisch wurde Schafs- und Schweinefleisch sowie das als minderwertiger angesehene Kuh- und Kalbfleisch verkauft. Jedes Jahr zu Ostern wurden Bänke und Sorten neu ausgelost. Daneben war es Metzgern und auch Gesellen erlaubt, für Privatleute zu schlachten. Jeder Kölner Bürger bzw. jede Bürgerin hatte das Recht, Vieh einzukaufen, zu halten und schlachten zu lassen. Viele Kölner Haushalte hielten ein Schwein. Während die Schweineherden frei in der Stadt umherliefen, wurden Schafe vor den Stadttoren gehalten.

Das Vieh kam nur zu einem geringen Teil aus der Umgebung. Zum »Ochsenherbst« auf dem Heumarkt wurden Ende Oktober/Anfang November die Herden in die Stadt getrieben; sie kamen meist aus dem Bereich um die Zuidersee, aber auch

Am ursprünglichen Anbringungsort
schmückte die Skulpturengruppe das Portal der Fleischhalle; Carl Scholz, Fotografie, 1902 – Kölnisches Stadtmuseum/Rheinisches Bildarchiv

Vom Krieg zerstört
Die erhaltenen, restaurierten Reste der Skulpturengruppe vom Portal der Fleischhalle werden seit 2002 im Kölnischen Stadtmuseum präsentiert; Sandstein, nach 1372 – Kölnisches Stadtmuseum/Rheinisches Bildarchiv

98

aus Friesland, selbst aus Dänemark und vereinzelt aus dem osteuropäischen Raum. Zu Beginn des 16. Jahrhunderts waren es jährlich bis zu 8000 Tiere. Mitte des 17. Jahrhunderts verlor der Kölner Ochsenmarkt dann zunehmend an Bedeutung: 1760 musste der Markt sogar um drei Wochen verlängert werden, um die Versorgung der Stadt sicherzustellen – der Umsatz der Herbstmärkte sank von 2500 auf 1500 Stück.

Das Herz des Fleischamtes schlug im großen Saal des Gaffelhauses »Zum Sternen« am Heumarkt, direkt neben der Fleischhalle, in französischer Zeit Nr. 1692 und 1693, später Nr. 51. Der Name »Haus zum Stern« entstand im 12. Jahrhundert, als Hermann Stella (Stern) ein Haus erwarb, dessen Lage ungefähr mit der des späteren Gaffelhauses übereinstimmte. Dieses wurde wohl erst im 15. Jahrhundert erworben: 1426 die zu Geyergasse gelegene Hälfte des Hauses zum Stern, 1483 die andere Hälfte. Dort fanden alle Zusammenkünfte statt, aber mitunter wurde auch illegal Vieh geschlachtet. Das Haus verursachte ebenso hohe Kosten wie mehrere Prozesse des Amtes gegen die Stadt. Im 18. Jahrhundert gingen die Einnahmen der Gaffel der Fleischer immer weiter zurück, dabei zählten aber die Fleischermeister durchgehend zu den vermögenderen Bürgern der freien Reichsstadt. Seit Dezember 1794 waren im Gaffelhaus französische Soldaten einquartiert; alles, was nicht niet- und nagelfest war, wurde verschleppt (selbst das Zunfttypar), anderes zerstört, der Rest im Februar 1799 von den Franzosen verkauft. 1802 fanden sich nur noch drei Reichstaler in der Kasse.

Kurz vor dem Abbruch
Hofansicht der alten Fleischhalle am Heumarkt; Carl Scholz,
Fotografie, 1902 – Kölnisches Stadtmuseum/Rheinisches Bildarchiv

Die städtische Fleischhalle, die immerhin 825 Quadratmeter bedeckte, war bereits seit 1827 nicht mehr als solche in Gebrauch. Gewerbefreiheit und höhere Konsumentenansprüche hatten zu einer Dezentralisierung des Fleischerhandwerks geführt. Ab 1887 befand sich dort die Freibank für minderwertiges, aber gesundes Fleisch, welches unter amtlicher Aufsicht verkauft wurde. Das Gaffelhaus der Fleischer fiel ebenso wie die Fleischhalle der Anlage der Gürzenichstraße im Jahr 1903 zum Opfer. Am Hinterhaus gab es bis zum letzten Krieg ein gut erhaltenes 75 Zentimeter hohes und 2 Meter langes Relief vom Zunfthaus, worauf ein Rind, ein Schwein und ein Schaf dargestellt waren.

»In der Fleischhalle«
Allein der Straßenname erinnert heute noch an den Standort der Fleischhalle zwischen Bolzengasse und Gürzenich- straße – Foto Rheinisches Bildarchiv

Literatur
Ennen 1975, S. 87–194; Gramulla 1975, S. 429–518; Hirschfelder 1994; Kellenbenz 1975, S. 321–428; Kuske 1913, S. 75–133; Lindlar 1914; Peusquens 1917, S. 196–227; Pohl 1975, S. 9–162; Prott 1996; Schmidt 1917, S. 1–189; Tuckermann 1911, S. 82–95; Vogts 1930; Wagner 2003.

BEFESTIGT AM RHEIN
STADTMAUER UND HAFEN IM BEREICH DES HEUMARKTS
THOMAS HÖLTKEN UND ANDREAS KUPKA

Die Erfolgsgeschichte Kölns, einer der größten Handelsstädte des Mittelalters, gründet auf zwei Pfeilern: dem Rheinhandel und -stapel auf der einen Seite und den Kölner Heiligen auf der anderen. Als Köln in der Mitte des 5. Jahrhunderts in fränkische Hände fiel, dürften die neuen Stadtherren den römischen Hafen – wie vieles andere der *CCAA* – intakt gelassen haben. Dieser lag an der Ostseite der ehemaligen Rheininsel, die seit langem fest mit dem alten Ufer verbunden war. Im Norden und Süden wurde das Hafengelände durch Befestigungsmauern und Türme gesichert. Es besteht außerdem kein Anlass zu glauben, dass mit dem politischen Wandel sämtliche regionale und internationale Handelskontakte abrupt beendet wurden. Wahrscheinlich blieb der über Jahrhunderte gewachsene Rheinhandel bestehen – jedoch reduziert. Die Mischbevölkerung aus alteingesessenen Romanen und germanischen bzw. fränkischen Neusiedlern betrieb weiterhin regen Handel über den Rhein. Unmittelbar westlich der Anlegestellen hatten sich auf dem Heumarkt zu dieser Zeit Handwerker niedergelassen, die geschäftig Gegenstände aus Glas, Metall und Knochen fertigten. Im Rahmen der Ausgrabungen auf dem Heumarkt wurden zwei Goldmünzen gefunden, eine aus Andernach (um 580), die andere aus Banassac im Rhone-Gebiet (7. Jahrhundert). Offenbar waren hier Handwerker und Kaufleute mit weitreichenden kaufmännischen Beziehungen tätig. Die von Kaiser Konstantin errichtete Rheinbrücke hingegen wurde nicht gepflegt und verfiel. Schon in karolingischer Zeit musste man den Weg per Schiff wählen, um auf die rechte Rheinseite zu gelangen.

Über den hoch- und spätmittelalterlichen Hafen ist archäologisch nur wenig bekannt. Seine Kaimauern sowie die Reste der vordersten Häuserzeile wurden 1981/82 beim Bau

Handel und Schutz
Geschäftig, wie hier am Leystapel vor dem Rheingassentor, ging es am Rhein immer und zu jeder Jahreszeit zu; die Rheinmauer bot der Stadt dabei Schutz; Tillmann Wattler, Aquarell (Ausschnitt), 1849 – Kölnisches Stadtmuseum/ Rheinisches Bildarchiv

Rollender Rubel
Die Funde frühmittelalterlicher Goldmünzen vom Heumarkt, wie hier aus Banassac, weisen auf einen hohen Warenstrom und einen Geldmarkt hin – Römisch-Germanisches Museum/Rheinisches Bildarchiv

des Rheinufertunnels zu großen Teilen zerstört. Nur wenige Funde konnten damals geborgen werden. Immer wieder gelangen Fundstücke durch aufmerksame Kölner Bürger, die den verkippten Abraum durchsuchten, in das Römisch-Germanische Museum. Zu den Funden gehören schwere Breitäxte, mehr als 20 Zimmermannsäxte und -beile, Dechsel, Hämmer, Holzbohrer, Meissel sowie Kalfateisen und -klammern, um Fugen zwischen Bootsplanken zu dichten. Die meisten Funde datieren in das 12. bis 14. Jahrhundert. In dieser Zeit lag der Hafen im Bereich östlich der Linie der heutigen Straßen Am Frankenturm, Am Bollwerk, Mauthgasse, Buttermarkt, Thurnmarkt, Auf Rheinberg und Am Leystapel. Damals befand sich die Anlegestelle demnach rund 50 bis 70 Meter westlich von der heutigen Kaimauer entfernt. Einige der Gebäude nahe am Rhein standen auf Pfählen, sogenannten Stipen *(super stipitibus dictis stipen)*, womöglich um verderbliches Gut vor Nässe zu schützen.

Gehandelt wurde nahezu alles, was für den Schiffsweg geeignet war, also insbesondere haltbare Güter, wie z. B. Tonwaren aus den rheinischen Produktionsstätten. Besonders beliebt waren helltonige Kannen und Becher, die rotbraun bemalt waren. Gefäße dieser Art wurden zu einem regelrechten Exportschlager der damaligen Zeit. Im Vorgebirge getöpfert, wurden sie auf Karren oder per Schiff nach Köln gefahren und über den Rhein in die ganze damals bekannte nördliche Hemisphäre vertrieben. Vorgebirgskeramik gelangte in großen Mengen an die Nordseeküste und von dort bis nach Skandinavien. Diese Tonware wird regelmäßig in nordischen Handelsplätzen der Wikingerzeit wie Haithabu, dem norwegischen Bergen oder im schwedischen Helgö und Birka gefunden; nach Osten reicht die Verbreitung bis in das russische Novgorod; im Westen bis auf die Britischen Inseln und sogar bis in entlegene wikingische Siedlungen auf Island.

Für den Handel nach England nennt das Londoner Zollverzeichnis um das Jahr 1000 *homines imperatores* und ihre Schiffe, also Fernhandelskaufleute, unter königlichem Schutz, wahrscheinlich aus Köln, die dort Wolle, Öl und Fett einkauften und braune Tücher, Essig und Pfeffer verkauften. Der Handel mit England war für Köln besonders wichtig. Um 1157 nimmt der englische König Heinrich II. die *homines et cives Colonienses* als seine *homines et amicos* und ihr Haus in London in seinen Schutz. Verkauft wurde u. a. auch Rheinwein, denn Köln lag im Mittelalter am Nordrand des rheinischen Weinanbaugebietes. Der Kölner Wein war jedoch nur von minderer Qualität und spöttisch bekam er den Namen »soore Hungk« (saurer Hund) oder »nasser Lodewig« (nasser Ludwig). Wesentlich ertragreicher war der Handel mit Weinen aus Frankreich oder vom Oberrhein.

Auch das Geschäft mit Textilien entwickelte sich bereits früh. Die Wollweberei war im 11. Jahrhundert zu einem Exportgewerbe geworden; das Kölner Tuch war zwar nicht so fein wie das flandrische, aber billiger. Dennoch war nicht jedes als Kölner Tuch bezeichnete Textil zugleich ein Kölner Produkt. Die Stadt war vor allem Sammelpunkt für den Tuchhandel, der die Donau abwärts führte; in Köln erhielten

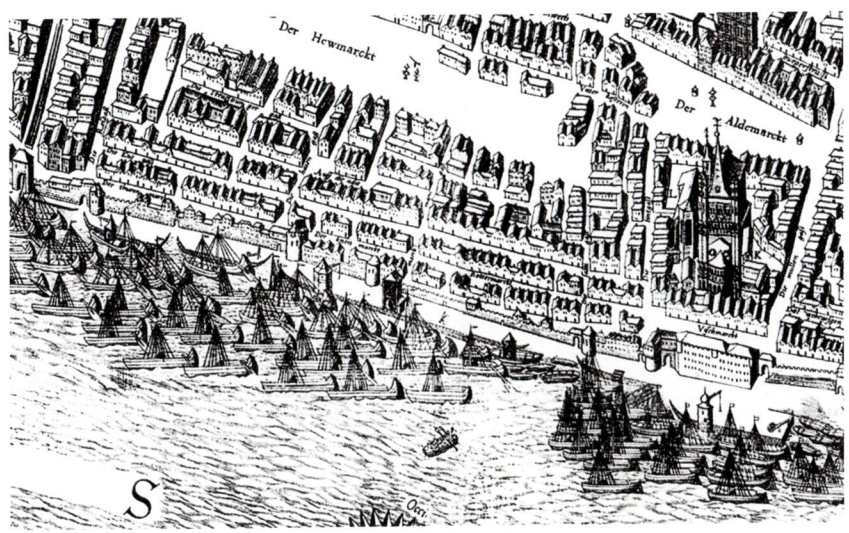

die Tuche lediglich ihre endgültige Verpackung und ein Siegel aus Blei. Der Begriff »Kölner Ware« wurde damals als Qualitätskontrolle und nicht als Beleg für den Produktionsort verstanden.

Über das Leben eines Kölner Kaufmanns namens Gerhard Unmaze (1159–1198) berichtet in der Mitte des 13. Jahrhunderts der mittelhochdeutsche Dichter Rudolf von Ems in dem Lied »Der Gute Gerhard«: Gerhard begab sich mit 50 000 Mark auf eine Schiffsreise, die drei Jahre dauerte. Ihn begleiteten erfahrene Matrosen und ein Schreiber. Das Schiff erreichte das Land der Kiewer Rus, Livland und das Land der Prussen, also Russland und das Baltikum, wo Gerhard große Mengen an Zobelfellen erwarb. Danach wandte sich das Schiff ins Mittelmeer. In Ninive und Damaskus deckte sich der umtriebige Kaufmann mit Seidenstoffen (»phellôl«) ein. Auch ein Land oder eine Stadt namens Sarant wird genannt, wahrscheinlich handelt es sich um die Hauptstadt des mythischen Landes Seres, dem Land der Seide, also China.

Für den hochmittelalterlichen Handel rheinaufwärts bis ins Baltikum und nach Novgorod gibt es historische und archäologische Belege. Die Dichtung spiegelt hier also historische Tatsachen wider. Was nun den beschriebenen Weg nach Damaskus und Ninive, also dem heutigen Syrien und Irak, betrifft, muss man skeptisch sein, ob es Kölner Kaufleute tatsächlich bis in diese Regionen verschlagen hat. Dies gilt erst recht für das mythische Sarant bzw. Seres. Nichtsdestotrotz steht Gerhard für eine höchst motivierte Gruppe Kölner Großhändler, die keine Mühen und Risiken scheute, ihre Geschäfte auch weit abseits des Rheinlandes zu tätigen.

Allen Reisen und Handelsunternehmungen ist eines gemeinsam: Sie nahmen ihren Anfang an der geschäftigen Rheinpromenade Kölns. Wie geschäftig dieses

Aus der Vogelperspektive
zeigt die Ansicht die überbordende Zahl an Schiffen entlang des Rheins; Arnold Mercator, Kupferstich (Ausschnitt), 1571 – Kölnisches Stadtmuseum/Rheinisches Bildarchiv

Treiben gewesen sein musste, führt uns auch heute noch die Stadtansicht von Anton Woensam aus dem Jahre 1531 eindrucksvoll vor Augen. Sie ist die älteste verlässliche Darstellung der östlichen am Rhein gelegenen Stadtseite und zeigt detailreich die ca. 3 Kilometer lange Front der Kölner Stadtmauer vom Bayenturm im Süden bis zum Kunibertsturm im Norden. Vermutlich ist sie, wie die landseitige Stadtbefestigung, die 1180 begonnen wurde, zum größten Teil im 13. Jahrhundert entstanden, allerdings ist auch ein abschnittsweiser Bau der Mauer möglich.

Mehr noch als die landseitige Mauer musste die Rheinmauer zwei scheinbar völlig unvereinbaren Aufgaben gerecht werden: zum einen den Schutz der Stadt von der Flussseite und dem gegenüberliegenden Rheinufer gewährleisten. Zum anderen

Pingsdorfer Amphore
Das nach seinem Entstehungsort benannte Vorrats- und Transportgefäß war
auch selbst ein beliebtes Handels- und Exportgut; Keramik, Mitte 10. Jahrhundert –
Dauerleihgabe des Römisch-Germanischen Museums an das Kölnische Stadtmuseum/
Rheinisches Bildarchiv

durfte sie den reibungslosen Warenfluss von den Anlegeplätzen der Handelsschiffe im Uferbereich zu den innerstädtischen Handelsplätzen, wie dem Heumarkt, und die Treidelmöglichkeit möglichst wenig behindern – ein absolutes Muss für eine der größten Handelsmetropolen Europas. Dieser ungehinderte Zugang in die Stadt konnte nur durch zahlreiche Öffnungen – hier: Tore – in der Stadtmauer erreicht werden, die wiederum aus fortifikatorischer Sicht bedeutende Schwachstellen eines jeden Wehrbaus darstellten.

Im Bereich des Heumarkts, also etwa vom Rheingassentor bis zum Salzgassentor, lassen sich auf den Stadtansichten Woensams und Mercators (1571) neun Durchgänge auf einer Mauerlänge von etwa 300 Metern zählen – ein Albtraum für jeden Festungsbaumeister: Diese Schwachpunkte konnten die vier ca. 20 Meter durchmessenden Wehrtürme nur teilweise kompensieren, auch wenn sie im Vergleich zu den Wehrtürmen der landseitigen Befestigung massiver ausgeführt waren und vermutlich aus der ersten Bauphase der Befestigung des frühen 13. Jahrhunderts stammten. Ihre Hauptaufgabe bestand im Schutz der Tore, wie es zweifelsfrei beim Rheingassentor, dem Hasengassentor und beim Salzgassentor nachzuweisen ist.

Als weiterer Schwachpunkt der rheinseitigen Stadtmauer muss der Anbau von Wohn- und Geschäftshäusern gelten, die wohl schon recht bald auf und an der Mauer entstanden und zu einer weiteren Schwächung der Wehrfunktion führten. Kam dem Haus Siegburg, in der Nähe des Bayenturms, durch seinen von der Stadtseite zugänglichen herausragenden Erker noch ein gewisser fortifikatorischer Wert als mittelalterlicher Wurferker zu, konnte dies von den zahlreichen Gebäuden auf

Geschäftiger Rhein
Die große Zahl an Schiffen, wie hier zwischen Rheingassen- und Salzgassentor, machte eine strenge Organisation des Hafens und des Warenstroms notwendig; die Stadtmauer half hierbei, indem bestimmte Waren nur durch bestimmte Tore ein- und ausgeführt werden durften; Anton Woensam, Holzschnitt (Ausschnitt), 1531 – Kölnisches Stadtmuseum/Rheinisches Bildarchiv

dem genannten Abschnitt, wie den im 15. Jahrhundert entstandenen Gasthäusern »Zum Heiligen Geist« und »Zum wilden Mann« oder dem städtischen Kornhaus, nicht gesagt werden. Allerdings bestanden für Bauherren gewisse Auflagen für die auf der Befestigungsmauer gelegenen Häuser: So hatten sie u. a. die Zugänglichkeit der Häuser zu gewährleisten, damit die Truppen im Verteidigungsfall dort Stellung beziehen konnten.

Eine weitere Bedrohung der rheinseitigen Stadtbefestigung stellte die Lage in unmittelbarer Nähe des Rheinstroms dar. Hochwasser und Eisgänge führten immer wieder zur Zerstörung ganzer Mauerteile, so auch im Winter 1784, als der Rheinpegel um mehr als 10 Meter anstieg und zahlreiche Menschen ums Leben kamen. Entsprechende Schadensbilder konnten bei archäologischen Untersuchungen des Römisch-Germanischen Museums im Bereich Am Leyenstapel/Holzmarkt in den Jahren 2003/04 dokumentiert werden. Beim Ausschachten eines Leitungsgrabens auf der Rheinuferstraße zwischen den Straßen Am Leyenstapel und Bayenstraße wurden baubegleitend Reste der rheinseitigen Stadtmauer in einem Bereich von 850 Metern Länge beobachtet und zahlreiche Bauphasen und Elemente der Stadtmauer (Türme, Tore etc.) dokumentiert.

Auch in den schriftlichen Quellen finden sich Belege für die mühevolle und kostenintensive Instandhaltung der Kölner Rheinmauer, bei der an vielen Stellen mit Spuren von Reparaturmaßnahmen und »Flickungen« gerechnet werden kann. Sie bot daher ein weitaus weniger einheitliches Bild als die landseitige Stadtmauer. Die Kon-

Kleine Reste einer großen Mauer
Nach der Niederlegung der Rheinmauer in der Mitte des 19. Jahrhunderts erinnern nur noch Reste, wie das Rheingassentor am Thurnmarkt, an die einst so herrschaftliche Mauer – Foto Willy Horsch/CC BY-SA 3.0, Wikicommons

struktion jedoch entsprach im Wesentlichen der landseitigen, die Angaben der älteren Literatur konnten hier durch die Ergebnisse der archäologischen Untersuchungen bestätigt bzw. ergänzt werden.

So zeigte sich die Stadtmauer des 13. Jahrhunderts mit einem dreiteiligen Mauerwerk: Zwei Außenschalen und eine Füllung bildeten die äußere Eskarpenmauer. Die Außenschalen bestanden aus Säulenbasalten und Tuffen, die Füllung aus Gusseisenmauerwerk mit einer Stärke von ca. 1 Meter. Stadtseitig waren der Eskarpenmauer Entlastungsbögen vorgesetzt, deren Spannbreite laut archäologischem Befund bis zu 3 Meter betragen konnte und auf deren Maueroberkante der Wehrgang verlief. Die Gesamttiefe der Stadtmauer dürfte damit um 3 Meter gelegen haben.

Im Fundamentbereich bestand die rheinseitige Stadtmauer aus Basalten und Tuffen. Aus den vorhandenen Angaben von Abbildungen und aus der Literatur darf man wohl von einer Gesamthöhe der Mauer von ca. 14 Metern ausgehen. Im Unterschied zur stadtseitigen Befestigungsmauer konnte bei der Rheinmauer in den archäologisch untersuchten Bereichen eine weitaus tiefere Gründung beobachtet werden. So ließen sich bei den Untersuchungen der Jahre 2003/04 Fundamentunterkanten bis in eine Tiefe von minus 4 Meter dokumentieren. Der bedeutende Unterschied in der Fundamenthöhe erklärt sich aus der schwierigen Topografie des Uferbereiches, der durch Sande, Kiese und Anfüllungen statisch problematisch war und vor Unterspülung und Eisgang gesichert werden musste. Als zusätzliche Verstärkung besaß die rheinseitige Stadtmauer zum Fluss hin abgeschrägte Vorlagen bzw. Verstärkungen, die auf der Stadtansicht Woensams deutlich erkennbar sind und auch im archäologischen Befund, zuletzt im Jahre 2013 am Konrad-Adenauer-Ufer, dokumentiert werden konnten.

Natürlich musste auch die am Rhein gelegene Stadtbefestigung dem Fortschritt der Waffentechnik angepasst werden. Reichte der Schutz gegen mittelalterliche Wurfgeschosse aus Bliden und Schleudern aus, fand spätestens ab Ende des

Die große Flut
Immer wieder wurde die Rheinmauer durch Hochwasser und Eisgang in Mitleidenschaft gezogen, besonders stark beim Eisgang 1784, der das nördlich gelegene Mülheim vollständig zerstörte; Johann Martin Metz, Tuschezeichnung auf Leinwand, 1785 – Kölnisches Stadtmuseum/Rheinisches Bildarchiv

108

15. Jahrhunderts eine, wenn auch nicht systematische Anpassung an den Einsatz von Feuerwaffen statt. So berichten zeitgenössische Quellen z. B. von einem Umbau der Zinnen zu Schießscharten für Musketen im Jahr 1497. Diese sind auch bei Woensam deutlich erkennbar. Problematisch war der Einsatz von Pulvergeschützen, für deren Aufstellung und Bedienung ein erheblicher Platzbedarf zwingend bestand, auf der relativ schmalen Stadtmauer war dies aus verschiedenen Gründen nicht möglich. Deshalb entstanden zur punktuellen Verstärkung des mittleren Bereichs der Rheinseite – also auf Höhe des Heumarkts – bastionäre Artilleriewerke flussseits vor der mittelalterlichen Mauer, die auf zahlreichen Kupferstichen dargestellt wurden: die »Bastion St. Georg« vor dem Rheingassentor, die 1688 errichtete Bastion vor der Nächelskaul sowie die mächtige, wohl von Johann Pasqualini um 1604 entworfene polygonale Bastion am Mühlengassentor. Wie für Köln mehrfach festzustellen ist, erfolgte auch im Falle der rheinseitigen Befestigung die Einführung moderner bastionärer Festungswerke nur sehr zögerlich und systematisch erst zu Beginn des 17. Jahrhunderts.

Bei den archäologischen Untersuchungen der Jahre 2003/04 konnten Mauerstrukturen dieser barocken Ausbauphase der rheinseitigen Stadtbefestigung im Bereich des ehemaligen Nächelsgassentores angetroffen werden. Die dokumentierte Südface und die Kehlmauer der »Nächelskaul-Bastion« wiesen eine Stärke von 1,60 bis 1,80 Meter auf und bestanden aus Feldbrandziegeln und Säulenbasalten. Diese rheinseitige »Bastion«, die fortifikationstechnisch eher als Ravelin zu bezeichnen ist, bot dank ihrer Form und ihrer Bauweise ausreichend Schutz gegen einen Beschuss durch feindliche Artillerie und gewährte gleichzeitig den Verteidigern genügend Aktionsraum zur Bedienung ihrer Geschütze. Ein kompletter Schutz der Rheinfront wird allerdings mit den wenigen hier feststellbaren Geschützplattformen kaum möglich gewesen sein, obwohl die Stromköpfe Bayen- und Kunibertsturm ab 1632 mit regelrechten Halbbastionen verstärkt wurden.

Unterirdische Reste der Rheinmauer
konnten 2013 bei Ausgrabungen am Rheinufer dokumentiert werden; im 19. Jahrhundert wurden lediglich die oberirdischen Mauerbauten niedergelegt – Römisch-Germanisches Museum, Foto Ulrich Karas

Am Konrad-Adenauer-Ufer 3
stieß man auf den Verlauf der rheinseitigen Stadtmauer des 13. Jahrhunderts – Römisch-Germanisches Museum, Foto Harald Bernhardt

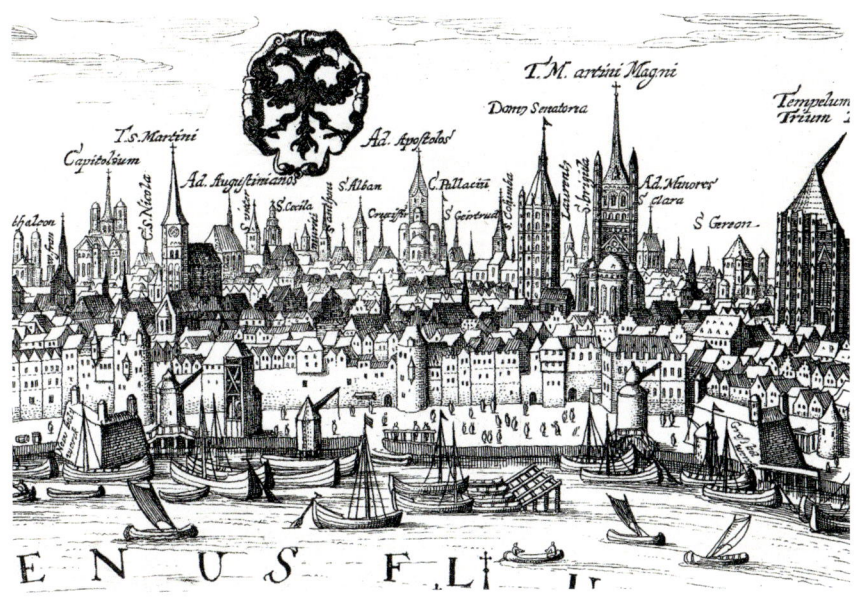

Auch wenn das preußische Militär in der ersten Hälfte des 19. Jahrhunderts einige Verstärkungen an der rheinseitigen Stadtmauer vornahm, hatte sie ihren wehrtechnischen Nutzen in der Jahrhundertmitte endgültig verloren und wurde zwischen 1850 und 1860 größtenteils geschleift. Heute zeugen nur noch der Bayenturm und die »Schlupfpforte« an der Straße Am Leystapel (Thurnmarkt) von dem beeindruckenden Kölner Wehrbau entlang des Stromes.

Detail der bastionären Befestigung
Die Entwicklung der Waffentechnik machte auch die Modifikation der Stadtmauer notwendig; so entstanden im 17. Jahrhundert am Rheinufer Neues und Großes Bollwerk; Matthäus Merian d. Ä., Kupferstich (Ausschnitt), 1620 – Kölnisches Stadtmuseum/ Rheinisches Bildarchiv

Literatur
Hirschfelder 1994; Irsigler 1975, S. 217–319; Keussen 1910; Meynen 2010; Vogts 1930.

EINE KIRCHE FÜR DIE BÜRGER
KLEIN ST. MARTIN AM HEUMARKT
LUCIE HAGENDORF-NUSSBAUM

In der Stadt Köln gab es während des Mittelalters und der Frühen Neuzeit die ungewöhnlich hohe Zahl von 19 Pfarrkirchen. Nur wenige sind erhalten, die meisten brach man kurz nach der Säkularisation im frühen 19. Jahrhundert ab. Von Klein St. Martin blieb allein der spätmittelalterliche Turm, der heute als isoliertes historisches Relikt die Häuser auf der Insel zwischen Pipin- und Augustinerstraße überragt, durch deren breite Schneisen jede Spur der ehemals kleinteilig bebauten Umgebung der Kirche vernichtet wurde. Die Kirche lag östlich vor der römischen Stadt, ihre Westwand und der Turm standen auf der rheinseitigen antiken Stadtmauer. Das Terrain des südlichen Heumarkts wurde im hohen Mittelalter zum bevorzugten Wohnviertel der im Fernhandel reich gewordenen Bürger und bildete bald einen eigenen Pfarrbezirk, dem ein älterer, wohl bereits in fränkischer Zeit entstandener Bezirk um die Stiftskirche St. Maria im Kapitol zugeschlagen wurde. Klein St. Martin lag am nördlichen Rand dieses neuen Sprengels, in unmittelbarer Nähe zur Stiftskirche, von der die Pfarre abhing.

Eine dem heiligen Martin geweihte Kapelle oder Kirche bestand hier vielleicht bereits seit karolingischer Zeit. Als Rechtsnachfolger der ursprünglich zu St. Maria im Kapitol gehörenden Peter-und-Pauls-Pfarre dürfte sie spätestens seit 1080 bestanden haben. Eine Martinskirche verzeichnen die städtischen Schreinsbücher 1142/56, die erste urkundliche Erwähnung als Pfarrkirche ist aus dem Jahr 1172 bekannt; 1176 ist ein erster Pfarrer, Gerlivus, erwähnt. Der Name »Klein St. Martin« findet sich seit 1200 in den Schreinsbüchern und diente wohl zur Unterscheidung von der ebenfalls dem heiligen Martin geweihten Benediktinerklosterkirche (Groß St. Martin) in der nördlichen Rheinvorstadt. Das von der Äbtissin des Kapitolsstifts beanspruchte Patronatsrecht über die Pfarrkirche war Anlass für bis ins Spätmittelalter anhaltende Streitigkeiten mit den Pfarrgenossen über deren Recht, an der Besetzung der Pfarrstelle mitzuwirken. Der Streit wurde schließlich zugunsten der Pfarre entschieden.

Umsäumt vom Stadtverkehr
reckt sich der Kirchturm der ehemaligen Pfarrkirche Klein St. Martin heute gen Himmel – Foto Dorothea Heiermann, 2013

Einst ungleich größer
war das Areal der Kirche vor dem Abbruch 1824, wie die nachträgliche Rekonstruktion von 1844 zeigt; Wilhelm Wintz, Tuschefederzeichnung – Kölnisches Stadtmuseum/ Rheinisches Bildarchiv

Klein St. Martin war jahrhundertelang eine wohlhabende Pfarre. Hier wohnten besonders viele Familien der städtischen Führungsschicht. Auch die Pfarrer stammten im
13. und 14. Jahrhundert fast alle aus den führenden Familien des Sprengels. Ein aka-
demischer Grad war Voraussetzung für ihre Anstellung. Der 1335–1357 amtierende
und aus einer der vermögendsten Familien der Stadt stammende Pfarrer Heinrich vom
Hirtze hinterließ eines der umfangreichsten Testamente seiner Zeit und bedachte darin
auch seine Pfarrkirche reichlich. Die mit der Verwaltung des Kirchenvermögens betrau-
ten vier Kirchmeister wählte man selbstverständlich ebenfalls aus den einflussreichen
und wohlhabenden Familien der Pfarre. Das Kirchmeisteramt war häufig ein Sprung-
brett für eine Karriere im Rat der Stadt und als Bürgermeister. Das sogenannte Armen-
brett unterstützte die Ärmsten der Pfarre; eine eigene Pfarrschule ist ab 1299 belegt.

    Das Patrozinium und die topografische Lage vor der rheinseitigen römischen
Stadtmauer legen nahe, dass die Geschichte der Kirche Klein St. Martin frühestens
im 9. Jahrhundert mit einer kleinen Kapelle begann. Urkundliche Nachrichten oder
archäologische Belege dafür fehlen jedoch. Wohl im letzten Drittel des 12. Jahrhunderts wurde eine dreischiffige Kirche errichtet und die Kapelle als Krypta in den
Neubau einbezogen. An der Westseite stand ein Turm. Im Inneren lagen Emporen
über den Seitenschiffen. Während der zweiten Hälfte des 14. und des 15. Jahrhunderts veränderte man dann den romanischen Bau erheblich. Die Um- und Anbauten
finanzierten vor allem die Kirchmeister und deren Familien durch Stiftungen. Man
erweiterte die Kirche im Norden um ein Seitenschiff, im Süden um einen schmalen
Anraum und baute die dreischiffige, wahrscheinlich zunächst flachgedeckte Basilika
zu einer gewölbten Halle unter einem einheitlichen Dach um. Um 1450 ersetzte man

Modell von Klein St. Martin
Das vermutlich im Zweiten Weltkrieg verloren gegangene Modell zeigt die bauliche
Situation der Kirche und des Friedhofs um 1780; im Vordergrund deutlich erkennbar
der langgezogene Fachwerkbau des Friedhofs; Ludwig Arntz und Hans Boffin, um 1925 –
Kölnisches Stadtmuseum/Rheinisches Bildarchiv

den Turm durch einen neuen viergeschossigen mit hohem Spitzhelm. Der nördlich an der Kirche gelegene Friedhof der Pfarre erhielt damals an drei Seiten einen zweigeschossigen Umgang. Die Kirche war unter den Pfarrkirchen der Stadt eine der größeren, architektonisch aber ohne sonderlichen Anspruch, geprägt von zahlreichen Umbaumaßnahmen.

Von der ehemals wohl umfangreichen Ausstattung ist sehr wenig erhalten. Die Zahl der Altäre – im 18. Jahrhundert waren es 13 – entsprach dem Üblichen in Pfarrkirchen dieser Größe. Wie aufwändig und qualitätvoll die vielen Bildwerke, Gemälde, Messgeräte und Paramente wirklich waren, von denen die Inventare berichten, ist nicht mehr zu beurteilen. Nur fünf Gegenstände sind noch bekannt. Davon befinden sich heute in St. Maria im Kapitol ein kleines, von der Familie Therlaen gestiftetes Flügelretabel der Zeit um 1600 und das bronzene Taufbecken von 1594, eine Gemeinschaftsstiftung der Kirchmeister.

1803 wurde die Kirche geschlossen und 1824 bis auf den gotischen Turm abgebrochen, in dem zunächst weiterhin das Geläut für die nun in der Kapitolskirche ansässige Pfarrgemeinde hing. An der Stelle des Friedhofs legte man 1823 einen Platz an, der bis zum Zweiten Weltkrieg bestand, heute liegt dieses Areal unter Straßenbahngleisen und der Augustinerstraße. Der Turm überstand die Kriegszerstörung. Wegen der Anschüttung des Geländes steckt sein Erdgeschoss mit dem ehemaligen hohen Portal heute im Boden. In den 1960er Jahren befand sich im Turm das Atelier des Glas- und Fliesenmalers Wilhelm Josef Groß. Bis in die 1990er Jahre diente das Erdgeschoss als Kapelle, heute als ein Raum für private Feiern. Heute weiß kaum jemand mehr um die Geschichte des Turmes und die der verschwundenen Pfarrkirche.

Literatur
Hagendorf-Nußbaum 2014, S. 105–132.

EIN VERTUSCHTER SEXSKANDAL AM HEUMARKT 1484

DER RATSHERR JOHANNES GREEFREUDE

WERNER TSCHACHER

Anfang Juni 1484 berichtete der Pastor von St. Aposteln bei einem Tischgespräch im Haus eines Prälaten und in Gegenwart anderer hochgestellter Personen von einem ungeheuerlichen Vorgang »bynnen deser heilgen stat Coelne«[1]: Ein Jahr zuvor habe er während der Beichte am Sterbebett eines Gemeindemitglieds von einer »swaire[n] unsprechliche[n] stumme[n] sunde«[2] unter Männern erfahren. Der Sterbende habe ihm in seiner Verzweiflung den Namen des Mannes offenbart, der (heute würde man sagen homosexuelle) Handlungen mit ihm begangen habe. Der Pastor verriet seinen Zuhörern, dass dieser ein reicher Mann gewesen sei, der Frau und Kinder gehabt habe und als Mitglied des Rates wie der Oberschicht eine hohe Befehlsgewalt. Zudem habe er Pferde besessen und stets genügend Wein im Keller gehabt. Erfasste ihn ein Begehren, sei sein Blut schnell in Wallung geraten. Wann immer der beichtende Mann dem mächtigen Ratsherrn zu Willen gewesen sei, habe dieser ihm ein Schweigegeld gegeben. Außer diesem Fall gebe es, so der auskunftsfreudige Seelsorger vom Neumarkt, noch einen ihm bekannten Amtmann, der ebenfalls solche Taten begehe. Außerdem schätze er, dass in Köln mit seinen ca. 50 000 Einwohnern mehr als 200 Männer mit dieser »Sünde« befleckt seien.

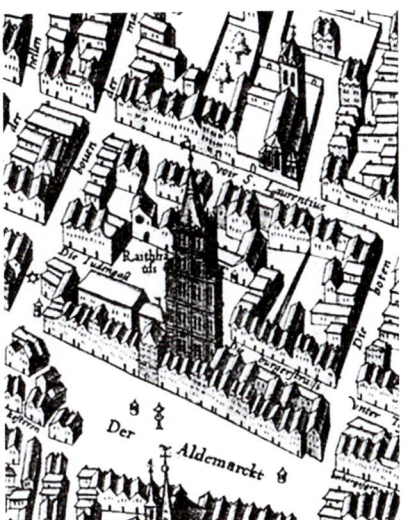

Mit seinem Bruch des Beichtgeheimnisses setzte der Pastor von St. Aposteln im Kreise einflussreicher Vertreter der Kölner Oberschicht ein skandalträchtiges Gerücht in die Welt. Den Namen des reichen Mannes »outete« er zwar nicht, doch ließ dessen indirekte Beschreibung gegenüber kundigen Zuhörern recht eindeutig auf den Kölner Ratsherrn Johann Greveroide schließen, der Leiter einer Fernhandelsniederlassung am Heumarkt war und als städtischer Turmmeister

Das Männerbad
Frivoles Vergnügen unter Männern; eine homoerotische Lesart dieser Szene lässt der verzückte Gesichtsausdruck des Zuhörers am linken Bildrand und der Wasserhahn auf Schritthöhe zu; Albrecht Dürer, Holzschnitt, um 1496 – Kupferstich-Kabinett, Staatliche Kunstsammlungen Dresden, Foto Herbert Boswank

Im Zentrum der städtischen Macht
Das Rathaus rückte in den Mittelpunkt des Skandals um Hermann Greveroide; Arnold Mercator, Kupferstich (Ausschnitt), 1571 – Kölnisches Stadtmuseum/Rheinisches Bildarchiv

und Gewaltrichter Gefängnisverhöre und Verfolgungsmaßnahmen gegen verdächtige Personen aus Randgruppen durchführte.

Schon am 21. Juni 1484 setzte der aufgeschreckte Rat der Stadt Köln eine geheime Sonderkommission von Ratsmitgliedern unter Leitung des Bürgermeisters Hermann Rinck und des Stadtsyndikus Dr. Emundus Frunt ein. Obwohl Johann Greveroide kurz zuvor verstorben war, hielt man den Fall für höchst brisant. Die Mitglieder der Kommission verpflichteten sich unter Eid auf Kreuz und Reliquien, alle Ergebnisse ihrer Nachforschungen vertraulich zu behandeln und keine Personen einschließlich Freunde und Verwandte von den Ermittlungen auszunehmen. Auch sollten zur Wahrheitsfindung alle damals üblichen Methoden einschließlich der Folter angewendet werden.

116 Um der Sache auf den Grund zu gehen, forderte der Rat zunächst eine Stellungnahme ungenannt bleibender Theologen der Kölner Universität an. Ohne gelehrte Ausführungen und ganz pragmatisch rieten diese, die Angelegenheit »umb gotz willen« zu verschweigen und so einen öffentlichen Skandal zu vermeiden. Denn bei einer Offenlegung würde jungen Gesellen und anderen Männern Anlass gegeben, solche »ungewenliche[n] dynge [ebenfalls] zo versoecken«. Auf diese Weise würde sich »die sunde« weiter ausbreiten.[3] Auch könnten sich Verwandte und Freunde des verstorbenen Täters veranlasst fühlen, Ärger und gewaltsamen Streit zu suchen. Daher empfahlen die Professoren, die Angelegenheiten nicht weiter zu verfolgen, obwohl »Sodomie« – mit diesem Sammelbegriff bezeichnete man damals auch den Sex unter Männern – als schweres kirchliches wie weltliches Delikt mit dem Tod auf dem Scheiterhaufen bestraft wurde. Dabei waren die Kölner Universitätstheologen, angeführt von Lambertus de Monte, keineswegs besonders milde: Es waren wohl die gleichen, die 1487, also nur wenige Jahre später, eine positive Stellungnahme *(Approbation)* zum berüchtigten »Hexenhammer« *(Malleus maleficarum)* verfassten und damit das rücksichtslose Vorgehen gegen ein anderes, nach damaliger Anschauung ungeheuerliches Verbrechen billigten – gegen die Zauberei der Hexen. Was also war im Fall des Johann Greveroide anders?

Um intern mehr über die Ausmaße des Skandals zu erfahren, befragte die Sonderkommission des Rates 13 Beichtväter in den Kirchen und Klöstern der Altstadt und fünf vereidigte Zeugen. Auch anonyme Denunziationen wurden protokolliert. Der volle Name des Hauptbeschuldigten, »Johann Greeffroide (Greveroide) up hewmaite (vom Heumarkt)«[4], tauchte in den Protokollen erstmals dezidiert auf, wurde aber später dick mit Tinte übertüncht. Er sollte also weiter anonym bleiben, weshalb in den Akten auch die Abkürzung »N.« oder der Vorname Johann verwendet wurde.

Zusammengefasst ergibt sich folgendes Bild: Direkt als Haupttäter und Urheber des Verbrechens wurde der Ratsherr Greveroide von seinen Nachbarn am Heumarkt und durch anonyme Briefe belastet. Die Nachbarn hatten ihn schon häufiger öffentlich als »Lombarde« – ein Schimpfwort für Sodomiter – und als

Ketzer bezeichnet. Die meisten Beichtväter hielten sich dagegen in ihren Aussagen mit konkreten Angaben zurück, indem sie sich auf das Beichtgeheimnis beriefen oder Unkenntnis vorgaben. »Des wercks«[5] kenne man nur von Auswärtigen, unter den Einheimischen sei es nicht vorgekommen. Dagegen enthüllte ein Dominikanerpastor, diese Sünde sei leider in Köln alltäglich, trete aber häufiger bei armen als bei reichen Leuten auf, doch geschehe das »man mit manne«[6] auch unter den Reichen. Der Offiziant von St. Kunibert meinte übereinstimmend, wüste und wilde Leute würden diese Sünden ebenso begehen wie solche in guter Stellung.

Einen erheblichen Schritt weiter ging der Pastor von Groß St. Martin, der von mehreren Tätern am Heumarkt berichtete, womit er die Aufmerksamkeit auf das dortige Milieu mit Angehörigen der heimischen Oberschicht sowie mit auswärtigen Fernhändlern lenkte. Er stellte sich mit seiner Predigttätigkeit als langjähriger und eifriger Verfolger der »Sünden« unter Männern wie unter Frauen dar. So habe er von vielen anonymen Beschwerdebriefen gewusst, in denen die Namen von Tätern genannt worden seien. In Köln ganz besonders aktiv sei die »vuyle geselschafft«[7] am Heumarkt. Gegen diese verkommenen Personen sei aber nicht durchgegriffen worden, weil der Rat von diesen durch Wucherherren und Turmmeister Geldzahlungen eingetrieben habe, mit anderen Worten: Der Rat habe sich bestechen lassen. Auch war der Pastor der Ansicht, dass die »plage der uproiren«[8] – er spielte damit auf die Revolte gegen den Kölner Rat von 1481/82 an – aus diesen und ähnlichen Sünden

Der Ratsherr Johann Broelmann war als Kölner Bürgermeister und Ratsherr Mitglied der Untersuchungskommission gegen Johann Greveroide; Ende 16. Jahrhundert – Dauerleihgabe des Wallraf-Richartz-Museum an das Kölnische Stadtmuseum/Rheinisches Bildarchiv

In der Prophetenkammer des Kölner Rathauses – hier nach der Umgestaltung des Saals und der Anbringung des großen Kronleuchters 1872 – verabredete sich Johann Greveroide mit einem jungen Mann zu einem intimen Treffen; unbekannter Fotograf, um 1900 – Rheinisches Bildarchiv

118

herrühre. Damit verlieh er im Anschluss an gängige Verschwörungstheorien gegen »Sodomiten« dem Sexskandal vom Heumarkt eine politische Dimension, klagte die Ratsherren kollektiv als Mitwisser und Profiteure der schrecklichen Umtriebe an und machte nebenbei eine pikante Anspielung auf den Täter Johann Greveroide in seiner gleichzeitigen öffentlichen Funktion als Turmmeister.

Was das eigentliche Delikt betrifft, so geht aus der Ermittlungsakte hervor, dass Johann Greveroide mindestens eine sexuelle Beziehung zu einem Geistlichen unterhielt und zwei Jahre zuvor mit Versprechungen (Verheiratung mit seiner Nichte), mit Täuschungen und Gewalt versucht hatte, mehrere junge Männer zu verführen. Erfolgreich war er angeblich bei einem gewissen »Johann, dem Sohn Duppers« gewesen. Auch scheint er die Verfügungsgewalt über seine Knechte missbraucht zu haben. Auf energischen Widerstand stieß er laut Zeugenaussagen bei einem Bürgersohn und bei einem Handwerksgesellen, die er in der Umgebung des Heumarktes – in der Kohlenmesserkammer am Rhein und im Mooshaus unweit des Buttermarktes – zum Stelldichein traf. Greveroide wagte es sogar, den Bürgersohn am Kamin der Prophetenkammer im Rathaus anzusprechen! Über längere Zeit nutzte er hemmungslos seine Macht als Ratsherr und Richter. Die jungen Männer ließ er von seinen Knechten zu sich bringen, waren sie willfährig, bezahlte er sie. Um im Fall einer Ablehnung Stillschweigen zu gewährleisten, floss auch Geld. Einmal wurde mit Hilfe des ebenfalls im Fernhandel tätigen Ratsherrn Godart von dem Wasservasse einem jungen Mann ein privater Kredit über 100 Gulden vermittelt. Godart leugnete aber trotzdem

Mann mit nacktem Hintern
als Darstellung der »Bückerei«; Hieronymus Bosch,
»Garten der Lüste« (Ausschnitt), Öl auf Holz, um 1500 –
Museo del Prado, Madrid, Foto akg-images

unter Eid, von »onreyne[n] sachen«[9] Kenntnis oder damit zu tun gehabt zu haben. Auch der verhörte Ratsherr Heinrich Stove bestritt, von den Umtrieben Greveroides gewusst zu haben. Er habe aber, als er von den Gerüchten erfuhr, sofort verstanden, wer gemeint sei.

Am Ende wurden die Erkenntnisse der Untersuchungskommission nicht weiterverfolgt, das Schweigekartell setzte auch nach dem Tod des Ratsherrn seine Vertuschungspraxis fort. Immer noch lebten neben den Opfern, Verwandten und Freunden Greveroides auch freiwillige Sexualpartner, Helfer und Mitwisser sowie andere reiche »Sodomiten«, so dass bei einer umfassenden Strafverfolgung erheblicher Schaden für die Kölner Oberschicht drohte. Allzu viele Spuren führten vom Heumarkt direkt ins Rathaus, dem Zentrum städtischer Macht.

Offensichtlich wurde Homosexualität – freiwillig, bezahlt oder erzwungen – von Teilen der Kölner Oberschicht, von Ratsherren und Klerikern gedeckt, mit der Annahme von Bestechungsgeldern zum eigenen Vorteil genutzt und in Einzelfällen selbst praktiziert. In Zeiten innen- wie außenpolitischer Instabilität nach den Unruhen von 1481/82 entschied sich der Rat gegen eine weitere juristische Aufarbeitung oder gar Säuberung. Insofern ist der vertuschte Sexskandal am Heumarkt von 1484 ein aufschlussreiches Lehrstück für »Realpolitik« und Doppelmoral im Mittelalter und darüber hinaus.

Literatur
Hergemöller 1987, S. 5–51;
Hergemöller 2000; Hergemöller 2015;
Hergemöller 2016; Tschacher 2008.

GRAUSIGES SPEKTAKEL DER ABSCHRECKUNG

DER HEUMARKT ALS HINRICHTUNGS- UND GERICHTSSTÄTTE

ANDREAS KUPKA

Köln verfügte im Mittelalter und in der Neuzeit über mehrere Hinrichtungsstätten. Im 13. Jahrhundert ist die Vollstreckung von Todesurteilen auf dem »Judenbüchel« vor der Severinstorburg belegt, ab dem 16. Jahrhundert wurde der Richtplatz Melaten vor der Hahnentorburg wichtigste Hinrichtungsstätte, also beides Plätze außerhalb der mittelalterlichen Stadtmauer. Aber auch Alter Markt und Heumarkt dienten als zentrale Richtstätten. Im Gegensatz zu heute war die Öffentlichkeit der Bestrafungen in Mittelalter und Früher Neuzeit von der Obrigkeit ausdrücklich gewünscht und als grausiges Spektakel der Abschreckung inszeniert – die letzte öffentliche Hinrichtung in Köln fand am 20. Juli 1841 statt. Doch bevor es zur Bestrafung kam, erfolgte die Rechtsprechung in Köln durch zahlreiche unterschiedliche Gerichtsgremien, deren Kompetenzen zwar theoretisch genau definiert waren, sich aber häufig überschnitten oder im besonderen Fall nicht eindeutig genug waren – dies führte oftmals zu einem Gerangel um Zuständigkeit und Autorität: echt kölsch halt.

Die höchste juristische Instanz in der Stadt Köln war das Hohe Gericht, dem der Stadtherr vorsaß und in dessen Zuständigkeit die Blutgerichtsbarkeit oder Hochgerichtsbarkeit (*ius gladii*: Recht des Schwertes) fiel, also die Gerichtsbarkeit über Straftaten, die mit Leibesstrafen oder mit dem Tode bestraft werden konnten, sogenannte blutige Strafen. Darunter fielen Delikte wie Mord, Diebstahl, Vergewaltigung, Homosexualität, Hexerei und Kindesmord. Dabei konnten sich die Hinrichtungsmethoden je nach Verbrechen und Person unterscheiden. Mörder wurden je nach sozialem Stand am Galgen oder durch das Schwert hingerichtet – bei besonderer Schwere des Verbrechens durch Rädern verschärft –, Kindesmord wurde durch Ertränken geahndet. Bei Straftaten, die durch Leibesstrafen gesühnt werden sollten, gab es unterschiedliche Strafformen, wie das Abschneiden von Körperteilen (z. B. Augen, Ohren, Zunge), Ertränken, Auspeitschen oder Brandmarken. Das Hohe Gericht in Köln bestand aus Schöffen der wohlhabenden Oberschicht. Als Angehöriger des geistlichen Standes konnte der Kölner Erzbischof in seiner Eigenschaft als Stadtherr nicht dem Hohen Gericht, einem Blutgericht, vorsitzen; deshalb ernannte er einen Stellvertreter mit dem Titel eines Burggrafen. Durch die Einrichtung eines

eigenen Gewaltgerichtes, quasi in Konkurrenz zum Hohen Gericht, verschaffte sich der Kölner Rat 1341 auf diesem Gebiet zusätzliche Kompetenz und erweiterte seine Eigenständigkeit gegenüber dem Erzbischof. Im 16. und 17. Jahrhundert wurden von den Gewalttrichtern des Rates nun ebenfalls bei Totschlag, Raub und Diebstahl Leibesstrafen und »Turmgang« (Einsitzen in einem der als Gefängnis dienenden Stadttore oder -türme) verhängt.

Die niedere Gerichtsbarkeit befasste sich in der Regel mit leichteren Delikten des Alltags, die mit Geldbußen, Gefängnishaft, Verbannung oder leichteren Leibstrafen geahndet wurden, aber auch mit »Ehrenstrafen« wie dem Stehen am Pranger, dem »Steine- und Kerzentragen« oder dem Sitzen auf dem Schuppstuhl. Die niedere Gerichtsbarkeit durfte weder die Folter einsetzen noch schwere Leibstrafen oder die Todesstrafe verhängen. Inhaber der niederen Gerichtsbarkeit war der Rat der Stadt Köln. Die Stadtrichter, die einem Schöffengericht vorstanden, waren bis ins 16. Jahrhundert juristische Laien, später an Universitäten ausgebildete Juristen. Sie waren bei Straftaten wie Beleidigungen oder Raufereien zuständig, überdies fiel in ihre Kompetenz das Erbrecht, Grenzstreitigkeiten sowie die Registrierung und Überwachung von Verkäufen. Die Aufgabe, Zunftstreitigkeiten zu schlichten, übernahm der Rat von den Bürgermeistern der Richerzeche.

Die härteste Strafmaßnahme war natürlich der Vollzug der Todesstrafe, die nur vom Hohen Gericht bei Kapitalverbrechen verhängt werden durfte. Für diese Form der Bestrafung, vor allem bei politischen Verbrechen, wählte man oft den zentral ge-

123

VOM MITTELALTER IN DIE NEUZEIT

legenen Heumarkt und so fanden dort auch zahlreiche Enthauptungen hochgestellter Personen mit Schwert oder Beil statt – lange Zeit eine privilegierte Hinrichtungsmethode für Adelige und Freie. Allerdings ließ der Rat 1474 auf dem Heumarkt auch Galgen und Rad aufstellen. So wurde der wegen Hochverrats verurteilte ehemalige Bürgermeister Heinrich von Stave am 11. Januar 1396 auf dem Heumarkt enthauptet, sein Leichnam geviertelt »und dieselben Theile außer Köln auf der Städte Straßen gesetzt«.

Die Anführer des Aufstandes der Gaffeln vom 28. September 1481 um Johann von Hemmersbach wurden hier hingerichtet. Werner von Lyskirchen kam am 9. März 1482 durch den städtischen Schwertträger zu Tode. Die Zunftaufstände von 1512/13 führten zu einer ganzen Reihe von Hinrichtungen auf dem Heumarkt, wovon auch der Zeitzeuge Hermann von Weinsberg berichtet. Als hier am 10. Januar 1513 der Ratsherr Diederich Spitz hingerichtet wurde, schlug der Henker mit solcher Wucht zu, dass der abgeschlagene Kopf in die Zuschauer rollte. Am 11. Januar 1513 erfolgte die öffentliche Hinrichtung des mehrfachen Bürgermeisters Johann von Berchem durch das Schwert. Am 13. Januar fand die Enthauptung des Bürgermeisters Johann von Rheidt und des Juristen Johann von Oldendorp, am 15. Januar die des Weinmeisters Peter Rode, des Gewaltrichters Frank von der Linden und des Ratsrichters Bernt Eys auf dem Heumarkt statt.

Am Galgen endeten am 13. Januar 1550 zwei Spanier, die wegen Totschlags und Diebstahls zum Tode verurteilt wurden. Der Stadtsekretär Gereon Hesselmann

Die Vierteilung
war eine bevorzugte Hinrichtungsart bei Königsmördern; die Szene zeigt die
Hinrichtung des Poltrot de Mercy in Paris, der den Herzog von Guise, Franz von
Lothringen, ermordete; Franz Hogenberg nach Tortorel und Perissin, Radierung, 1563 –
Foto akg-images

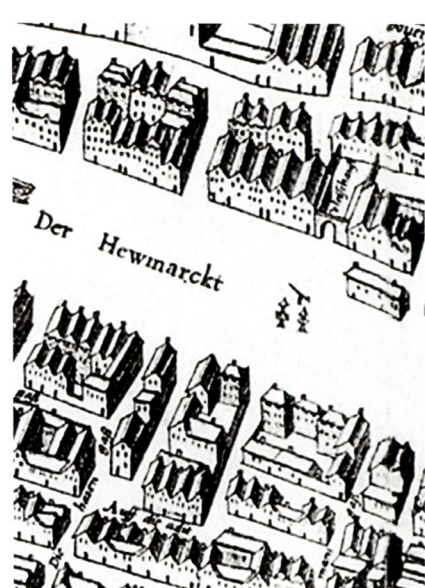

124

verlor am 12. August 1683 wegen Geheimnisverrats auf dem Heumarkt gegenüber dem Gaffelhaus »Himmelreich« seinen Kopf.

Auch weniger blutige Urteile wurden – im Rahmen der niederen Gerichtsbarkeit – auf dem Alter Markt und dem Heumarkt vollstreckt. Hier standen inmitten des pulsierenden Lebens einer Großstadt die Instrumente zur Vollstreckung der Ehrenstrafen wie die Pranger, in Köln »Kax« oder »Käx« genannt (auf dem Alter Markt seit 1284). Die Darstellung des Heumarkts in der Vogelschau von Arnold Mercator aus dem Jahr 1571 zeigt, relativ zentral auf der Marktfläche, drei Objekte, die offensichtlich in einem Bezug zueinander stehen und von denen zwei längliche, säulenartige Konstruktionen mit einem kegelförmigen Dach ausgestattet sind. Hierbei handelt es sich offensichtlich zum einen um einen Pranger, in dem der Delinquent mit den Händen fixiert wurde. Das zweite Objekt könnte der Schandpfahl sein, wie wir ihn auf derselben Ansicht ähnlich auch auf dem Alter Markt finden. Das dritte Objekt ist vermutlich der sogenannte Schuppstuhl, der als Ausdruck der Strafgewalt des Stadtrates nur auf dem Heumarkt stand und den Straftäter auf dem belebten Platz dem größtmöglichen Spott des Publikums aussetzte. Der Begriff »schupfen« geht wohl auf »schieben« zurück und bedeutet »auswerfen«, »ausstoßen« (heute ist das Verb »schupsen« noch bekannt).[1] Der Schuppstuhl diente zur Bestrafung von unehrlichen Händlern, die auf dem Markt falsches Maß und Gewicht gebraucht hatten. Allerdings bleibt in den Quellen unklar, inwieweit er mit dem »Kax« identisch ist. Das Aussehen des Schuppstuhls, in den Stadtrechnungen erstmals 1376 erwähnt, ist unbekannt, da kein Exemplar die

Mitten auf dem Heumarkt
zeigt der Mercatorplan die Hinrichtungsinstrumente; Arnold Mercator, Kupferstich, 1571 – Kölnisches Stadtmuseum/Rheinisches Bildarchiv

Auf dem Alter Markt
stand der Pranger, umsäumt vom geschäftigen Markttreiben; Handelsvergehen und Betrug konnten so umgehend geahndet werden; Johann Toussijn (Zeichner), Abraham Aubry (Stecher), Kupferstich, um 1660 – Kölnisches Stadtmuseum/Rheinisches Bildarchiv

Zeiten überdauert hat und keine eindeutigen Abbildungen existieren. Einige Autoren vermuten eine Art Holzgerüst in der Form eines »Stuhls« mit einer Tribüne, auf welcher die zu dieser Ehrenstrafe Verurteilten erst »zur Schau gestellt« und dann aus der Stadt »geschoben« bzw. »geschuppt« wurden. Wahrscheinlicher ist aber, dass es sich um einen Käfig aus Holz oder Eisen handelte, der an einer wippenartigen Konstruktion befestigt war und mit dem der Delinquent zu dessen Verhöhnung in die Höhe gehoben wurde – ähnlich wie in einem »Schandkorb«, der mancherorts heute noch, z. B. im Mittelalterlichen Kriminalmuseum in Rothenburg ob der Tauber, zu finden ist. Die Darstellung bei Mercator weist eine große Ähnlichkeit mit dem dortigen Instrument auf. Der Schuppstuhl wurde von Hermann Keussen an der östlichen Seite des Heumarkts, vor den Häusern 15 und 16 gegenüber der Einmündung der Pelzergasse, verortet. Dies stimmt mit der Abbildung bei Mercator weitestgehend überein.

Auch der Bußgang der Ehebrecher, die zur Strafe des »Steine- und Kerzentragens«, die weitaus häufigste Ehrenstrafe, verurteilt wurden, führte über den Heumarkt. Die Verurteilten mussten sich – ein jochartiges, mit Ketten und Steinen beschwertes Holz auf den Schultern tragend und eine Kerze in der Hand haltend – unter dem Gespött der Schaulustigen vom Frankenturm über Dom, Alter Markt und Heumarkt nach St. Maria im Kapitol begeben.

Der Heumarkt war also nicht nur ein zentraler Handelsplatz, sondern auch in Bezug auf Rechtsprechung und als öffentlicher Durchführungsort derselben von großer Bedeutung.

Der Schuppstuhl
auf dem Heumarkt wird ähnlich ausgesehen haben wie dieser aus dem Kriminalmuseum in Rothenburg ob der Tauber; Verurteilte wurden in ihm eingesperrt und in Wasser eingetaucht – Foto Flominator/ CC-BY-SA-3.0, Wikicommons

Die Spottfahne
hing wohl in der Zelle Hermann von Gochs und wurde seinem Hinrichtungszug vorangetragen; selbst am Heumarkt geboren, wurde er als Anführer eines Aufstandes verurteilt; Tempera auf Leinwand, 1396–1398 – Kölnisches Stadtmuseum/Rheinisches Bildarchiv

Literatur
Fuchs 1990;
Grimm 1899;
Schwerhoff 1991.

GESCHLECHTER, BÜRGER, FREIMAURER
LEBEN RUND UM DEN HEUMARKT
RITA WAGNER

Über Jahrhunderte hinweg waren der Heumarkt und sein Umfeld die Heimat bedeutender Kaufmannsdynastien. Noch im 18. Jahrhundert beschrieben sogar kölnkritische Reisende, dass am Heumarkt palastähnliche Bürgermeisterhäuser, Höfe und Straßen zu sehen seien, die selbst in Turin und Berlin »schön« genannt werden müssten.

Erst seit der Mitte des 19. Jahrhunderts lässt sich innerhalb weniger Jahre eine Veränderung zum Schlechteren konstatieren. Das gesellschaftliche und wirtschaftliche Leben hatte sich in den Norden Kölns verlagert, wo 1859 der neue Centralbahnhof eröffnet worden war. Diese Verlagerung hatte ebenfalls mit der zunehmenden Trennung von Wohn- und Arbeitsplatz zu tun: Die Wohlhabenden wechselten in neue, ruhigere Viertel, ärmere Leute bezogen deren Wohnhäuser. Auch wenn die Geschäftsadressen am Heumarkt blieben, veränderte sich doch die Bewohnerstruktur. Der immense Bevölkerungsanstieg – zwischen 1815 und 1870 wuchs die Einwohnerzahl in Köln bei gleichbleibender Fläche um das Vierfache – führte dazu, dass die alten Häuser in kleine und kleinste Wohneinheiten unterteilt wurden. Am Heumarkt 57 konnte der Eigentümer die Mieteinnahmen für seine acht Zimmer zwischen 1830 und 1861 um mehr als das Dreifache steigern. Bis zu den Zerstörungen durch den Zweiten Weltkrieg »tobte« rund um den Heumarkt das Kölner Volksleben. Heute ist das Viertel kein Wohnviertel mehr, hier baut niemand mehr ein repräsentatives Privathaus.

In den frühesten städtischen Katasterakten, den Schreinsbüchern, tauchen die Häuser am Heumarkt von Beginn an als gesuchte Anlageobjekte auf. Häufige Besitzerwechsel

Der wohlhabende Hansekaufmann
Gerhard Pilgrum d. Ä. ließ um 1541 die Häuser Heumarkt 16–18 errichten; Kopie nach Bartholomäus Bruyn d. Ä., Öl auf Holz, 17. Jahrhundert – Dauerleihgabe des Kölner Gymnasial- und Stiftungsfonds im Kölnischen Stadtmuseum/ Rheinisches Bildarchiv

Heumarkt 11–17
Das Haus Nr. 13 bot mit dem breiten Renaissancebogen eine bequeme Durchfahrt für den Warentransport zum Haus Scherfgin, dessen Vorderfront an Vor St. Martin lag; unbekannter Fotograf, um 1880 – Kölnisches Stadtmuseum/Rheinisches Bildarchiv

128

führten immer wieder zu Um- und Neubauten. So hatten die Heumarktfassaden als
die rheinseitige Empfangsadresse Kölns immer ein modernes Gesicht – zumindest
bis weit ins 19. Jahrhundert hinein. Zur Mitte des 12. Jahrhunderts gehörte noch
ein Drittel der Richerzeche, der Verband der Kölner Reichen, zur Pfarre von Klein
St. Martin. Die Scherfgin etwa, eines der alten Geschlechter, die 1396 ihre Macht
verloren, lebten an der Salzgasse und am Heumarkt. Das große Haus Scherfgin, seit
1308 mit der Adresse Vor St. Martin 8, hatte ein Torhaus am Heumarkt 13, wie auch
viele andere Grundstücke vom Heumarkt zur nächsten Straße durchgingen. Johann
von Lenderickhusen übernahm um 1470 das Haus Sternenberg am Heumarkt 16
von seinem Großvater, dem Goldschmied und Ratsherrn Peter von Straelen. Das
Unternehmen hatte eine Schlüsselstellung im Transithandel mit Levante-Waren zwischen Oberdeutschland und Antwerpen; der »Wirt«, also der Vertreter auswärtiger
Kaufleute in Köln, der auch die Welser und Pirckheimer vertrat, galt mit einem Anteil
von 25 Prozent am Kölner Drugwarenhandel – z. B. Safran – als Kaufmann »Nummer
eins« seiner Generation.

Im 16. Jahrhundert investierten die örtlichen Kaufleute in Neubauten und
Umgestaltungen, die bis zum Wiederaufbau nach 1945 das Erscheinungsbild der
Heumarktgegend prägen sollten. Am Heumarkt 16 hatte der reiche Wein- und Fisch-
händler Gerhard Pilgrum (1497–1551), Kölner Ratsherr und einer der vornehmsten
Kaufherren der Stadt, um 1541 das Haus zum großen Stern im Stil der niederländi-

schen Renaissance errichten lassen. Ein Teil der hochgerühmten Innenausstattung aus der Zeit seines Sohnes Gerhard Pilgrum des Jüngeren (1528–1593), Rats- und Bannerherr der Fassbinder sowie sechsmaliger Kölner Bürgermeister, gelangte in die Sammlung Karl Thewalt und wurde bei der Versteigerung 1903 auseinandergerissen. Der reiche, gastfreundliche und trinkfeste Hansekaufmann Pilgrum d. J. galt als treuer Verfechter der katholischen Sache und enger Verbündeter Herzog Albas. Der Pilgrumsche Bau am Heumarkt wurde 1852 von Maurermeister Franz Erben renoviert. Bei dieser Gelegenheit wurden die Imperatorenmedaillons, die in den Lücken unterhalb des Zinnenabschlusses angebracht waren, in die Zinnenflächen versetzt. Von 1899 bis zu den Kriegszerstörungen befand sich im Haus Pilgrum das Hotel und Weinrestaurant Vanderstein-Bellen.

Gegenüber der 1548 abgebrochenen Marspforte ließen der Rittmeister Johann von Geilenkichen und der Ratsherr und Englandfahrer Gillis Eiffler bis 1556 zwei »schöne köstliche Heuser« errichten. In der Nachbarschaft stand an der Martinstraße 5 seit 1558 der stattliche Neubau des Bürgermeisters Melchior von Mülheim mit seinem repräsentativen, über 28 Meter hohen Treppenturm. Bereits um 1480 hatte ebenfalls Vor St. Martin der Münzmeister Mais von Venroede den ältesten bekannten Kölner Treppenturm bauen lassen. Die große gewölbte Halle im Erdgeschoss mit dem Schmiedekamin legt nahe, hier auch die erste städtische Münzstätte zu verorten.

Haus »Zum St. Peter« im Jahr 1887
Wenige Jahre später, 1891 und 1897, brannte der um 1568 errichtete Bau mit dem Doppelgiebel aus, wurde aber wiederhergestellt; Jakob Scheiner, Aquarell, 1887 – Kölnisches Stadtmuseum/ Rheinisches Bildarchiv

Die Zerstörung im Zweiten Weltkrieg
hat das Haus »Zum St. Peter« im Gegensatz zu seinen Nachbargebäuden relativ gut überstanden und wurde rasch wieder aufgebaut; Seuffert, Fotografie, um 1946 – Kölnisches Stadtmuseum/Rheinisches Bildarchiv

Seit dem ausgehenden 16. Jahrhundert fiel am Heumarkt 77, Ecke Seidmachergässchen (seit 1985 Seidmacherinnengäßchen), das Haus Zum St. Peter mit dem dreiteiligen Volutengiebel an jeder Straßenseite ins Auge. Es wurde um 1568 vom Ratsherrn
und Weinmeister Wilhelm ter Lahn von Lennep errichtet. 1763 erhielt es »moderne«
flachbogige Haustüren. 1892 und 1897 wurde es nach Bränden ebenso wiederhergestellt wie nach 1945.

Am Heumarkt 19 ließen der Ratsherr und Weinmeister Balthasar von Berchem
und seine Ehefrau Agnes Verden 1597 ein Haus im »toskanischen Stil« errichten.
Dieser Renaissancebau mit einem schönen Rundbogenportal hatte ein Gegenstück
auf der Seite zur Straße Vor St. Martin hin. Der Kölner Magistrat erlaubte sogar,
zwei Bögen und den Mittelpfeiler am Heumarkt auf städtischen Grund zu setzen.
Gerühmt wurden ein schöner großer Saal und die elegante hölzerne Treppe sowie
als Besonderheit die Badstube innerhalb des Haupthauses. 1797 erwarb das Haus
Dominikus Oestges aus Luxemburg, Professor für französische Sprache am Gymnasium Laurentianum, Notar und Munizipalrat, der hier auch seiner Freimaurerloge
ein Heim bot. Das Haus, in das mittlerweile das Weinhaus Denant eingezogen war,
wurde 1939 abgebrochen.

Am Heumarkt 41, Ecke Geyergasse, war 1637 bis 1639 das repräsentative Haus
Ehrenfels für Johann Schwamborn und Gertrud Fetzer errichtet worden. Zuletzt
gehörte es August Wilcke (1823–1903), der einen Handel für Liköre und Weine
sowie künstlich hergestelltes Mineralwasser betrieb. Der Koblenzer Wilcke war in

Wendeltreppe mit Treppenpfosten in Haus Denant
am Heumarkt 19; das Gebäude wurde 1595 für den
Ratsherrn Balthasar von Berchem errichtet; noch im
19. Jahrhundert wurde die reich geschnitzte Holztreppe
wegen ihrer Kunstfertigkeit gerühmt; Wilhelm Scheiner, Fotografie, um 1890 – Kölnisches Stadtmuseum/
Rheinisches Bildarchiv

Treppenpfosten aus dem Haus Denant
Als der Freimaurer Dominicus Oestges das Gebäude
erwarb, ließ er das Wappen in den Pranken des Löwen
durch seine Initialen DO und ein Freimaurersymbol
ersetzen; Hans Vogts, Tuschezeichnung (Detail), 1912 –
Kölnisches Stadtmuseum/Rheinisches Bildarchiv

den 1860er Jahren ein Neuerer des Kölner Karnevals und lange Jahre Präsident der Großen Kölner KG. Der barocke Kamin mit den Hausmarken des Ehepaars Schwamborn-Fetzer gelangte nach dem Abbruch des Gebäudes 1891 in die Sammlung des Freiherrn Albert von Oppenheim, 1915 schließlich als Schenkung in den »Schlachtensaal« des Kölner Rathauses, wo er im Zweiten Weltkrieg zerstört wurde.

Am Heumarkt 10, Ecke Börsengässchen, stand im 16. Jahrhundert das Haus der Bürgermeisterfamilie Kannengießer. Seit 1795 lebten hier der Großkaufmann in Tabak und Wein und Kunstsammler Johann Nepomuk Lyversberg und seine Ehefrau Maria geb. Bennerscheid mit den vier Töchtern. Zuvor war das Haus Sitz der Freimaurerloge »Le Secret des Trois Rois« gewesen. Die Loge war um 1770 von dem Kaufmann Jacob Pini gegründet worden – man traf sich vermutlich in der hochgotischen Hauskapelle. Diese Kapelle ließ Lyversberg später vom Maler Maximilian Fuchs nach Entwürfen von Matthias Joseph De Noël ausmalen. Die darin eingefügten alten Glasfenster stammten wohl aus der Sammlung Lyversberg, die mit ihren Meisterwerken der Altkölner Malerei zu den Sehenswürdigkeiten Kölns gehörte. Zu den bekanntesten Besuchern dieser Kunstsammlung zählten neben Friedrich Schlegel auch Goethe, Schinkel und der preußische Kronprinz. Das Haus wurde 1907 abgebrochen.

1778 bis 1783 traf sich am Heumarkt 6, einem 1744 vom Stadtbaumeister Nikolaus Krakamp für Anton von Morchetti umgebauten Haus mit schöner Freitreppe und eleganter Fassade, die von der Dreikönigenloge abgespaltene, nach dem Kölner

August Wicke als Präsident
der großen Karnevalsgesellschaft; ihm gehörte Haus Ehrenfels am Heumarkt 41, das 1891 abgebrochen wurde; Richard Brend'amour (Holzschnitt), Leonhard Schwann (Druck), um 1880 – Kölnisches Stadtmuseum/ Rheinisches Bildarchiv

Das Haus Ehrenfels
am Heumarkt 41 an der Ecke zur Geyergasse; unbekannter Fotograf, um 1890 – Kölnisches Stadtmuseum/Rheinisches Bildarchiv

132

Kurfürsten Maximilian Friedrich benannte Loge »Maximilian zu den drei Lilien«. Der kurkölnische Rat Peter Joseph von Buschmann (1742–1803), Vénérable (Vorsteher) der Dreikönigenloge, hatte mit seinem Anhang 1778 im Nachbarhaus die neue Loge gegründet.

Am Thurnmarkt (ehemals Broichenplatz) wohnte Johann Peter Schophoven (1747–1819), der nicht nur ein äußerst renommierter Kunstschmied war, dessen kunstvolle und teure Zimmeröfen weit über Köln hinaus begehrt waren und dessen Nachruf Ferdinand Franz Wallraf formulierte, sondern ebenfalls ein engagierter Freimaurer, unter dessen Adresse die Dreikönigenloge ab 1785 zu finden war. Damals wurde der ehemalige französische Offizier und Abenteurer Jean Paul de Lavalette St. George (geb. 1740) zum Meister gewählt – wie sich herausstellen sollte, eine schlechte Wahl: 1788 verschwand er mit dem Logeninventar.

Der im benachbarten Mülheim geborene Heinrich Merkens (1778–1854) gründete 1808 am Heumarkt 14 mit dem aus Maastricht zugewanderten Jacob Seydlitz die Handelsfirma Seydlitz & Merkens. Seydlitz verstarb bereits 1810; sein Anteil fiel an seine junge Witwe Magdalena, die im Haus wohnen blieb und gemeinsam mit Merkens das Unternehmen zu einem der größten Handelshäuser Kölns ausbaute.

Am Heumarkt waren nicht nur Kaufleute, sondern auch Künstler zu Hause. Südlich des Heumarkts ließ der Kupferstecher Peter Isselburg 1594 ein Haus an der Malzmühle errichten, später zog es ihn des besseren Verdienstes wegen nach Süddeutschland. Im frühen 19. Jahrhundert waren am Heumarkt auch verschiedene Lithografen ansässig. Friedrich August Mottu aus Offenbach ließ sich 1817 in Köln nieder und errichtete mit Anton Wünsch ein lithografisches Geschäft. Er starb jedoch schon 1828 mit 42 Jahren. Der 1800 in Godesberg geborene Anton Wünsch überlebte ihn nur um fünf Jahre, er starb an der Schwindsucht. Am Heumarkt 16

Kaufmann und Kunstsammler
Johannes Nepomuk Lyversberg lebte seit 1795 mit Frau und den vier Kindern am Heumarkt 10; Michael Gruben, Kreidezeichnung, um 1830 – Kölnisches Stadtmuseum/ Rheinisches Bildarchiv

Haus Lyversberg am Börsengässchen; der Erker gehört zu einer spätgotischen Kapelle, die Glasfenster der Sammlung Lyversberg schmückten; Roland Anheisser, Kreidezeichnung, 1902 – Kölnisches Stadtmuseum/ Rheinisches Bildarchiv

Aus der Sammlung Lyversberg Kreuztragung um 1420 ; Glasmalerei – Museum Schnütgen/ Rheinisches Bildarchiv

VOM MITTELALTER IN DIE NEUZEIT

lebte auch der Zeichner und Lithograf Eduard Risse. In der benachbarten Friedrich-Wilhelm-Straße 2 hatte Friedrich Carl Eisen von 1840 bis 1848 einen zweiten Verlagssitz, bevor er sich auf den touristisch interessanteren Domplatz konzentrierte.

Lag am Heumarkt das wirtschaftliche Herz der Stadt, so pflegten prominente Gäste gerne am Thurnmarkt Quartier zu beziehen. Schon im 16. Jahrhundert residierte im Gasthof zum Heiligen Geist, der immerhin sieben Feuerstellen aufwies, Herzog Alba, als er wegen Friedensverhandlungen mit den niederländischen Provinzen in Köln weilte. Hier wohnten auch Casanova während seines Aufenthaltes im Februar 1760, die Familie Mozart im September 1763 und Goethe bei seinen ersten beiden Köln-Besuchen 1774 und 1792. Der Kronprinz von Preußen logierte hier 1815 und 1818. Aus dem Gasthof im Besitz des Heiliggeisthospitals wurde 1831 das Hotel Royal, dessen Rheinseite auf der mittelalterlichen Stadtmauer aufsaß, wodurch die Gäste einen schönen Blick bis zum Siebengebirge genießen konnten. Allerdings lag der unscheinbare Zugang bis zur Niederlegung der Rheinmauer am wenig repräsentativen Thurnmarkt.

Die Anlegestelle der Rheindampfer ließ hier im 19. Jahrhundert weitere Hotels entstehen, z. B. den Holländischen Hof am Thurnmarkt 42/44. Ab 1860 jedoch suchten auch die Hoteliers immer mehr die Nähe des Bahnhofs und des im Weiterbau begriffenen Domes.

Kranbalken vom Haus Heumarkt 18, dem ehemaligen Pilgrum'schen Haus; der Kranbalken hat die Form eines kauernden Löwen, die Seilung lief durch das Maul; Lindenholz, 17. Jahrhundert – Kölnisches Stadtmuseum/ Rheinisches Bildarchiv

Allgegenwärtiges Hilfsmittel zum Transport der Waren in die Speichergeschosse der Altstadthäuser waren die Kranbalken, wie hier am Haus Straßburgergasse 9; Carl Baedeker, Fotografie, 1901 – Kölnisches Stadtmuseum/ Rheinisches Bildarchiv

Literatur
Dotzauer 1973, S. 123–231; Ennen 1975, S. 87–194; Gramulla 1975, S. 429–518; Kellenbenz 1975, S. 321–428; Knoll 1988; Pohl 1975, S. 9–162; Signon 2006; Van Eyll 1975, S. 163–266; Vogts 1930; Vogts 1966; Wagner 2006.

VON DEN KAROTTEN ZUM DOPPELMOPS
AUFSTIEG UND FALL DES TABAKHÄNDLERS FOVEAUX
SASCHA PRIES

Es ist die Erfolgsstory eines Kölner Imis: Am 5. August 1750 erwarb der aus Lille stammende François Foveaux das Bürgerrecht in Köln. Seine nur zwei Jahre später gegründete Tabakfabrik erlebte einen solchen Aufschwung, dass er bereits 1757 in der Nähe des Heumarkts in der Bolzengasse 2 ein zentrales Ladenlokal einrichten konnte. An der Fassade prangte sein Markenzeichen: der Große Kardinal – ein Hauszeichen, aus Holz geschnitzt.

Der »Kardinal« war schon seit Mitte des 17. Jahrhunderts ein Markenzeichen der Tabakhersteller gewesen, denn zwei Verbote des Papstes, in Kirchen zu rauchen, waren als generelles Rauchverbot interpretiert worden, so dass die Tabakhersteller sich um ihre Existenzgrundlage sorgten. Staatssekretär Kardinal Pamfili und der Kölner Nuntius Kardinal Fabio Chigi (der spätere Papst Alexander VII.) klärten den Irrtum auf. So wurde der »Kardinal« zur Ikone der Tabakhersteller.

Der Tabakkonsum in Köln war durchaus hoch: Berechnungen für ein Lagerhaus Mitte des 18. Jahrhunderts ergaben, dass jeder vierte Kölner täglich ein Lot (ca. 15 Gramm) Tabak schnupfte. Die Kölner Tabakhändler belieferten außerdem Kunden in Arlon in Belgien, in Luxemburg, in den österreichischen Niederlanden und Limburg. Der Handel mit französischsprachigen Gebieten war in der Herkunft vieler im Kölner Tabakgewerbe tätigen Kaufleute begründet: François Foveaux, Heinrich Joseph DuMont und M. Mouligner waren nur einige der Zugewanderten aus diesen Regionen, die sich im zunftfreien Tabakgewerbe eine Existenz aufbauten.

Der Handel mit Tabak war lukrativ und Foveauxs Erfolg so groß, dass ihm schon bald Nachahmer den Platz streitig machen wollten. Pierre Josquin (ansässig Unter Taschenmacher), Charles Laforest (ansässig Unter Fettenhennen) und Antonius Cremer versuchten um 1760, Kunden mit Kopien des Markenzeichens auf ihren Tabakverpackungen anzulocken. Josquin und Laforest nutzten Foveauxs Marke »Au Grand Cardinal«, während Cremer sich mit dem »Bayerischen Cardinal« zu behaupten versuchte. Foveaux forderte vor Gericht, »Peteren Josquin in einen fiscal-Arest von zwanzig goldstücke eins mit denen bis herzu außgegangenen gerichts Kosten fällig zu erkleren«[1,] und reichte zudem ein Exemplar der »gefälschten« Tabakverpa-

ckung samt Druckplatte ein, um seine Forderung zu bekräftigen. Das Urteil sprach Josquin zwar im Zivilprozess frei, das Gericht erließ aber eine Strafzahlung von fünf Goldgulden für die Benutzung des »frembden Ruf«[2] und konfizierte 22 Pfund des illegal deklarierten Tabaks. Auch die Nutzung des »Bayerischen Cardinals« wurde im Nachgang untersagt.

François Foveaux, der seine Konkurrenten so auf Abstand halten konnte, expandierte weiter: Ab Anfang 1761 betrieb er eine Tabakmühle, in der die wegen ihrer Form »Karotten« genannten fermentierten Tabakballen zu Schnupftabak verarbeitet wurden. Beschwerden der Anwohner wegen Lärmbelästigung durch die Mühle wurden vom Rat wohl auch deshalb abgewiesen, weil Foveaux sich in der Stadt inzwischen einen Namen gemacht hatte: Mit einer Eingabe hatte er beim Rat erwirkt, dass seit Anfang der 1760er Jahre heimischer und aus dem Ausland importierter Tabak gleich besteuert wurden. Zudem wurde die Akzise von 17 Albus 4 $^{4/5}$ Heller auf 13 Albus 4 Heller je Zentner gesenkt, mit positiven Folgen für Fouveaux' Geschäfte: Am 24. Februar 1764 kaufte er das Haus »Zum Krull« im Filzengraben und erweiterte damit auch sein Geschäftsfeld. Die dort eingerichtete Manufaktur erlaubte es ihm, nun auch selbst »Karotten« herzustellen, anstatt sie nur zu importieren und weiterzuverarbeiten.

Die Firma Foveaux war auf ihrem vorläufigen Höhepunkt angekommen, als wohl Anfang Juni 1766 die Tragödie passierte: François Foveaux wurde bei einem Spaziergang auf der »Promenade« von einem Jurastudenten ohne Anlass erstochen. Die Quellen geben nur wenige Hinweise über den genauen Verlauf der Tat. In einem Bericht aus dem folgenden Jahr heißt es, dass »bey dem auf und ab spatzieren einer

den anderm an dem arm etwa angerührt haben«[3] soll. Der auf diesen Rempler folgende Streit endete mit dem Tod des angesehenen Kaufmanns. Über die wirklichen Ursachen des dubiosen Mordes lässt sich nur spekulieren: Könnte am Ende einer von Foveaux' zahlreichen Kontrahenten den Angriff beauftragt haben, um seinem Geschäft zu schaden?

Wer auch immer sich nun Vorteile von Foveaux' Tod versprach, hatte die Rechnung ohne die Witwe gemacht: Catherine Foveaux (1729–1793, geb. Coutelier) übernahm den Betrieb und erwies sich als ernstzunehmende Nachfolgerin. Die schon oben erwähnten Anwohner der Tabakmühle starteten 1772 einen neuen Versuch, die Mühlräder zum Stillstand zu bringen, den sie geschickt abzuwenden verstand. Sie argumentierte, dass die zehn bei ihr beschäftigten Arbeiter ihre Arbeit verlören, wenn die Mühle schließen müsste, und drohte dem Rat zudem, nach Mainz abzuwandern, wenn sich keine Einigung in ihrem Sinne ergäbe. Im März 1775 folgte eine Begehung der Fabrik mit Sachverständigen, deren Ergebnis zwar nicht bekannt ist, die aber jedenfalls nicht zur Schließung führte.

Nach dem Tod der Mutter 1793 führte der Sohn der Eheleute Foveaux (Heinrich Joseph, 1763–1844) das Unternehmen mit Erfolg weiter. Um 1800 gehörte Foveaux (neben DuMont) mit 40 Arbeitern und einer Produktion von 75 000 Kilogramm Tabak pro Jahr zu den größten Fabrikanten Kölns. 1803 wurde er zudem in die neu gegründete Handelskammer gewählt.

Die seit 1794 in Köln herrschenden Franzosen stellten Tabakproduktion und -handel unter staatliches Monopol. Daher beendete Heinrich Foveaux die Produktion in Köln und verlagerte sein Geschäft zeitweise in das nicht zu Frankreich gehörende

Deutz. Das Unternehmen war dennoch das größte in Köln und Heinrich Foveaux mit einem Vermögen von 800 000 Francs ein wohlhabender Mann. Da er drei Töchter hatte, war er der letzte männliche Inhaber mit dem Namen Foveaux. Seine Enkelin Catherina heiratete 1840 den aus Rotterdam stammenden Johann Joseph Minderop. Dieser übernahm die Tabakfabrik spätestens 1846, behielt aber den Namen Foveaux bei – wohl wegen des guten Rufes.

Tabak – Cigarren – Cigaretten
Franz Foveaux Köln hatte alles, was das Raucherherz begehrte;
Ludwig Hohlwein, Farblithografie, 1910 – Kölnisches Stadtmuseum/
Rheinisches Bildarchiv

Ab 1888 war auch dessen Sohn Heinrich Minderop im Unternehmen tätig und die Fabrik wurde in die nahegelegene Georgstraße verlegt.

Die Minderops waren eine moderne Familie von Stand: Heinrichs Tochter Alice, die spätere Politikerin und Frauenrechtlerin, heiratete 1896 den Kölner Verleger Alfred Neven DuMont. Die Unternehmensführung hingegen klammerte sich an Traditionen: In einer Foveaux-Verkaufsbroschüre von 1902 wurden auf rund 40 Seiten 126 Sorten Schnupf-, Kau- und Pfeifentabak mit teils bemerkenswerten Namen angeboten: »Brustkanaster«, »Einhorn«, »Mülheimer Dicken«, »Doppelmops« und natürlich der »Grand Cardinal«[4]. Zwar gab es auf bestimmte Zielgruppen abgestimmte Produkte, wie etwa den besonders dünn gedrehten Kautabak für Frauen, »Lady Twist«. Doch obgleich Minderop im Dezember 1901 ankündigte, er habe eine »Maschine erfunden zur Herstellung von Cigarren«[5], die er in der Kölner Maschinenfabrik von Wilhelm Quester zu produzieren gedachte, suchten die Kunden moderne Tabakprodukte wie Zigarren und Zigaretten in dem Prospekt vergebens.

Erst um 1910 schwenkte Foveaux um und bot nun auch Zigarren und Zigaretten der Marke »Cardinal« an. Möglicherweise kam dieser Impuls vom designierten Nachfolger Hugo Minderop, der aber im Oktober 1918 im Feldlazarett an der Westfront starb. Die Vergrößerung des Unternehmens durch die Übernahme der konkurrierenden Kölner Tabakhersteller »Anton Coblenz sen.« und »Peter Josef Büttgen« sowie die Errichtung einer zentralen Fabrik in der Kartäusergasse waren Minderops Versuche, mit der Entwicklung in der weltweiten Tabakindustrie Schritt zu halten. Doch schon 1929 wurden beide Unternehmen an den Duisburger Tabakhersteller Arnold Böninger weiterverkauft. Zudem siedelte sich 1921 das aus Trier stammende und deutschlandweit führende Zigarettenunternehmen Haus Neuerburg mit der Marke »Overstolz« in Köln an. Damit hatte Minderop nun eine übermächtige Konkurrenz in der direkten Nachbarschaft zum Stammhaus in der Bolzengasse. Noch bis Ende der 1930er Jahre ist das dortige Verkaufslokal in den Adressbüchern nachzuweisen, doch im Zweiten Weltkrieg wurde das Haus mit der Figur des Kardinals an der Fassade im Schatten des Heumarkts völlig zerstört.

139

VOM MITTELALTER IN DIE NEUZEIT

Literatur
Boerner 1912; Pries 2015, S. 204–207; Schäfke 1984.

Unveröffentlichte Quellen
Raths 1964/65; RWWA, Abt. 106, Fasz. 17; RWWA, Abt. 81, Fasz. 2.

ZWISCHEN HEUMARKT UND CHAMPS-ÉLYSÉES
WALLRAF, GAU UND HITTORFF
MARIO KRAMP

Manchmal fand die Mutter frühmorgens im Haus der Familie am Steinweg 14 ihren kleinen Sohn eingeschlafen über dicken Büchern, die er in sein »friedliches Dach-stübchen«[1] geschleppt hatte. Da war der Zwölfjährige schon Klassenprimus am Gymnasium und büffelte Latein. Geboren wurde er am 20. Juli 1748, getauft einen Tag später in Klein St. Martin. Vater Kaspar war Schneider, Mutter Anna Elisabeth immerhin Tochter eines wohlhabenden Brauers. Die Schneiderei florierte mit Kleri-kern der Domkirche als Stammkunden. Den Jungen prägten katholische Frömmigkeit und Kölner Bürgerstolz – später wähnte er, der Name des Vaters gehe auf Kölner Patrizier und der der Mutter auf den Humanisten Nettesheim zurück. Als er 1767 sei-nen Schulabschluss machte, war klar: Schneider sollte er nie werden. Diese Tradition setzte der Ehemann der Schwester fort. Für ein Studium fehlte das Geld, er verdingte sich als Privatlehrer. Eine katholische Karriere mit Aussichten auf Pfründe musste her. So erhielt er mit 15 die niederen Weihen, mit 21 wurde er Priester – und Professor.

Inzwischen waren die Wallrafs umgezogen, ein paar Häuserblöcke weiter, Unter Goldschmied, bei der Kirche St. Laurenz, als Nachbarn der Familie Menn. Bei Frau Menn geb. Schauberg, Erbin des Kölner Druckhauses, herrschte »die wahre geistige Revolution«[2]: Aufklärung und Vorliebe für Antike und Kunst. Hier war selbst Goethe zu Besuch, hier ging der junge Wallraf ein und aus, hier riet man ihm, in Medizin zu promovieren. 1784 sicherte die Stellung als Kanoniker von St. Maria im Kapitol seinen Lebensunterhalt. Als Professor für Botanik lehrte er auch Natur-geschichte und Ästhetik. Der Schneidersohn aus dem Heumarktviertel avancierte zum weit über Köln hinaus bekannten Gelehrten. Nun unterrichtete er die jüngere Generation.

Mit der Ankunft der Franzosen 1794 zog die Moderne ein: Standesdünkel, Zunftzwang und katholische Vorherrschaft waren passé. Wallraf formulierte 1804 sogar Hymnen für Napoleon, der die jungen Kölner für die *Grande Armée* verpflich-tete. Für Bürgerkinder eröffnete die neue Zeit aber auch große Chancen. Das Heumarktviertel beschrieb ein Reisender um 1800: »Man ist herzlich froh, wenn man durch diese engen Löcher hindurch ist, und sich nun in der freien heiteren Luft

Steinweg, vom Marsplatz aus gesehen
Hier erblickt Ferdinand Franz Wallraf 1748 das Licht der Welt; unbekannter Künstler, Bleistiftzeichnung, 1864 – Kölnisches Stadtmuseum/Rheinisches Bildarchiv

142

am Rheine befindet.«[3] In diesen Gassen lebte seit dem 17. Jahrhundert Familie Gau. Aus der Ehe des Johann Heinrich Gau mit Anna Maria Walburga geb. Broels ging erst Franz Christian hervor, getauft am 15. Juni 1789 in St. Laurenz, dann 1791 Anna Maria. Nach dem frühen Tod der Mutter heiratete der Vater 1795 erneut. Familie Gau sicherte ihre Existenz mit einem Metzgerladen im Haus Obenmarspforten 3.

Wenige Häuserzeilen weiter, am Heumarkt unterhalb der Kirche Klein St. Martin, lebte Alexander Hittorff, genannt »blecherner Alexander«[4], da er wie seine Vorfahren Blechnermeister war. Am 20. August 1792 brachte seine Frau Maria Agnes geb. Hansmann den Sohn Jakob Ignaz zur Welt – als einzigen Nachkommen, der das Kindesalter überlebte.

Die französische Zeit brachte Aufschwung für die Gaus und Hittorffs. Gaus Schwester heiratete 1811 den Épicier Chrétien Fuss, der den Metzgerladen erfolgreich als Gewürz- und Spezereyhandel fortführte. Wohlhabend wurde Alexander Hittorff »durch Fleiß und durch gelungene Geschäfte«[5]. Er erwarb das Monopol für das Bestattungswesen sowie das ehemalige Klarissinnenkloster, baute es mit dem Architekten Butz zum Frauengefängnis um und verpachtete es gewinnbringend an die Stadt. Von nun an wurden diese und weitere rheinische Haftanstalten »Bleche Botz« genannt: Spitznamen der Erbauer und Hinweis, dass man mit einer blechernen Hose keine Bewegungsfreiheit hat ...

Was aber sollte aus den Söhnen werden – dem des Metzgers Gau und dem des Blechners Hittorff? Beide strebten andere Berufe an, beide waren begabte Zeichner. Vater Hittorff wollte, dass sein einziger Sohn mehr wird als er: nämlich ein großer

Baumeister. Jakob Ignaz widmete sich der Architektur bei Löwenstein und Leidel, lernte Zeichnen beim Maler Grein, Mathematik zusammen mit Gau bei Kramp und Heister, das Maurerhandwerk bei Steinbaumeister Leister. Schon mit 17 entwarf er das Bürgerhaus Schildergasse 84.

Für Gau war die Situation schwieriger. Immerhin ermöglichte ihm sein Schwager den Schulbesuch und gab fast das gesamte Familienvermögen, um ihn vom Militärdienst freizukaufen. Der mit Gau und Hittorff befreundete Bernhard Elkendorf, aufgewachsen bei St. Maria im Kapitol, wurde von seinem Onkel finanziell gefördert.

Sie alle waren Schüler von Wallraf, der sie in Kursen über schöne Künste um sich scharte, in die »Olympische Gesellschaft« einlud, mit Kölner Bankiers und Literaten bekannt machte und sie ermunterte, zum Studieren in die Hauptstadt zu ziehen.

Die Hauptstadt, das war Paris. Köln war damals noch mittelalterlich geprägt – Paris das kulturelle und moderne Zentrum Europas. Im Frühjahr 1810 zog Hittorff an die Seine, Gau folgte im November. Im April 1811 wurden sie in die *École Impériale et Spéciale des Beaux-Arts* aufgenommen. Auch Elkendorf und der spätere Kölner Stadtbaumeister Johann Peter Weyer studierten in Paris, Gau bei den Architekten Lebas und Debret, Hittorff bei Percier und Fontaine. Wer in Paris Karriere machen wollte, musste sich andienen – was Hittorff leichter fiel als dem eigensinnigen Gau, der davon träumte, nach Rom zu ziehen. Zunächst jedoch standen beide im Dienst Napoleons.

Der blecherne Alexander
Plakette aus einer Polizeistation, geschaffen von
Hittorffs Vater; Messing, um 1800 –
Kölnisches Stadtmuseum/Rheinisches Bildarchiv

144

Im Spätherbst 1812 trafen die Kölner in Paris ihren Lehrer Wallraf wieder, der, von »der Begierde überwältigt, auch einmal die Hauptstadt und das Museum aller Welt zu sehen«[6], in Paris »wieder jung« geworden war im Kreis seiner Schüler, die »ihn stets wie die Küchlein die Henne umgaben«[7]. Stolz erzählte der alte Professor, wie sie den Louvre besuchten – darunter Hittorff und Gau, die »Baumeister der Zukunft«[8].

Gau zog 1815 nach Rom und brach 1818 in den Orient auf. Hittorff arbeitete in Paris für die wieder herrschenden Bourbonen. 1820 kam Gau über Köln nach Paris zurück, um dort seine Entdeckungen aus Ägypten und Nubien zu publizieren. Im gleichen Jahr berichtete Wallraf den Kölnern von den Karrieren seiner beiden Meisterschüler. Gau verfluchte die mittlerweile in Köln herrschenden Preußen – »70 000 Schnurbärte«[9] – und blieb wie Hittorff in Paris. Anfangs wohnten sie unter einem Dach, dann trennten sich die Wege. Beide wurden Mittler im deutsch-französischen Kulturtransfer – und Franzosen, behielten aber die Anhänglichkeit an Köln. Hittorff reiste nach dem Tod des Vaters 1828 an den Rhein und entwarf für Köln ein Theater, ein Museum und eine Badeanstalt, Gau engagierte sich für die Domvollendung. Er starb 1853, ohne die Fertigstellung seiner neugotischen Pariser Kirche Sainte-Clotilde zu erleben. Hittorff war es bis zu seinem Tod 1867 vergönnt, der Umgestaltung von Paris noch seinen Stempel aufzudrücken: mit der *Place de la Concorde*, der Kirche Saint-Vincent-de-Paul oder der *Gare du Nord*.

Zurück zum Heumarktviertel, zur Keimzelle der Familie Wallraf. Die Eltern starben 1784, die Ehe der Schwester war unglücklich, ihre drei Söhne und drei

Töchter »verdorbene Geschöpfe«[10]. Wallraf musste für die ihn anbettelnde Ver-
wandtschaft sorgen. Seinen Neffen Ferdinand sah er als Erben seiner unzähligen
Kunstschätze. Doch als dieser durch »Jugendverführung«[11] und Diebstahl glänzte, beschloss der eigensinnige Onkel 1816, seine Schätze nicht der missratenen Familie zu
vermachen, sondern der Stadt Köln. Hieraus sind später die Kölner Museen hervorge-
gangen – aber dies ist eine andere Geschichte.

Als einer der ersten drang Gau
bis in den großen Tempel von
Abu Simbel vor: die Statuen der
Gottheiten, Franz Christian Gau
(Zeichnung), Bigant und Pommel
(Stich) – aus: Franz Christian
Gau: Antiquités de la Nubie, Paris
1821–1827, Tafel 60

Franz Christian Gau
Porträtzeichnung von Carl Joseph
Begas (Ausschnitt); 1821 – Staat-
liche Kunstsammlungen Dresden,
Kupferstichkabinett (Kriegsverlust),
Foto Rheinisches Bildarchiv

Literatur
Becker-Jákli 1999; Deeters 1974;
Deeters 1994; Donner 1990;
Ennen 1857; Hammer, Hittorff 1968;
Hammer, Lebensbilder 1968,
S. 117–131; Kiene 2011; Hittorff 1987;
Kramp 2006, S. 161–162; Kramp 2013;
Thierhoff 1997; Thiriart 1813;
Wallraf 1820, S. 284–294;
Weyden 1856.

146

Kirche St. Maria im Capitol

Mädchen Schule zu St. Marien

Convent

Pipinstrasse

Elogius Platz

Martins Strass

Lichhof

Plectrudengasse

Oberländ.
Dampfschiffs-
spedition

Vor St. Martin

Wahlgasse

He

Börsengässchen

Auf`m Himmelreich

Strassburger Gasse

Kühgasse

Thurnmarkt

Leyen Stapel

Preußisches Urkataster
von 1836/37 – digital umgesetzt
vom Römisch-Germanischen
Museum

Quatermarkt

Gürzenich

Kirche St. Alban

Kaufhausgasse

Kleine Sandkaul

Martins Strasse

Am Kaufhaus

Fleischhalle

Bolzengasse

Geiergasse

Auf'm Steinweg

Unter Hutmacher

Seidenmacher Gässchen

Unter Seidenmacher

Ober Marspforten

Martin Straße

Judengasse

Marsplatz

Jerusalems

Kapelle

in der Krämerei

Hühnergasse

Unter Käster

Am Heumarkt

Castelsgässchen

Börse

Heumarkt

Salzgasse

Rotherberg

Am Sassenhof

Pelzergasse

Klobengasse

Fassbender Gasse

Handelskammer

Rhoterberg

Friedrich Wilhelms Strasse

Auf der Aar

Kühgasse

Buttermarkt

Hafengasse

Thurnmarkt

Freihafen

Brücken-Werft

RHEIN →

0   50 m

GARANT DER ÖFFENTLICHEN SICHERHEIT
DIE PREUSSISCHE WACHE AM HEUMARKT
JAN KRÄMER UND SASCHA PRIES

1838 ging es hoch her in Köln: Der kommandierende General Ludwig von Borstell schrieb dem Kölner Oberbürgermeister Adolph Steinberger am 18. November aus Koblenz, dass es »in dieser Zeit des in Cöln sich bethätigten aufgereizten Volks-Zustandes gegen die Regierungs-Ordnung, von besonderer Wichtigkeit [sei], die öffentliche Ordnung zu sichern und zur Belebung eines allgemein beßeren Geistes in den minderen Volksklaßen (...) beizutragen«[1].

Im Klartext hieß das: Ausgerechnet im Erdgeschoss des erst 1827 eröffneten städtischen Museums in der Trankgasse sollten zwei »Wachtlokale« für preußische Soldaten entstehen. Nicht um die Kunst zu bewachen, sondern um von dort aus schnell in der Kölner Innenstadt agieren zu können. Die Nähe zu Dom und erzbischöflichem Amtssitz in der Gereonstraße war kein Zufall: Erst Ende 1837 hatten preußische Soldaten in den »Kölner Wirren« den widerspenstigen Kölner Erzbischof Clemens August Droste zu Vischering verhaftet.

Eine Kommission des Stadtrats – zu der auch Museumsdirektor Matthias Joseph de Noël gehörte – hatte im November 1838 noch versucht, den Eingriff in das Museum zu verhindern, dessen »große Räume die sich zudrängenden Massen kaum noch fassen können«. Insbesondere sonntags sei das Museum überfüllt, da »der Besuch ganz allgemein freigegeben« und häufig auch die »geringeren Klaßen« aus Köln und dem Umland die Ausstellung aufsuchten. Im selben Atemzug hatte man aber schon signalisiert, dass »sofern die öffentliche Sicherheit solches erheische, (...) die städtische Verwaltung das ihrerseits Erforderliche wegen Räumung der dort befindlichen Kunstgegenstände veranstalten« würde. Wenig später wurden die Räume im Erdgeschoss des Museums zur Hauptwache der preußischen Garnison umfunktioniert.[2]

Die preußische Hauptwache
war eines von insgesamt drei Wachgebäuden in der Stadt; Carl Bolzius, Aquarell (Ausschnitt), um 1852 – Kölnisches Stadtmuseum/Rheinisches Bildarchiv

Ausgrabungen auf dem Heumarkt 1996
Freigelegte Verbindungsbögen der Punktfundamente der preußischen Hauptwache – Foto Römisch-Germanisches Museum

Mitte 1839 wurden jedoch auch Gespräche über neue Wachtgebäude im Kölner Stadtgebiet eröffnet. Drei Orte hatten die Militärs sich ausgesucht: am Zeughaus, auf dem Waidmarkt und auf dem Heumarkt, wo die neue Hauptwache für 50 Soldaten und 50 Arrestanten entstehen sollte. Für die Überlassung dieser bislang unbebauten Fläche wurde seitens der Stadt kein Geld gefordert. Der Rat stellte aber einige Bedingungen: So sollten ein Militärgebäude neben der ehemaligen Mehlwaage am Filzengraben völlig abgerissen und »das Paulus-Wachtgebäude und das Wachthaus neben der Rheinbrücke geräumt«[3] werden. Die kleine Paulus-Wache befand sich südöstlich des Chors von St. Andreas und war nach der Pfarrkirche St. Paul benannt, die schon 1807 abgerissen worden war. Der genaue Standort der Wache am Rhein ist nicht bekannt, aber offenbar waren die zahlreichen von den Preußen genutzten Wachen den Kölnern ein Dorn im Auge.

Die Genehmigung der Regierung folgte nur wenige Tage später und schon im Jahr darauf wurde mit dem Bau der rund 24 Meter breiten, 10 Meter hohen und 16 Meter tiefen Hauptwache am Heumarkt begonnen. Ein im Kölnischen Stadtmuseum erhaltener Grundriss zeigt die Aufteilung des Erdgeschosses in vier Räume: »Verstärkung der Wache«, »Arrest-Local«, »Wache« und »Officier-Stube«[4]. Die eingezeichnete Treppe verweist zudem auf die teilweise Unterkellerung. Die Vorhalle war mit fünf Rundbögen ausgestattet und die Adler auf den Simsen wurden an allen vier Ecken des Gebäudes ausgeführt. Beide Merkmale unterscheiden die Heumarkt-Wache von den Schwestergebäuden an Waidmarkt und Zeughaus.

Der Grundriss aus dem Kölnischen Stadtmuseum lässt sich auch archäologisch nachweisen. Bei großflächigen Ausgrabungen auf dem Heumarkt von 1996 bis 1998 konnten neben einer Vielzahl von Befunden aus den unterschiedlichsten Zeitstellungen auch die massiven Fundamente der Hauptwache dokumentiert werden. Die mit einem Durchmesser zwischen 1,50 Meter und 2,70 Meter mächtigen Punktfundamente sind in der sogenannten Brunnenbautechnik errichtet worden. Bei diesem Verfahren wurde die Fundamentwandung auf einem durch schrittweises Unterhöhlen

Fassade der preußischen Hauptwache
auf dem Heumarkt; unbekannter Künstler,
Federzeichnung, 1839–1841 – Kölnisches
Stadtmuseum/Rheinisches Bildarchiv

nach und nach abgesenkten Holzring sukzessive aufgemauert und nach Fertigstellung der innenliegende Hohlraum mit Backsteinen und Mörtel verfüllt. Die Punktfundamente waren in fünf Reihen à sechs Pfeiler in Nord-Süd-Ausrichtung angelegt und
so angeordnet, dass sie der symmetrischen Innenaufteilung der Wache entsprachen.
Im oberen Fundamentbereich, unmittelbar unter dem aufgehenden Gebäude, waren
die Pfeiler durch gestreckte Mauerbögen untereinander verbunden.

Die nördlichen beiden Pfeilerreihen sind nicht mehr erhalten, da sie 1938 einer
hier errichteten Toilettenanlage weichen mussten. Auch der im Grundriss durch die
Treppe nur suggerierte Keller wurde bei den Grabungen nachgewiesen. Er befand sich in
der Nordwestecke des Gebäudes, war 3,80 Meter mal 4,40 Meter groß und besaß einen
Lehmfußboden. Außerdem konnte direkt neben dem Bau die dazugehörige Latrine
freigelegt werden. Die Funde aus dieser weisen indes nicht auf eine aggressive Grund-
stimmung zwischen den Kölnern und den preußischen Soldaten hin. Eher könnte man
den Eindruck bekommen, dass das Wachpersonal es sich mit dem Verzehr von Speisen
auf Tellern mit göttlichem Segen, dem Genuss alkoholischer Getränke wie Wein und
Schnaps und dem Rauchen einer Pfeife gut gehen ließ.

Und auch der Kölner Stadtrat sorgte sich anfangs eher nur um Äußerlichkeiten
und forderte, dass »bey Erbauung der Wachthäuser nicht bloß auf das militärische
Bedürfniß, sondern auch auf eine gefällige Form im Äußeren Rücksicht«[5] genommen
werden sollte. Faktisch entsprachen alle drei Gebäude dem für die Zeit typischen
klassizistischen Repräsentationsstil preußischer Architektur – ganz nach dem Vorbild
der Berliner Wache von Karl Friedrich Schinkel. Die hell verputzten Fassaden wurden

152

nur mit wenigen Verzierungen versehen, um die strenge Wirkung und Funktionalität der neuen Wachen nicht zu schmälern. In Köln war der klassizistische Baustil der Preußen allerdings alles andere als unumstritten.

Womöglich schaute man auch deshalb beim Bau der neuen Wachen ganz genau hin: Im August 1840 bat Oberbürgermeister Steinberger um Klärung, da die Baustelle auf dem Heumarkt zu sehr auf den Platz auszuufern drohte. Laut Bauingenieur Major Heinrich Ferdinand Schuberth wurde der Verkehr jedoch nicht gestört und ohnehin übersteige der Zaun »an sich nicht den üblichen Abstand der vorschriftsmäßigen Befriedigungen jeder gewöhnlichen Baustelle«[6].

Mitte 1842 war die Wache auf dem Heumarkt fertig und General-Major August von Kanitz meldete der Regierung am 28. Mai, dass sie nun »ohne Aufenthalt«[7] bezogen werden und auch die Instandsetzung der Räume im städtischen Museum erfolgen könnte. Die Regierung formulierte es drastischer: Die Räume im Museum mussten unbedingt »vor der Ankunft Sr. Majestät des Königs Friedrich Wilhelm IV.«[8] wieder museal genutzt werden. Schließlich erwartete man ihn im September 1842 zum großen Dombaufest und wollte keinen unaufgeräumten Eindruck hinterlassen.

Die neuen Wachtgebäude dienten in den folgenden Jahrzehnten ausschließlich der militärischen Nutzung. Es gab in Köln zwar auch eine Polizei, die allerdings schlecht ausgebildet und »seit Jahren ganz verfallen«[9] war. Das zeigte sich bereits 1846 bei den Unruhen im Verlauf der Brigittenkirmes: Da die Polizei mit der Situation völlig überfordert war, wurden Soldaten in die Stadt beordert, um für Ordnung zu

Preußische Staatsrepräsentanz
mitten auf dem nördlichen Teil des Heumarkts; am rechten Bildrand
erkennt man noch das Börsengebäude; Ludwig Lange (Zeichner), Johann Poppel (Stecher),
Kupferstich, 1844 – Kölnisches Stadtmuseum/Rheinisches Bildarchiv

sorgen. Das Vorgehen der Militärs war derart massiv, dass mehrere Verletzte und sogar ein Toter zu beklagen waren. Die bei der Niederschlagung verhafteten Personen
wurden wohl in der Heumarkt-Wache arrestiert. Eine Beschwerde der Kölner Bürger-
schaft beim König gegen das Vorgehen des Militärs hatte keinen Erfolg.

Erst die preußische Polizeireform sorgte bis Mitte der 1860er Jahre für eine
Verbesserung des Zustandes auch der Kölner Polizei. Besonders die Stationierung des
8. Rheinischen Kürassier-Regiments in der neuen Kaserne in Deutz 1850 wird jedoch
dazu beigetragen haben, das Sicherheitsbedürfnis der Regierung zu befriedigen.
Doch es gab kaum noch Anlass zur Sorge: Nach der Rückkehr aus dem Deutschen
Krieg 1866 und dem Deutsch-Französischen Krieg 1871 wurden die heimkehrenden
Soldaten in Köln frenetisch gefeiert. Die verbesserte Sicherheitslage und der geplante Umbau des Heumarkts besiegelten das Schicksal der Hauptwache am Heumarkt:
1877 wurde sie niedergelegt.

Archäologische Funde:
Pfeifenköpfe, Glas und Keramik
aus der Latrine der preußischen
Hauptwache – Römisch-Germa-
nisches Museum/Rheinisches
Bildarchiv

Literatur
Aten, Bente, Kempken, Lotter
und Merse 1997, S. 345–404;
Aten, Befunde 2001, S. 621–700;
Hachenberg 1997; Kramp 2011,
S. 115–119; Turck 2010, S. 328–341.

Unveröffentlichte Quellen
Landesarchiv NRW, BR 0009,
Nr. 1205; Historisches Archiv der
Stadt Köln, Bestand 400, Nr. 3199.

DER »ROTE« HEUMARKT
KARL MARX, ROBERT BLUM UND DER RHEINISCHE LIBERALISMUS
JÜRGEN HERRES

»Die Kölner sind keine Pariser, aber sie sind näher bei Paris, als bei Berlin.« Sie »verfechten ihr Recht, sie stehn den armen Leuten bei, sie lassen den Katholicismus flott werden und erinnern sich der Zeit, als Köln zur französischen Republik gehörte«, begeisterte sich der republikanische Schriftsteller Arnold Ruge 1843 auf seiner Fahrt über Köln nach Paris, wo er gemeinsam mit Karl Marx die »Deutsch-Französischen Jahrbücher« herausgeben wollte, von denen jedoch nur ein Heft erschien. Obwohl »keine Revolutionshelden«, würden die Kölner es wagen, »unter dem weiß und schwarzen Leichentuch Preußens« zu »existiren«. Damit bezog sich Ruge auf eine spektakuläre Dampferfahrt nach Düsseldorf, die mehr als eintausend Kölner spontan als Demonstration gegen eine von Berlin geplante Strafrechtsreform unternommen hatten.

Zwischen 1794 und 1814 hatten die französischen Revolutionstruppen und Napoleon I. die katholische Reichsstadt Köln, die im 18. Jahrhundert als Musterbeispiel selbstverschuldeter Rückständigkeit galt, in die Moderne katapultiert, den Adel abgeschafft, die katholische Kirche säkularisiert, Gewerbefreiheit sowie das französische Rechts- und Gerichtssystem eingeführt. Nach 1815 entwickelte sich in Auseinandersetzung mit dem agrarisch geprägten, protestantischen Preußen ein rheinischer Rechts- und Verfassungsliberalismus. Noch in hohem Alter erinnerte sich Bismarck, wie »widerlich« er als junger Adeliger das Auftreten des »rheinisch-französischen Liberalismus« empfunden habe.

Unübersehbar erinnert das Reiterdenkmal für den Hohenzollernkönig Friedrich Wilhelm III. auf dem Heumarkt heute noch an den Beginn der preußischen Herrschaft am Rhein. Eher unscheinbar dagegen sind die beiden Tafeln, die auf die »rote« Geschichte des Heumarkts aufmerksam machen: Die eine Tafel ist der

»Vaterländisches Gesellschaftsspiel«
Auf spielerische Art und Weise lässt sich das Leben von Robert Blum, hier seine Kindheit, nachempfinden; Theodor Völcker, Farblithografie (Ausschnitt), nach 1848 – Kölnisches Stadtmuseum/Rheinisches Bildarchiv

Eine Gedenktafel am Heumarkt Nr. 65
erinnert heute an den ehemaligen Sitz der Redaktionsräume der Neuen Rheinischen Zeitung – Foto Rheinisches Bildarchiv

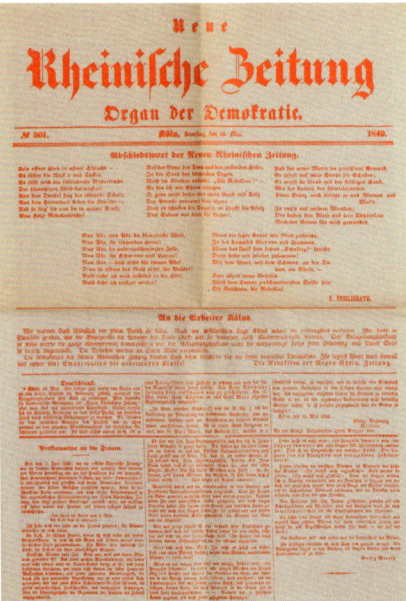

156

1848/49 hier von Karl Marx herausgegebenen Neuen Rheinische Zeitung gewidmet, die andere dem in Köln geborenen und 1848 in Wien hingerichteten Demokraten Robert Blum. Das 1727/30 auf dem Heumarkt errichtete Börsengebäude, ein schmuckes Rokokohaus, existiert allerdings nicht mehr – es war 1843 Ausgangspunkt der erwähnten Demonstration des rheinischen Liberalismus.

Zu den konstituierenden Besonderheiten der rheinisch-preußischen Geschichte im 19. Jahrhundert gehört die Tatsache, dass am Rhein das von Frankreich übernommene Rechts- und Gerichtssystem auch nach der preußischen Besitznahme 1815 weiter galt, der Code Civil sogar bis 1900, bis zur Einführung des Bürgerlichen Gesetzbuches (BGB). Dadurch war Preußen nicht nur ein Staat in zwei Hälften, sondern war auch ein Staat mit zwei Rechtssystemen, dem Allgemeinen Landrecht und dem von Frankreich übernommenen Recht, bald Rheinisches Recht genannt. Die Stadt Köln wurde als Sitz eines der bedeutendsten Gerichtshöfe in Deutschland, des Rheinischen Appellationsgerichtshofes, an den heute noch eine Straßenbezeichnung erinnert, eine wichtige Gerichtsstadt. Während am Rhein mit Laien besetzte Geschworenengerichte öffentlich Recht sprachen, entschieden im übrigen Preußen allein Beamtenrichter unter Ausschluss der Öffentlichkeit.

Als Berlin 1843 eine Vereinheitlichung des preußischen Strafrechts durchsetzen wollte, formierte sich in der Rheinprovinz Widerstand, nicht zuletzt gegen die beabsichtigte Einführung der Prügelstrafe, die im übrigen Preußen als Kriminal- und

Die letzte Ausgabe der Neuen Rheinischen Zeitung vom 19. Mai 1849 ließen Karl Marx und seine Redaktion bewusst in Rot drucken, weshalb sie den Namen die »Rote Nummer« bekam; Papier, 1849 – Kölnisches Stadtmuseum/Rheinisches Bildarchiv

Der junge Karl Marx zu seiner Zeit als Student der Rechtswissenschaften und Kameralistik in Bonn 1836; Postkarte nach einer Zeichnung, 1977 – Deutsches Historisches Museum Berlin, Foto Indra Desnica

Polizeistrafe Geltung hatte. In einem beliebten Kölner Witz hieß es, die preußischen
Farben seien »künftig nicht mehr schwarz und weiß, sondern braun und blau«.

Im Juni 1843 schloss sich der in Düsseldorf tagende rheinische Provinzialland-
tag, ein beratendes Gremium ohne parlamentarische Kompetenzen, den Protesten
an und sprach sich einstimmig gegen den Gesetzentwurf der Regierung aus. Kaum
war dies in Köln bekannt geworden, versammelten sich 600 Kölner in der Börse auf
dem Heumarkt. Innerhalb von sechs Stunden wurden zwei Dampfboote organisiert,
um die Kölner »dichtgedrängt, Kopf an Kopf« nach Düsseldorf zu fahren und den
Abgeordneten zu danken. »Köln ist unsere wahrhafte Metropole«, wurden sie dort
feierlich begrüßt. »Köln verdient, uns voran zu gehen, wir erkennen ihm diesen Beruf
gern und ohne Neid zu.« In einer dem Landtag überreichten Dankadresse hieß es:
»Die höchsten Güter des Bürgers, das Recht gesetzlicher Gleichheit, das Recht des
eigenen Rechtsprechens, das Rechtsbewußtsein des Volkes sind gewahrt!«, »Fackeln,
Toaste, Aufzüge ohne alle Erlaubniß, ohne alle Polizei! unerhört«, schrieb Arnold Ruge
beeindruckt. Ein zeitweise aus Berlin nach Köln versetzter Regierungsbeamter sah »das
in der Tat ungewöhnliche Talent« der Kölner bestätigt, innerhalb kurzer Zeit »Demonstrationen aller Art« arrangieren zu können. Zuerst umstritten, wurde das Geschwo-
renengericht nach 1848 Bestandteil der preußischen Gerichtsverfassung. 1852 fand
als letzter großer politischer Geschworenenprozess der Kölner Kommunistenprozess
statt, in den auch Karl Marx, der damals in London lebte, indirekt verwickelt war.

Ein Ereignis mit internationaler Wahrnehmung
Selbst die englische Zeitung The Illustrated London News
berichtet von der Erstürmung des Heumarkts am 4. August 1846 –
aus: Werner Schäfke (Hg.): Der Name der Freiheit. 1288–1988, Köln 1988, S. 540

Die 1840er Jahre waren nicht nur politisch unruhige, sondern auch hungrige Jahre. 1846 eskalierten in Köln die Spannungen. Am 3./4. August kam es während der Martins- oder Brigittenkirmes auf dem Alter Markt zu gewaltsamen Auseinandersetzungen, nachdem Jugendliche Beamte beschimpft und Feuerwerkskörper gezündet hatten. Polizei und Militär drängten die feiernden Menschen zurück. Der Fassbindergeselle Heinrich Statz starb; er war zuerst von Gendarmen mit Säbelhieben und dann von einem Soldaten durch einen Bajonettstich in den Unterleib schwer verletzt worden. Seine Beerdigung wurde zu einer Demonstration städtischer Einheit. Ein »aus mindestens 5–6000 Bürgern bestehende[r] Trauerzug« zog zu dem damals außerhalb der Stadtgrenze gelegenen Friedhof Melaten.

Innerhalb weniger Wochen begann 1848 mit der Pariser Februarrevolution eine Serie von Aufständen, die die Throne fast aller europäischen Herrscher zum Wanken brachten. Köln wurde zum Kommunikationszentrum der rheinischen Revolutionsbewegungen. Neben der liberalen Kölnischen Zeitung mit einer Auflage von fast 20 000 Exemplaren wurde im Juni auf Aktienbasis die Neue Rheinische Zeitung als »Organ der Demokratie« ins Leben gerufen. Ein knappes Jahr lang leitete Karl Marx die Zeitung als Chefredakteur, unterstützt von Friedrich Engels. Als einziger demokratischer, letztlich republikanischer Zeitung gelang es der »Neuen Rheinischen«, sich in der Revolution als große gesamtdeutsche Tageszeitung mit einer Auflage von 5000 bis 6000 Exemplaren zu etablieren, die auch im Ausland wahrgenommen wurde. Die

Flammende Reden
hielt Robert Blum als Abgeordneter im Parlament in der Frankfurter Paulskirche;
Ludwig von Elliott (Zeichner), Eduard Gustav May (Lithograf), handkolorierte Lithografie, 1848 –
Kölnisches Stadtmuseum/Rheinisches Bildarchiv

letzte Ausgabe vom 19. Mai 1849 wurde vollständig in Rot gedruckt. Ab Nummer 88 vom 29. August 1848 befanden sich die Redaktionsräume Unter Hutmacher 17, heute Heumarkt 65; dort wurde die Zeitung in der Druckerei von Johann Wilhelm Dietz auch hergestellt.

Zu den populärsten deutschen Politikern zählte 1848 der 1807 als Sohn eines Fassbinders am Fischmarkt im Heumarktviertel geborene Robert Blum. Ohne abgeschlossene Schulausbildung und nach mehreren abgebrochenen Handwerkslehren hatte er sich autodidaktisch weitergebildet und sich in Leipzig als Publizist und Führer der sächsischen Opposition einen Namen gemacht. 1848 setzte er sich als Mitglied der in der Frankfurter Paulskirche tagenden deutschen Nationalversammlung für die Einführung einer demokratischen Republik ein. Während der Wiener Oktoberrevolution reiste er in die vom Militär belagerte österreichische Hauptstadt, um der aufständischen Bevölkerung eine Sympathieadresse zu überbringen. Nachdem Fürst Windischgrätz Wien eingenommen hatte, wurde Blum – trotz Abgeordnetenimmunität – zum Tode verurteilt und standrechtlich erschossen. In Köln war die Empörung groß. In der Minoritenkirche fand ein Trauergottesdienst statt. In der Neuen Rheinischen Zeitung vom 18. November feierte der Dichter Ferdinand Freiligrath Blum als »Tonnenbinders Knaben«, der seiner »treu[en] Vaterstadt« Ehre gebracht habe. Den Reaktionären rief er zu: »Weh' Allen, denen schuldlos Blut klebt an den Henkerhänden!«

Robert Blum
auf dem Außenschuber des »Vaterländischen Gesellschaftsspiels« – Kölnisches Stadtmuseum/Rheinisches Bildarchiv

Robert Blums Ende
Vor den Toren Wiens wird Robert Blum unter Missachtung seiner parlamentarischen Immunität am 9. November 1848 von einem österreichischen Erschießungskommando ermordet; Eduard Gustav May, Farblithografie, 1848 – Kölnisches Stadtmuseum/Rheinisches Bildarchiv

Literatur
Herres 2012; Maentel 1998, S. 134–145; Melis 2012; Ruge 1846.

VIII

KÖLN SUCHT DAS SUPER-DENKMAL
WETTBEWERBSENTWÜRFE FÜR DAS REITERDENKMAL
JOHANNA CREMER UND JENNIFER KIRCHHOFF

Im Zentrum des Heumarkts erhebt sich ein schlanker Turm, besetzt mit steinernen Figuren. Aus einer Nische hoch oben blickt der preußische König Friedrich Wilhelm III. über die Stadt Köln. So oder so ähnlich hätte es aussehen können, wäre der Entwurf von Christian Mohr für das Denkmal anlässlich des 50. Jahrestages der Zugehörigkeit des Rheinlands zu Preußen realisiert worden.

Doch es kam anders – denn der Weg zu einem der bedeutendsten Denkmäler der Rheinprovinz war lang und beschwerlich. Christian Mohr war Teilnehmer eines ersten von zwei Wettbewerben, der 1860 für die Gestaltung dieses Prestigeprojektes ausgeschrieben worden war. 1855 hatte sich der Kölner Oberbürgermeister Hermann Josef Stupp noch inoffiziell um eine Direktvergabe bemüht – an keinen Geringeren als an Gustav Blaeser. Sein damaliger nur auf einer fotografierten Zeichnung überlieferter Vorschlag ähnelte durch den zweigeschossigen Sockel mit Eckfiguren bereits seinem später realisierten Denkmal – doch nicht auf dem Heumarkt, sondern auf dem Frankenplatz, vis-à-vis zur neuen Dombrücke, sollte Friedrich Wilhelm III. hoch zu Ross über den Rhein blicken.

Im Gegensatz zum lange ungeklärten Standort war eine Reiterfigur des Königs von Beginn an Bestandteil der Planungen durch das Kölner Denkmal-Komitee. Die besondere künstlerische Herausforderung bestand jedoch in der Verbindung zwischen monarchischem und bürgerlichem Denkmal. Wie Gustav Blaeser diese Aufgabe löste, lässt sich anhand der Zeichnung nicht beurteilen. Sein Entwurf für den Frankenplatz kam nie zur Ausführung, zumal das Projekt zum Politikum zwischen propreußischen Liberalen und preußenkritischen Konservativen aus dem katholischen Zentrum wurde.

Der Kölner Regierungspräsident Eduard von Moeller trieb die Planungen dennoch voran. Nach den Absagen von zwei Altmeistern der Bildhauerkunst, Christian Daniel Rauch und Ernst Rietschel, wurde am 11. Dezember 1860 ein offener Wettbewerb ausgelobt. Die Ausschreibung legte den Künstlern nicht nur eine Reiterfigur für die Darstellung des Königs nahe, es gab auch sehr genaue Vorgaben für das weitere Bildprogramm: Im Sinne eines idealisierenden Realismus sollten keine Allegorien,

Im Gegensatz zu seinen Bildhauerkonkurrenten
reichte Christian Mohr im ersten Wettbewerb nicht eine Reiterstatue, sondern ein Standbild des Königs ein; Friedrich Kramer, Fotografie, 1861 – Kölnisches Stadtmuseum/Rheinisches Bildarchiv

162

sondern konkrete Begebenheiten und Persönlichkeiten gezeigt werden, die sich um den Sieg über Napoleon 1815 ebenso wie um das preußische Rheinland verdient gemacht hatten. Ein konkreter Aufstellungsort war hingegen nicht vorgeschrieben.

Insgesamt 13 Teilnehmer reichten bis zum 1. Januar 1862 ihre auf zwei Fuß (ca. 63 Zentimeter) begrenzten Modelle ein, über die eine 15-köpfige Jury urteilen sollte. Aus diesem ersten Wettbewerb haben sich bedauerlicherweise nur die historischen Fotografien von Friedrich Kramer sowie der »Katalog der Modelle«[1] erhalten. Obwohl die durch den Ausschreibungstext festgelegten Inhalte des Denkmalprogramms wenig Spielraum ließen, dokumentieren die Entwürfe doch eine Vielfalt bildhauerischer Ansätze und zugleich die Suche des 19. Jahrhunderts nach einer denkmalgerechten Formensprache zwischen Klassizismus, Realismus und Historismus.

Bei dem Wettbewerb in großer Anzahl vertreten waren mit Gustav Blaeser, Johann Friedrich Drake, Hermann Heidel, Julius Franz, Theodor Kalide, Karl Möller, Hermann Schievelbein und August Wredow die an der Spree wirkenden Künstler und Schüler Christian Daniel Rauchs, zu denen auch der nun in Weimar tätige Reinhold Begas gehörte. Neben dem in Köln an der Dombauhütte wirkenden Christian Mohr gehörten Carl Cauer aus Kreuznach, der Aachener Michael Breuer und Caspar Zumbusch aus München zu den Teilnehmern des ersten Wettbewerbs.

Die Mehrheit der Bildhauer wählte, wie vom Denkmal-Komitee gefordert, ein freistehendes Standbild Friedrich Wilhelms III. in zeitgenössischem Kostüm zu Pferd.

Gustav Blaesers erster Entwurf
des Reiterdenkmals von 1855, mittig auf dem Frankenplatz gegenüber der Dombrücke;
Fotografie einer aquarellierten Zeichnung von M. Michels (Fotograf unbekannt), 1855 –
unbekannter Privatbesitz, Foto Rheinisches Bildarchiv

In der Nachfolge des von Rauch entworfenen klassizistischen Reiterdenkmals für Friedrich II. von Preußen, welches 1861 Unter den Linden in Berlin enthüllt worden war, platzierten sie ihre Reiterentwürfe auf mehrgeschossigen Kastenpostamenten. Ganz in der Tradition Rauchs rückte dabei der Sockel unter dem Herrscherdenkmal ins Zentrum der künstlerischen Ausschmückung. Er sollte mit Relieftafeln und figürlichen Friesen sowie in der zentralen Zone mit Einzelstatuen und Figurengruppen vor den verstärkten Ecken unterschiedlich reich ausgestattet werden. Zwei der Wettbewerbsteilnehmer wichen von diesem Aufbau ab: Johann Friedrich Drake lagerte den Schmalseiten breite Postamente für eine vollplastische Quadriga und eine Gefechtsszene vor, während Gustav Blaeser dicht gedrängt einen Reigen von Statuen über die gesamte Etage gruppierte. Michael Breuer war der einzige Mitbewerber, der entgegen dem Rauch-Schema von Hoch- und Eckfiguren am Sockel absah und die plastische Ausstattung auf Relieftafeln reduzierte.

Neben den zwölf eingereichten Reiterstatuen entschied sich allein Christian Mohr für ein Standbild des Königs innerhalb einer Pfeilerarchitektur. In Anlehnung an die Igeler Säule an der Mosel entwarf er einen viergeschossigen ersteigbaren Aussichtsturm mit mehr als 130 Figuren, an dessen Stirnseite er das Herrscherstandbild positionierte. Obwohl es keinen konkreten Aufstellungsort zu berücksichtigen galt, schlug Mohr das westliche Ende des Neumarktes vor der Kulisse von St. Aposteln als Standort vor.

Die größten Kontroversen innerhalb der Jury löste Reinhold Begas aus, der mit seinem Entwurf von dem üblichen Denkmaltypus abwich und ein Monument mit barocken Allegorien vorschlug. Im Gegensatz zu dem Großteil seiner Mitstreiter der Rauch-Schule platzierte Begas seinen reitenden Friedrich Wilhelm III. auf einem niedrigen Kastensockel, der über einer mehrstufigen Treppenanlage mit vier von

Ganz in der Tradition Rauchs
ähnelt Gustav Blaesers Wettbewerbsmodell seinem später realisierten Denkmalentwurf; Friedrich Kramer, Fotografie, 1861 – Kölnisches Stadtmuseum/Rheinisches Bildarchiv

Der neubarocke Siegerentwurf von Reinhold Begas
aus dem ersten Wettbewerb sorgte in der Jury für Kontroversen; Friedrich Kramer, Fotografie, 1861 – Kölnisches Stadtmuseum/ Rheinisches Bildarchiv

164

Löwen besetzten Ecken aufragte. Durch die Minderung der Postamenthöhe rückte er den lorbeerbekrönten König im Krönungsmantel und mit Feldherrnstab ins Blickfeld der Betrachtung. In Anlehnung an Michelangelo und das von Andreas Schlüter geschaffene barocke Reiterstandbild des Großen Kurfürsten in Berlin flankierten den einstöckigen Sockel nackte, athletische Personifikationen der acht preußischen Provinzen.

Auch die Entwürfe August Wredows und Johann Friedrich Drakes ließen Ansätze einer barocken Formensprache erkennen. Wredows Reiterstatue stand auf einem ovalen Postament, um das er voluminöse, stark bewegte Idealplastiken gruppierte, während Drake als einziger unter den Kontrahenten den Monarchen im barocken Stil auf einem steigenden Pferd thronen ließ.

Reinhold Begas gewann den Wettbewerb. Sein Modell stand im deutlichen Kontrast zu den spätklassizistischen realistischen Entwürfen seiner Mitstreiter, die nur vereinzelt Weiterentwicklungen bestehender Typen und Formen boten. Dies war ein deutlicher Wechsel von der spätklassizistischen Monumentalkunst zum Neubarock und damit zum Denkmalstil der nächsten Generation. Wäre der Entwurf realisiert worden, so hätte sein Kölner Reiterdenkmal den Durchbruch eines »rauch-freien«, sinnlich-naturalistischen Stils markiert und wäre wegweisend für die Denkmalplastik in der zweiten Hälfte des 19. Jahrhunderts geworden.

Die Meinungsverschiedenheiten innerhalb der Jury sowie die mangelnde Bereitschaft des Denkmal-Komitees zu einer eigenen Entscheidung verhinderten jedoch die Ausführung des Siegerentwurfes von Reinhold Begas. Das Komitee

August Wredows Wettbewerbsbeitrag zeigte
keine realen Persönlichkeiten, stattdessen bevölkern voluminöse allegorische Standbilder den Sockel; Friedrich Kramer, Fotografie, 1861 – Kölnisches Stadtmuseum/Rheinisches Bildarchiv

Das Modell Johann Friedrich Drakes
mit der Schwadow'schen Quadriga (1789–1794) vom Brandenburger Tor an der Schmalseite, ergänzt durch die Borussia als Personifikation der Rheinlande; Friedrich Kramer, Fotografie, 1861 – Kölnisches Stadtmuseum/Rheinisches Bildarchiv

AUF DEM WEG ZUR MODERNEN GROSSSTADT

schreckte vor ausgefallenen Lösungen zurück, obwohl es zugleich die Uniformität vieler Entwürfe kritisierte. Den einzigen Ausweg sah man im Dezember 1862 in einer erneuten Ausschreibung, die nun auf genauere Vorgaben verzichtete – und damit zum Scheitern verurteilt war: Keiner der Entwürfe, die bis auf eine Ausnahme nicht überliefert sind, entsprach den programmatischen Ansprüchen.

Im Mai 1864 entschied man sich doch für Gustav Blaeser, der das Denkmal in Zusammenarbeit mit Hermann Schievelbein realisieren sollte. Mit der Wahl des Rheinländers Blaeser entsprach man auch dem früheren Ratschlag Ernst Rietschels: »Cöln würde sich an dem Werke seines Landsmannes erfreuen dürfen.«[2] Bis zur Enthüllung des Denkmals am 26. September 1878 wurde die Geduld der Kölner jedoch noch auf eine harte Probe gestellt.

Der Gemeinschaftsentwurf
von Bernhard Kolscher, Gustav Graef und Rudolf Siemering zeigt das Standbild des Königs in gotisierender Pfeilerarchitektur auf dem Neumarkt; Bernhard Kolscher, aquarellierte Zeichnung, 1863 – bpk/Kunstbibliothek, Staatliche Museen zu Berlin, Foto Dietmar Katz

Literatur
Beines, Lexikon 2004, S. 251–301; Benner 2003; Katalog 1862; Katalog 1864; Puls 2004, S. 74–159; Sünderhauf 2010.

Unveröffentlichte Quellen
HAStK, Best. 891/21, Bl. 15; Abt. 1141, Nr. 5.

HOCH ZU ROSS
DAS KÖNIGSDENKMAL AUF DEM HEUMARKT

JOHANNES RALF BEINES

Das benachbarte Düsseldorf war Residenzstadt und hatte von daher Erfahrung mit der Errichtung von Herrscherdenkmälern, so beispielsweise des Reiterdenkmals »Kurfürst Johann Wilhelm II.« aus Bronze nach dem Entwurf von Hofbildhauer Gabriel de Grupello, das bis heute recht wirkungsvoll den Marktplatz beherrscht. Im bürgerlichen Köln gab es naturgemäß solche Denkmäler nicht. Auch mangelte es hier an repräsentativ gestalteten Plätzen; die wenigen, die es im Stadtbild gab, waren in erster Linie reine Marktplätze. Also sollten die Politiker und Bewohner Kölns in der Planung eines Denkmals für Friedrich Wilhelm III. zwei Fragen noch intensiv beschäftigen: die von Form und bildlichem Inhalt des Monuments sowie die des Standorts.

Es begann recht harmlos mit dem Aufruf des liberal-katholischen Kölner Oberbürgermeisters Hermann Joseph Stupp zur Errichtung eines Denkmals zum 50-jährigen Jubiläum am 17. Juni 1855 anlässlich der Inbesitznahme der Rheinlande durch Preußen. Bereits zweieinhalb Monate zuvor hatte der Kölner Architekt Joseph Felten den Bildhauer Gustav Blaeser in seinem Berliner Atelier aufgesucht und ein Vorgespräch über das geplante Denkmal geführt. Blaeser, der in Düsseldorf geboren, aber als Kleinkind mit der Familie nach Köln gezogen war, hatte hier seine Grundausbildung als Bildhauer und schließlich ab 1834 an der Berliner Kunstakademie als Schüler von Christian Daniel Rauch seinen Feinschliff erhalten. In Köln jedenfalls galt Blaeser schlicht als »Kölner Bildhauer«, den Felten und auch der Kölner Oberbürgermeister am liebsten sofort, d. h. freihändig, mit der Ausführung des Denkmals beauftragt hätten. Zumal Blaeser unter seinem Lehrherrn in Berlin zwischen 1839 und 1842 u. a. am Reiterdenkmal »König Friedrich der Große«, das Vorbild für viele spätere Herrscherdenkmäler in Preußen werden sollte, hinlänglich hatte Erfahrungen sammeln können.

Das Kölner Denkmal am Heumarkt
mit der monumentalen Reiterstatue Friedrich Wilhelms III.;
Richard Brend'amour (Holzschnitt), Wilhelm Gause (Zeichnung),
Holzstich, 1878 – Kölnisches Stadtmuseum/Rheinisches Bildarchiv

Der mit der Ausführung betraute Bildhauer
Gustav Blaeser (1813–1874) erlebte die
Vollendung des Denkmals 1878 nicht mehr;
Julius Schrader, Öl auf Leinwand, 1871 –
Kölnisches Stadtmuseum/Rheinisches
Bildarchiv

Spätestens im August legte Blaeser Skizzen und Bozzetti zum Denkmal vor, die dann vom Ersten Beigeordneten der Stadt Köln, Johann Jacob Rennen, in Berlin besichtigt werden konnten. Im November 1855 reiste Blaeser nach Köln und zeigte im Rahmen einer kleinen Ausstellung im Rathaus das Modell des Reiterdenkmals »König Friedrich Wilhelm III.«, das er 1853/54 für Breslau konzipiert hatte, und eine in Gips modellierte Studie für das Kölner Denkmal. Bereits zu Beginn der Denkmal-Diskussion ging man offenbar davon aus, dass es sich um ein Reiterdenkmal (Friedrich Wilhelm III. mit Krönungsmantel und Szepter) handeln sollte, zusätzlich bestückt mit flankierenden Skulpturen und Reliefs zur Geschichte Preußens und der Rheinlande in den letzten 50 Jahren.

Schnell wurde in Köln ein »Denkmal-Komitee« gegründet mit dem Oberbürgermeister an der Spitze. Den eifrigen Befürwortern des Denkmals – vom Regierungspräsidenten bis hin zum König – stellte sich jedoch alsbald eine ernstzunehmende Opposition entgegen. Am deutlichsten erhob im Dezember 1856 der Kölner Kardinal Johannes von Geissel seine Stimme gegen das Denkmalprojekt. Er äußerte die Befürchtung, es könne inhaltlich zum antikatholischen Propagandaakt degenerieren. Angesichts der geringen Beteiligung von Katholiken und des früher vom Regierenden Oberbürgermeister gezeigten Engagements in der anwaltlichen Vertretung der katholischen Splittergruppe der »Hermesianer« gegen die Amtskirche sah Geissel das von ihm befürchtete Problem vorprogrammiert. Auf eher sanfte Weise sollte die Initiative für das Denkmal verhindert, statt eines Denkmals anlässlich des Jubiläums ein soziales Institut gegründet werden. Auch August Reichensperger, engagierter Vorsitzender des Kölner Central-Dombauvereins, reihte sich in die Riege der

Heumarkt oder Neumarkt?
Lange blieb die Standortfrage ungelöst; wie das Denkmal auf dem Neumarkt ausgesehen hätte, zeigt diese Fotomontage des Denkmalentwurfs von Gustav Blaeser und Hermann Schievelbein; Löscher & Petsch, Fotomontage, 1865 – Kölnisches Stadtmuseum/Rheinisches Bildarchiv

Denkmalgegner ein, indem er forderte, dass ein wie auch immer geplantes Denkmal weniger ein persönliches für den preußischen König, sondern ein allgemein landesgeschichtliches werden solle. Der Neffe des Kölner Kaufmanns und Kunstsammlers Sulpiz Boisserée, der in Zürich lebende Christian Boisserée, sah es offenbar ähnlich und sandte unaufgefordert einen Entwurf zu einem ikonografisch eher unverbindlichen »Triumphbogen«, der aber unberücksichtigt verschwand.

Während die Denkmal-Angelegenheit in Köln nicht weiterkam und Blaeser erst einmal vergeblich der Auftragserteilung entgegensah, war man bei einem entsprechenden Projekt in Berlin schneller: König Friedrich Wilhelm IV. betrieb mit großem Engagement die Errichtung eines Denkmals für seinen Vater mit einem »Piedesthal von Bronce und Granit«. Vorgesehen war es für die Vorderseite der Nationalgalerie in Berlin. Zügig wurde am 15. März 1860 ein Wettbewerb ausgeschrieben und schon kurz darauf konnten die eingesandten Modelle besichtigt werden. Unter den neugierigen Besuchern fand sich auch eine Delegation aus Köln, die sich in Dresden, Weimar, Leipzig und schließlich in Berlin in Bildhauerateliers (darunter auch bei Blaeser) in Hinblick auf das Kölner Projekt sachkundig machen wollte. Man kam zu dem Ergebnis, einen Wettbewerb nach dem Berliner Vorbild auszurichten. Allerdings sollte sich dieser nicht auf Preußen beschränken, wie von Rauch (Berlin) und Rietschel (Dresden) vorgeschlagen, sondern auf alle deutschen Länder ausgedehnt werden. Nach der Vorstellung des Kölner Komitees sollte der Wettbewerb nicht freihändig, sondern »handverlesen« durchgeführt werden.

Am 11. Dezember 1860 wurde der Wettbewerb bekanntgegeben, eine Woche später standen die Adressaten des Teilnehmerkreises fest. Fast die Hälfte der ange-

Alternativer Standort?
Hier wird das Reiterdenkmal im Norden des Heumarkts dargestellt, wo 1877 die
preußische Hauptwache niedergelegt wurde; Kopie nach Ludwig Lange, Lithografie, um 1880 –
Kölnisches Stadtmuseum/Rheinisches Bildarchiv

170

schriebenen Bildhauer arbeitete in Berlin, ausgebildet von dem mächtigen »Über-
vater« der Bildhauerklasse der Akademie – Daniel Christian Rauch. Dazu kamen vier
Dresdner Bildhauer, zwei Münchener, ein Wiener und mehrere »Deutschrömer«.
Als Kölner und damit als Beruhigung für die immer noch aufgebrachten katholischen Gemüter nahm der Dombildhauer Christian Mohr am Wettbewerb teil. Als
abschließender Einlieferungstermin für die Entwürfe wurde der 1. Januar 1862
bestimmt.

Nach zwei Wettbewerben trugen die Befürworter des von Rauch geprägten
gemäßigten Spätklassizismus den Sieg davon – der von ihnen von Anbeginn an
favorisierte Gustav Blaeser erhielt einen ersten Preis, ein weiterer erster Preis ging
an einen anderen Rauch-Schüler, Hermann Schievelbein. Am 23. Mai 1864 beschloss
der »Verwaltungs-Ausschuss für das Königsdenkmal« den Reiter an Blaeser und
die flankierenden Skulpturen samt Reliefs an Schievelbein zu vergeben. Bereits am
8. November desselben Jahres konnten beide Bildhauer den ersten gemeinsamen
Entwurf nach Köln liefern. Normalerweise kann angenommen werden, dass nun ein
Status erreicht war, dem lediglich das technische Procedere als Abschluss folgte.
Doch weit gefehlt: Der kölsche Krimi sollte noch zur Hochform auflaufen.

Da war zunächst die ungeklärte Platzfrage. Vor und während der beiden Wett-
bewerbe tauchten unterschiedliche Vorschläge auf: Heumarkt, in der Mitte oder an
der Seite des Neumarktes. Der Heumarkt wurde als zu klein empfunden und gegen
jedwede Einschränkung auf dem Neumarkt wehrte sich mit aller Entschiedenheit die
Militärbehörde, die ihn ungeschmälert als Exerzierplatz nutzen wollte. Der Heumarkt
als Vorschlag des ortskundigen Blaeser im März 1865 – einen Monat zuvor war mit

Eintrittskarte zur Grundsteinlegung des Denkmals
am 50. Jahrestag der Vereinigung des Rheinlandes mit
Preußen (16.5.1865); der auf der Karte wiedergegebene
Sockelentwurf Hermann Schievelbeins wurde nie realisiert;
Weber & Deckers, Farblithografie, 1865 – Kölnisches
Stadtmuseum/Rheinisches Bildarchiv

Auch das preußische Königspaar
war unter einem großen Baldachin mit Krone bei
der feierlichen Grundsteinlegung anwesend;
E. Hartmann, Holzstich, 1865 – Kölnisches Stadt-
museum/Rheinisches Bildarchiv

den Bildhauern der Ausführungsvertrag abgeschlossen worden – fand schließlich die Unterstützung des Königs und so blieb es dabei.

Ein weiterer wichtiger Schritt war der bildliche Inhalt des Reiters, seiner Begleitfiguren und der Reliefs am Sockel. Besonders Letztere waren für ein »Staatsdenkmal« des 19. Jahrhunderts ungewöhnlich. Sie sollten, und wurden auch so ausgeführt, schwerpunktmäßig bedeutende, fast ausschließlich bürgerliche Persönlichkeiten aus dem rheinischen Kulturleben, der Wissenschaft und – geradezu revolutionär – auch des rheinischen Wirtschaftslebens vorstellen. Beispiellos war bei den Begleitfiguren das Verhältnis von sechs Militärs zu zehn Zivilisten. Nachdem König Wilhelm I. dem Bildprogramm zunächst zugestimmt hatte, sorgte im März 1865 ein königliches Protestschreiben an das Kölner Denkmal-Komitee für Unmut: Darin lehnte der König den Vorschlag Schievelbeins, für Arndt und Körner Vollfiguren vorzusehen, ab – stattdessen sollten sie in Reliefs verbannt werden.

Ungeachtet der nun einsetzenden Diskussion, der man einen gewissen Unterhaltungswert nicht absprechen kann, erfolgte am 16. Mai 1865 die feierliche Grundsteinlegung. Knapp ein Jahr darauf legte Schievelbein ein neues Modell vor, das allerdings den Schönheitsfehler aufwies, dass die vom König beanstandeten »Unpersonen« immer noch als vollwertige Begleitpersonen vorgesehen waren. Um vor weiteren Ausrutschern gefeit zu sein, sandte König Wilhelm 1867 den Kölnern einen neuen Entwurf zu, in dem Arndt und Körner nur noch in Relieform auftraten. Schievelbeins Sturheit in diesem Punkt erledigte sich biologisch mit dem Tod des Künstlers noch im gleichen Jahr. Kurz darauf beauftragten die Kölner Blaeser mit der Herstellung des gesamten Denkmals. Im Herbst stellte er sein neues Modell mit dem

Enthüllung des Reiterdenkmals
am 26. September 1878 auf dem mit Menschen gefüllten Heumarkt im Beisein der kaiserlichen Familie; Johann Heinrich Schönscheidt, Fotografie, 1878 – Kölnisches Stadtmuseum/Rheinisches Bildarchiv

nun regierungskonformen Figurenprogramm vor, das vom König 1868 genehmigt wurde.

Am 17. Februar 1869 erhielt Blaeser endgültig den Auftrag zur Ausführung des nun im Feinschliff entschärften Programms für die Figuren. Blaeser zog jetzt zur zügigeren Bearbeitung des Denkmals nach und nach viele weitere Bildhauer zur Mitarbeit heran, allesamt nähere oder entferntere Schüler von Rauch: Alexander Calandrelli, Johann Friedrich Drake, Rudolf Eckhardt, Karl Schuler, Alexander Tondeur, Rudolf Schweinitz. Bei diesen Künstlern war eine homogene Fortschreibung der Denkmalform ohne größere Eingriffe Blaesers gewährleistet; anders bei Gustav Eberlein, der in der heißen Spätphase der Denkmalgenese am Pferd mitarbeiten durfte – argwöhnisch beobachtet von Blaeser. Dem war nämlich bekannt geworden, dass Eberlein sich nur wenige Jahre zuvor in München durch den neubarock-pathetischen Stil eines Reinhold Begas hatte anstecken lassen.

1872 waren fast alle Arbeiten an den Modellen beendet; bemerkenswerterweise hatten sich statt der vorgesehenen Herren Alvensleben und Hacke unbemerkt die vom König ungeliebten Reformpolitiker Niebuhr und Arndt ins Figurenprogramm geschlichen.

Zwischenzeitlich lag der Entwurf des Berliner Architekten Johann Heinrich Strack zur Architekturform des Sockels vor, dessen Granitteile am 11. Juni 1872 beim renommierten Stein verarbeitenden Betrieb Kessel & Röhl in Auftrag gegeben wurden. Damit sich das Denkmal in städtebaulich manierlichem Habitus auf dem Platz präsentieren konnte, wurde es nicht zuletzt auch aus profanen Schutzgründen als schicklich angesehen, die Denkmalanlage, die zusätzlich mit teppichartig verlegtem

Pfostenfragment vom ursprünglichen Ziergitters des Reiterdenkmals, das bei den Ausgrabungen zutage gefördert werden konnte; Gusseisen, 1878 – Römisch-Germanisches Museum/Rheinisches Bildarchiv

173

Schmuckpflaster versehen war, mit einem Ziergitter zu umgeben. Dieses war ebenfalls von Strack entworfen und durch die Eisengießerei Wilhelmshütte in Seesen am Harz gegossen worden.

Am 26. September 1878 konnte das Denkmal eingeweiht werden, erstmals klanglich begleitet von der »Kaiserglocke« des Doms – auch sie nach langer Entstehungszeit endlich fertiggestellt. Der nicht als glücklich empfundene Klang war ein Sinnbild für die Beziehung zwischen preußischer Staatsregierung und den rheinischen Katholiken in der Spätphase des »Kulturkampfes«. Gustav Blaeser erlebte das nicht mehr – er starb bereits 1874.

Das Königsdenkmal am Heumarkt galt damals als technischer Superlativ: mit dem Gesamtgewicht von 34 850 Kilogramm und der Höhe von 13,5 Metern war es seinerzeit das größte aller bisherigen Reiterstandbilder in Preußen. Die Kosten betrugen stolze 850 000 Mark, eine für die Zeit unglaubliche Summe.

Tischkarte des Banketts im Gürzenich anlässlich der Einweihung des Denkmals; Sal. Oppenheim, Farblithografie, Lichtdruck, 1878 – Kölnisches Stadtmuseum/Rheinisches Bildarchiv

Teilansicht der bronzenen Sockelstatuen an der Südseite des Denkmals: Alexander von Humboldt, Barthold Georg Niebuhr, August Neidhardt von Gneisenau, Ernst Moritz Arndt und Friedrich C. A. von Motz – Foto Rheinisches Bildarchiv

Literatur
Beines, Geis und Krings 2004; Benner 2003; Beseler und Gutschow 1988; Kier 1984, S. 14–20; Puls 1996; Rave 1928, S. 119–155.

STILBRUCH UND REPRÄSENTATION
NICOLAUS AUGUST OTTOS HAUS
AUF DEM HEUMARKT
ULRICH S. SOÉNIUS

Zu den berühmtesten Bewohnern des Heumarkts zählt sicher Nicolaus August Otto (1832–1891), der Erfinder des gleichnamigen Motors. Unter seinem Namen gründete er mit Eugen Langen 1864 ein Unternehmen, aus dem die Motorisierung der Welt hervorging – die heutige Deutz AG. Auch Gottlieb Daimler arbeitete bei Otto und Langen. Bis er nach einem Streit 1882 die Deutz AG verließ, nach Cannstatt zog und dort das Automobil erfand. 1869 kaufte die Deutz AG ein Gelände in Deutz. 1872 wandelten die Inhaber den Firmennamen mit Bezug auf den damals noch selbstständigen Ort in »Gasmotorenfabrik Deutz AG« um. 1876 entwickelte Otto den Viertaktmotor zur Patentreife – das Produkt brachte ihm den Weltruhm. Über 30 000 Motoren dieser Art waren zum 25-jährigen Jubiläum 1889 verkauft worden. Der Erfinder und Unternehmer wohnte in einer Direktorenvilla auf dem Werksgelände, die ihm jedoch mit wachsendem Reichtum nicht mehr genügte: Er wollte mit seiner vielköpfigen Familie repräsentativ in der Stadt wohnen.

1882 kauften Otto und seine Frau Anna geb. Gossi auf dem Heumarkt »zwei an dieser Stelle gestandene Häuser der Familie Cassinoni«[1]. Dabei handelte es sich um die Häuser Geyergasse 1 und Heumarkt 49 (seit einer Neunummerierung Anfang der 1920er Jahre Nr. 43). Die Ortswahl hatte sicher auch mit der Nähe der Deutzer Schiffbrücke zu tun, die von dort leicht zu erreichen war und eine rasche Verbindung zum Motorenwerk herstellte. Die alten Häuser am Heumarkt wurden abgerissen und es entstand ein imposanter Eckneubau, der so gar nicht der Architektur der Umgebung entsprach. War die Westseite des Heumarkts bis zu dieser Zeit geprägt von einfachen Bürgerhäusern, eher klein und bescheiden, bewohnte der berühmte Unternehmer nun fast eine Art Trutzburg. Der Hausbau führte auch zu öffentlichen Diskussionen, die aber verhallten. Erhalten blieb eine zeitgenössische Abschrift der Hausbauurkunde, die in einem Exemplar bei der Grundsteinlegung am 23. Mai 1883

Nikolaus August Otto
mit einem Modell seiner größten Erfindung, dem Viertaktversuchsmotor, im Hintergrund; unbekannter Künstler, Fotolithografie – Kölnisches Stadtmuseum/Rheinisches Bildarchiv

Hausbauurkunde von Nicolaus August Otto
ausgestellt am 25. Mai 1885; zeitgenössische Abschrift – Stiftung Rheinisch-Westfälisches Wirtschaftsarchiv zu Köln

in die Fundamentmauer gelegt worden war. Die dortige Abbildung des Ottoschen Hauses zeigt deutlich den Unterschied zu den nördlichen Nachbarhäusern.

Für den Bau engagierte Otto Franz Schmitz, Architekt und Kirchenbaumeister sowie später Dombaumeister in Straßburg. Die Aufteilung der Räume gab Otto vor – Schmitz entwarf das Haus »der heutigen Architekturrichtung folgend«[2]. Er baute »die Fronten und die inneren Dekors im Style der mittelalterlichen Renaissance unter Einwirkung gothischer Anklänge«[3]. Als Baustoff verwendete er Basaltlava, Mosel-Sandstein und gepresste Ziegel. Unter den genannten Bauhandwerkern findet sich auf der Hausbauurkunde auch der Kölner Bildhauer Wilhelm Albermann. Am Haus ließ Otto ein Relief anbringen, das den Erfinder der Dampfmaschine James Watt zeigte. Im Erdgeschoss waren neben Wohn- und Speisezimmer noch ein Salon und ein Speisesaal eingerichtet. Küche, Bügelzimmer und Spinde befanden sich im hinteren Trakt. In der ersten Etage zum Heumarkt präsentierte Otto seinen gesellschaftlichen Aufstieg und seinen Wohlstand mit einem dreiflügeligen Saal mit Balkon und Erker. Hierher lud die Familie Otto stets Gäste zu den Rosenmontagszügen ein. Hinter dem Saal lagen Arbeits-, Wohnzimmer sowie nur ein Kinderzimmer. Dies war erstaunlich, denn zu Zeiten des Baus hatte das Ehepaar Otto fünf Kinder. Vermutlich waren weitere Wohnräume in der zweiten Etage untergebracht, deren Grundriss auf der Urkunde nicht zu sehen ist. Unter dem Dach wohnte, wie damals üblich, das Personal. Hinter dem Haus lagen ein Hof und daneben, hinter dem Nachbarhaus am Heumarkt, ein Garten mit Rundweg, zu dem einige Stufen hinaufführten.

Otto war Autodidakt, an gesellschaftlichem Umgang nicht interessiert und nicht im Kölner Wirtschaftsbürgertum vernetzt – der Neubau diente neben dem notwendigen Raum für die Familie vor allem der Zurschaustellung des erlangten Reichtums. Lange hat Otto dieses Domizil nicht genießen können. Am 26. Januar 1891 starb er in seinem Haus am Heumarkt. Seine Witwe lebte hier bis zu ihrem Tod 1914, die Erben verkauften es später an die Stadt. Im Zweiten Weltkrieg wurde es schließlich zerstört.

Literatur
Langen 1949; Reuß 1979.

Unveröffentlichte Quellen
Hausbauurkunde.
RWWA 107-F2596.

DIE HAUPTMARKTHALLE
VOM SOZIALEN BRENNPUNKT
ZUM KÜHLKELLER
RITA WAGNER

Traditionell befanden sich die wichtigsten und größten Kölner Lebensmittelmärkte auf dem Alter Markt und dem Heumarkt. Im Laufe des 19. Jahrhunderts wuchs die Bevölkerung rasant an, ohne dass allerdings mehr Platz zur Verfügung gestanden hätte. Ließen sich Märkte für den täglichen Bedarf noch innerhalb der Stadt verteilen, war das für den Großhandel, der hier ebenfalls seinen Standort hatte, nicht möglich. Täglich verstopften Bauernkarren die engen, mittelalterlich geprägten Altstadtstraßen. Hinzu kam ein neues Hygienebewusstsein, befördert durch Neuerungen wie Elektrizität und Kühltechnik. Der Marktinspektor Schneider berichtete, »daß die Zustände auf dem Heumarkte, wo sich in den letzten Jahren ein blühender Großhandel entwickelt habe, ganz unhaltbar geworden seien, und daß ohne die Nachsicht der Königlichen Polizeibehörde, welche mit dem gegenwärtigen Uebergangsstadium rechne, der Markt dort kaum noch aufrecht erhalten werden könne. Es fehle nämlich sowohl an den geeigneten Plätzen für die Aufstapelung der Marktgüter als auch an geeigneten Zugängen; ebensowenig sei ein Standort für das Verpacken der Waren, noch ein solcher für die zahlreichen, hier abfahrenden Fuhrwerke vorhanden. Es bliebe also nur übrig, diesen Markt zu teilen, was aber gleichbedeutend mit dem Niedergange des Großhandels an dieser Stelle sein würde.« Der Beigeordnete Karl Thewalt betonte, es sei wichtig, den Großhandel möglichst bald an einer zentralen Stelle zu bündeln. Ein Mitglied der städtischen Marktkommission äußerte 1899, dass »die Hallen für Käufer und Verkäufer eine große Annehmlichkeit bildeten und in dem Marktwesen einen großen Fortschritt bedeuteten«.

Also beschloss die Stadtverordnetenversammlung, dass Köln eine zentrale Markthalle benötige. Diese sollte einerseits der Nahversorgung dienen, also für Käufer und natürlich Käuferinnen gut erreichbar sein, aber ebenso für die Anbieter aus dem Umland und die Wiederverkäufer,

Markthalle, Heumarkt und Martinsviertel
Dort, wo sich jahrhundertelang ein enges Geviert von Straßen und Gassen befunden hatte, breitet sich seit 1904 der massive Bau der Hauptmarkthalle aus; Junkers Luftbild-Zentrale, Fotografie, 1928 – Kölnisches Stadtmuseum/ Rheinisches Bildarchiv

Figur einer Fischverkäuferin aus der Hauptmarkthalle
Die Kleidung verortet die Fischverkäuferin in die letzten Jahre der Freien Reichsstadt, wo Frauen Fisch nur im Ganzen verkaufen durften; Holz, farbig gefasst, um 1904 – Kölnisches Stadtmuseum/Rheinisches Bildarchiv

die auch aus dem Kölner Einzugsbereich, ja selbst aus Aachen kamen. Man entschied sich für eine traditionell seit Jahrhunderten mit dem Handel verbundene Lage – nämlich am Heumarkt. Direkt am Rhein und neben der Schiffbrücke, mithin auch für die Rechtsrheinischen gut erreichbar, und mit Gleisanschluss an die Köln-Bonner Eisenbahnen, die die Ware aus dem Vorgebirge in die nahe Großstadt brachten.

Das alte Stadtviertel um Sassenhof, Kühgasse, Himmelreich, Paradiesgässchen und Straßburger Gasse war bürgerlichen Kreisen schon lange ein Dorn im Auge. Geprägt von Armut und Rückständigkeit zählte es im touristischen »Hotspot« Altstadt nicht zu den Vorzeigevierteln. Im Rat der Stadt wies der Abgeordnete Brems darauf hin, dass seine »Beschaffenheit den gesundheitlichen Anforderungen nicht entspreche und (...) daß es gut wäre, dort aufzuräumen«. Bauinspektor Schilling erinnerte Ende des Jahres 1900 an die Gründe für die Platzwahl: »Sie gipfelten in der Erkenntnis, daß es an der fraglichen Stelle möglich werde, in möglichster Nähe der bestehenden Hauptmärkte Hand in Hand mit dem Bau der Markthalle durch Niederlegung eines sehr zurückgebliebenen Stadtviertels, das sowohl in öffentlich-gesundheitlicher, wie feuer- und sicherheitspolizeilicher und nicht zuletzt auch in socialer Beziehung zu den ernstesten Bedenken Veranlassung biete, eine erhebliche Verbesserung dieses Quartiers eintreten zu lassen.« Man hielt es für einfacher, das ganze Viertel nieder-

Der Hof des Hauses »Zur fetten Henne« oder »Pfluckfeld«
wurde wie viele Häuser des 16. und 17. Jahrhunderts für den Bau der
Hauptmarkthalle niedergelegt; wenige Jahre später schon wurde der Verlust beklagt;
Wilhelm Scheiner, Aquarell, 1893 – Kölnisches Stadtmuseum/Rheinisches Bildarchiv

zulegen, als es zu sanieren – eine Entscheidung, die schon 20 Jahre später zumindest von Stadtplanern und Architekten bedauert wurde.

1886 hatte man den Markt am Waidmarkt in eine erste Markthalle an der Severinstraße verlegt, die sofort erweitert werden musste. Sie war bei Käufern wie Verkäufern gleichermaßen beliebt, der Erlös der Marktgelder sechsmal höher als auf dem offenen Markt. Ende November 1899 beschloss die Kölner Stadtverordnetenversammlung deshalb, für den Bau einer großen »Central-Markthalle« am Heumarkt die »Erwerbung von 10 050 Quadratmetern größtenteils von Häusern eingenommener Fläche« für 3,2 Millionen Mark. Für Halle, Maschinen und Inventar waren 2,21 Millionen Mark vorgesehen. Natürlich lieferte die Stadtverwaltung den Ratsherren auch Rentabilitätsberechnungen. Bei angenommenen Betriebskosten von 12 Mark je Quadratmeter sollte noch ein jährlicher Zuschuss von 40 000 Mark aus der Stadtkasse nötig sein. 1905 blieben die Einnahmen hinter den Erwartungen zurück. Der Zuschuss betrug 132 853 Mark.

Die Baufrage verzögerte sich, da noch nicht klar war, wie die Rampe der als Ersatz für die Schiffbrücke geplanten Deutzer Brücke verlaufen würde. Im Dezember 1900 konnte man dann endlich mit den Planungen ins Detail gehen. Die Stadtverordnetenversammlung stimmte dem Bauvorhaben am 6. Dezember 1900 einstimmig zu.

Unerwartete Schätze
fand man bei den Abbrucharbeiten, so am Sassenhof 6 diese spätgotische Malerei, die vermutlich eine Wurzel Jesse darstellt: ein Hinweis auf die ursprünglich wohlhabenden Bewohner, die sich solche Pracht leisten konnten; Carl Baedeker, Fotografie, 1901 – Kölnisches Stadtmuseum/Rheinisches Bildarchiv

Nun konnte auch mit dem Abbruch der Häuser begonnen werden. Dabei fand sich u. a. der monumentale Marmorkopf eines Kaisers, aber man entdeckte am Sassenhof auch spätmittelalterliche Wandmalereien, die zunächst ins Kunstgewerbemuseum gelangten. Über etwa zehn Jahre hinweg hatte die Stadt Köln sukzessive die infrage kommenden Grundstücke erworben und gewährte nur noch kurzfristige Mietverträge. Am Ende musste gegen drei Besitzer, die bei der Entschädigung zu hoch gepokert hatten, ein Enteignungsverfahren durchgeführt werden.

Die neue Halle entwarf der Architekt Balduin Schilling (1868–1929), 1897 bis 1905 Stadtbauinspektor in Köln; später wurde er Beigeordneter in Trier und Düsseldorf. An der Fassadengestaltung war der Architekt Otto Müller-Jena (1875–1958) beteiligt. Mit dem Bau der Halle konnte am 3. Februar 1902 begonnen werden. Die Erd- und Fundamentarbeiten waren durch das Grundwasser sehr kompliziert. Der Materialtransport erfolgte durch die Köln-Bonner Eisenbahnen.

Am 1. Dezember 1904 nahm die Halle den Betrieb auf; die feierliche Eröffnung »in Gegenwart der Spitzen der Behörden und eines geladenen Publikums« beging man schon zwei Tage zuvor. Die fertige Halle bedeckte eine Fläche von 7500 Quadratmetern; sie war »mittels eines auf dem Thurnmarkt liegenden Gleises

Abbrucharbeiten am Thurnmarkt
Seit 1900 wurde im Bereich Thurnmarkt, Kühgasse, Straßburgergasse und Auf dem Himmelreich die alte Bebauung für den Neubau der modernen Markthalle abgebrochen; Wilhelm Scheiner, Fotografie (durch ein Astloch), 1902 – Kölnisches Stadtmuseum/Rheinisches Bildarchiv

an die Staatsbahn angeschlossen und mittels dreier auf der Paradiesgasse liegenden Schienen an die Cöln-Bonner-Kreisbahnen und an das städt. Straßenbahnnetz«[1].

Im Kellergeschoss befanden sich die Kühl- und Gefrierräume. Das Erdgeschoss war durch eine 9 Meter breite Straße unterteilt, der größte Teil der Fläche war dem Großhandel vorbehalten. Es gab 41 feste Metzgerstände, 142 für Obst und Gemüse sowie sechs für lebende Fische. Im Erdgeschoss befand sich zudem ein 77 Quadratmeter großer, mit Verkaufstischen versehener Stand für den städtischen »Verkaufsvermittler« (Versteigerer) sowie »Kontore«, die an Großhändler verpachtet waren. In einer Galerie waren zwölf Verkaufsstände für Wild und Geflügel untergebracht, in einer Ecke ein beheizbarer Raum für lebendes Geflügel sowie eine Anliefermöglichkeit von heißem Wasser installiert.

Kurz nach Eröffnung der Halle erwies sich der Personalschlüssel als zu knapp bemes-

Bau der Hauptmarkthalle am Sassenhof
Während im Erdgeschoss Haustein Verwendung fand, wurde die Halle selbst mittels einer Stahlkonstruktion errichtet; Gustav Ruhl-Hauzeur, Fotografie, 1903 – Kölnisches Stadtmuseum/Rheinisches Bildarchiv

sen. Der Marktinspektor, der eigentlich für alle Kölner Märkte zuständig war, hielt sich notgedrungen nur noch in der Hauptmarkthalle auf. Der Hallenbetrieb begann im Sommer um 1 Uhr nachts, im Winter um 4 Uhr und endete um 8 Uhr abends. Die Arbeitsintensität hatte im Vergleich zu den offenen, kürzeren Märkten zugenommen, auch durch die zusätzlichen Räume. Also genehmigte der Stadtrat die Einrichtung der Stelle eines Halleninspektors. Man erhoffte sich von diesem natürlich auch eine bessere Vermarktung der Halle. Er verfügte über ein Jahreseinkommen von 3300–5400 Mark, ein Maschinenmeister erhielt bis 3100 Mark, ein Marktaufseher bis 2060 Mark im Jahr. Arbeiter wurden pro Tag bezahlt (an durchschnittlich 306 Tagen). Ein Fruchtmeister bekam 3 Mark, Hilfsmaschinist, Lampenwärter und Eiszieher 4 Mark täglich, die drei Putzfrauen erhielten 1,60 Mark (und mussten jeden Tag kommen, auch an Sonn- und Feiertagen).

Der Verwaltungsbericht für 1904 vermeldet: »Mit der Inbetriebnahme der Hauptmarkthalle gingen die Wochenmärkte Altermarkt, Heumarkt, Marsplatz, am Rhein und in der Fleischhalle am Heumarkt ein; der Heumarkt bleibt jedoch auch fernerhin für die Zeit des starken Verkehrs Aushülfsmarktplatz für die Hauptmarkthalle.« Fotografien der 1920er und 1930er Jahre zeigen, dass sich der Verbrauchermarkt schon bald wieder auf dem Heumarkt ausbreitete.

Bereits kurz nach dem Ersten Weltkrieg entwickelte man erste Pläne zur Verlegung

Morgendlicher Betrieb vor der Markthalle
Um 7.40 Uhr ist für die Bauern der Verkauf aber schon vorüber,
sie packen die Körbe zusammen; unbekannter Fotograf, um 1925 –
Kölnisches Stadtmuseum/Rheinisches Bildarchiv

des Großmarktes, da der Platz für den Verkehr nicht mehr ausreichte. Ab Oktober 1936 begann daher der Bau einer neuen Großmarkthalle am Bonntor, die am 1. November 1940 ihren Betrieb aufnahm. Die Kriegsereignisse verhinderten wohl ebenso wie die politischen Verhältnisse eine Diskussion über das Schicksal der Halle am Heumarkt. Architektonisch war bereits in den 1920er Jahren ein vernichtendes Urteil über das Gebäude gefällt worden. Es wurde während des Zweiten Weltkrieges schwer beschädigt, jedoch nicht zerstört. Die Wiederaufbaupläne für die Altstadt sahen eine Neustrukturierung vor – mit erheblich weniger Bewohnern und ohne zentrale Versorgungseinrichtungen. Zudem hatte die Großmarkthalle an der Bonner Straße den Krieg nahezu unversehrt überstanden. Und noch war die Zeit, wilhelminische Großbauten z. B. in Kulturbauten zu verwandeln, nicht gekommen.

Also wurde die Ruine abgebrochen – wie übrigens auch das neobarocke Opernhaus am Rudolfplatz – und an ihrer Stelle direkt neben der 1948 eingeweihten neuen Deutzer Brücke ein Parkplatz planiert: »Diese wohl unumgängliche Entscheidung hat der Altstadt eine ihrer historischen Seiten genommen, der wirklich große sichtbare Markt der Kölner Bucht.« Erst 1988 entstand hier dann das riesige Maritim Hotel. Bis dahin galt der Bau der Handwerkskammer von 1958 an der unwirtlichen Südostecke als architektonischer Akzent.

Morgens um 7.20 Uhr
wimmelt es von Händlern und Käufern; mitten durch die Halle führt eine Fahrstraße; unbekannter Fotograf, um 1925 – Kölnisches Stadtmuseum/Rheinisches Bildarchiv

Literatur
Architekten und Ingenieurverein 1927; Bericht Etatsjahr 1904; Bericht Etatsjahr 1905; Kuske 1913, S. 75–133; Pohl 1975, S. 9–162; www.stadt-koeln.de/wirtschaft/maerkte/grossmarkt/geschichte-des-grossmarktes; www.stadt-koeln.de/leben-in-koeln/freizeit-natur-sport/veranstaltungskalender/grossmarkthalle (Stand: 3.6.2016); Verhandlungen Stadtverordneten 1899, 1900, 1905.

VERKEHRSKNOTENPUNKT IM WANDEL
DER HEUMARKT UND DIE KVB
JÜRGEN FENSKE

Am 20. Mai 1877 wurde mit der Inbetriebnahme der ersten Pferdebahnstrecke zwischen den Vororten Deutz und Kalk ein neues Kapitel aufgeschlagen – der Beginn des öffentlichen Personennahverkehrs in Köln. Zwar fand dieses Ereignis vor den Toren Kölns statt, hatte aber erhebliche Auswirkungen, da sich die Stadtväter nun aktiv für innerstädtische Bahnverbindungen engagierten und diese vorantrieben. Bereits im November 1879 wurde die »Ringbahn« eröffnet, die in einer großen Schleife die gesamte Kölner Innenstadt erschloss.

Im Zuge des Aufbaus eines engmaschigen Bahnnetzes entwickelte sich der Heumarkt rasch zu einem wichtigen Verkehrsknoten. Dies verdankte er neben seiner zentralen Lage der Nähe zur 1915 eröffneten Hängebrücke nach Deutz und dem Marktbetrieb am Platz, der seit Juni 1898 von nächtlichen »Marktgüterzügen« der Vorgebirgsbahn versorgt wurde. Nun sollte der Personennahverkehr folgen.

1903, rund zwei Jahre nach dem erstmals aufgenommenen elektrischen Straßenbahnbetrieb, wurde der Heumarkt durch vier von insgesamt 17 Straßenbahnlinien angefahren. Die Eröffnung der Hängebrücke steigerte seine Bedeutung: Seit Juli 1915 endete am Heumarkt die Porzer Vorortbahn (Linie E), 1916 folgte die Linie B nach Bensberg. Allerdings lag die Endhaltestelle beider Linien nicht direkt auf dem Heumarkt, sondern auf der Brückenrampe. Erst 1922 wurde der Platz mittels einer Gleisverbindung zur Brücke zum regelrechten Knotenpunkt der rechtsrheinischen Vorortbahnen. Dort hatte nun auch die Vorortbahn Linie A (Königsforst) ihre Endhaltestelle, zwei Jahre später folgte die Linie C (Bergisch Gladbach).

Trotz eines weiteren Umbaus 1923 entsprachen die Anlagen am Heumarkt noch immer nicht den Anforderungen des stetig wachsenden Verkehrsaufkommens. Erst 1928 optimierte man die dortigen Gleisanlagen und Linienführungen, um so für einen verbesserten Verkehrsfluss zu sorgen und einen Unfallschwerpunkt zu entschärfen.

Modern, hell, weiträumig und schön
Im Dezember 2013 ist die unterirdische Haltestelle Heumarkt der Nord-Süd Stadtbahn in Betrieb gegangen – Kölner Verkehrs-Betriebe, Foto Christoph Seelbach

Dank der 1915 eröffneten Hängebrücke
entwickelte sich der Platz mehr und mehr zu einem Zentrum des Vorort- und des Straßenbahnverkehrs; unbekannter Fotograf, um 1926 – Straßenbahn-Museum Thielenbruch (Sammlung Claus van den Drisch)

1929 erreichten den Heumarkt acht Straßenbahn- und vier Vorortbahnlinien mit 133 000 Fahrgästen täglich. Allerdings war die Ost-West-Verbindung noch nicht optimal, da es wegen der engen Altstadtstraßen keinen direkten Weg von der Brücke in Richtung Westen gab. Dies änderte sich 1932 mit der Nutzung des neuen Straßendurchbruchs zwischen Heumarkt und Neumarkt. Ab 1939 konnte zudem die neue Durchbruchstraße zwischen Hahnentor und Neumarkt – als Teil der zwischen Aachener Weiher und Deutz vom NS-Regime geplanten Aufmarschstraße – für den Bahnverkehr genutzt werden. Der Zweite Weltkrieg beendete diese Phase von Modernisierung und Beschleunigung des Bahnverkehrs rund um den Heumarkt.

Ab 1945 orientierte sich der Wiederbau am »Grundsatz des größten Netzeffekts« und konzentrierte sich zunächst auf die Wiederherstellung der verkehrswichtigsten Strecken mit den geringsten Schäden in den Außenbezirken. Zudem verzichtete man auf den Wiederaufbau von Nord-Süd-Verbindungen in der Altstadt – davon betroffen war der Heumarkt.

Dagegen wurde die Ost-West-Strecke am Heumarkt wiederhergestellt: Ab Oktober 1948 wurde der gesamte rheinüberquerende Verkehr über die neue Deutzer Brücke geführt; erst 1951 sollte sich mit der Eröffnung der Mülheimer Brücke die dortige Verkehrssituation wieder etwas entspannen. Dennoch waren die Verkehrsverhältnisse nicht optimal. 1956 veröffentlichten Stadt Köln und Verkehrsbetriebe einen Generalverkehrsplan, in dem sie auch den Bau zweier in Nord-Süd-Richtung verlaufender Unterpflasterbahnen, die durch Anschlüsse in Ost-West-Richtung

AUF DEM WEG ZUR MODERNEN GROSSSTADT

ergänzt werden sollten, befürworteten. Der Heumarkt war dabei erneut als Knotenpunkt der Verkehrsstränge vorgesehen.

Doch sollten bis zur Realisierung einer unterirdischen Nord-Süd-Strecke Jahrzehnte vergehen. 2004, zwei Jahre nach dem Planfeststellungsbeschluss für den Bau der Nord-Süd Stadtbahn Köln, begannen die Arbeiten an der Trasse, die heute als einzige direkte Nord-Süd-Verbindung sämtliche in Ost-West-Richtung verlaufende Bahnlinien kreuzt und zudem alle Strecken besser mit dem regionalen und überregionalen Schienenverkehr am Breslauer Platz und Hauptbahnhof verknüpft.

Die vom Kölner Architekten Prof. Ulrich Coersmeier realisierte Haltestelle Heumarkt wurde im Dezember 2013 eröffnet und ist die größte und tiefstgelegene Station der neuen U-Bahn. Wegen der imposanten Kuppel, die die Ost-West-Ebene überspannt, wird sie von den Kölnern die »unterirdische Kathedrale« genannt. Darunter fahren derzeit in mehr als 21 Metern Tiefe die Bahnen der Linie 5 (Nord-Süd Stadtbahn), ein bequemer Übergang zum oberirdischen Stadtbahnverkehr ist gegeben. Mit der Eröffnung dieser U-Bahn-Station ist der Heumarkt noch mehr als zuvor ein wichtiger Kölner Verkehrsknoten.

Ihren vollen Verkehrswert wird die Haltestelle Heumarkt allerdings erst dann erreichen, wenn die Nord-Süd Stadtbahn, deren Fertigstellung durch den Einsturz des Stadtarchivs und dessen Folgen erheblich verzögert wird, komplett in Betrieb geht. Das wird nach jetzigem Stand voraussichtlich 2022/23 der Fall sein.

Hängebrücke auf die »Schäl Sick«
Seit 1915 bietet die Hängebrücke eine bequeme Möglichkeit,
auf die andere Rheinseite zu gelangen; August Sander, Fotografie, 1937 –
Kölnisches Stadtmuseum/Rheinisches Bildarchiv

Literatur
Kölner Verkehrsbetriebe AG 2013;
Lindemann 2002; Ritschel 1978.

HE WED HÄNNESCHE GESPILLT!
DIE PUPPENKINDER
DES HEUMARKTVIERTELS
FRAUKE KEMMERLING

Der Bonner Schneider Johann Christoph Winters (1772–1862) gilt als Gründer des Kölner Hänneschen-Theaters. Zusammen mit seiner Frau Elisabeth erlebte er die Zeit um 1800 als Tagelöhner und puppenspielender »Theaterleiter«: Zwischen Aufklärung und Romantik, Französischer Revolution und Restauration, sozialer Realität und Fantasie entstand vor dem Hintergrund gewaltiger politischer und sozialer Umwälzungen und am Beginn der Industrialisierung eine neue Form des Volkstheaters.

Während Puppenspieler im 18. Jahrhundert noch zum »fahrenden Volk« gehörten, wurden sie Anfang des 19. Jahrhunderts zunehmend sesshaft, so wie Winters in Köln. Diese Art von »Sesshaftigkeit« ist nicht vergleichbar mit dem heutigen Zustand, in dem das Theater nun schon seit 80 Jahren mit kleinen Unterbrechungen am Eisenmarkt residiert. Winters brachte es in 60 Jahren auf nicht weniger als zehn überlieferte Spielstätten, meist in Pferdeställen oder Lagerräumen. Jedenfalls sind die Spielstätten aus den erhaltenen Bittgesuchen um Spielerlaubnis und den zahlreich vorhandenen Theaterzetteln, wie sie Walter Oepen erstmals kompakt zusammengetragen hat, ziemlich genau zu rekonstruieren. Ein Beispiel: »In den 20iger Jahren des 19. Jahrhunderts verlegt Winters den Sitz seines Theaters in die Blindgasse zwischen Augustinerplatz und ›An St Agatha‹ (heute Cäcilienstraße) und 1834 zieht der Prinzipal ein paar Straßen weiter östlich in die Wahlgasse 1 (auch Wahlengasse oder Pfahlgasse) an Klein St. Martin am Heumarkt beim Herrn Schreinermeister Welter.« Die gewerbliche Ausübung des Puppenspiels ist um 1802, zu Zeiten des Hänneschen-Gründers Johann Christoph Winters, nicht ohne behördliche Genehmigung möglich. Winters' Spielstätte befand sich im Viertel südöstlich des Heumarkts, in der parallel zum Platz verlaufenden Straße Auf dem Himmelreich.

AUF DEM WEG ZUR MODERNEN GROSSSTADT

Spinksen lohnt sich
Bevor das Hänneschen-Theater am Eisenmarkt seine feste Bleibe fand, spielte man auch als Wanderbühne; Fritz Beinke, Öl auf Holz, um 1875 – Kölnisches Stadtmuseum/ Rheinisches Bildarchiv

Günter Grass im Hänneschen-Theater
Immer wieder schaut auch die Prominenz in Knollendorf nach dem Rechten – Hänneschen-Theater Köln

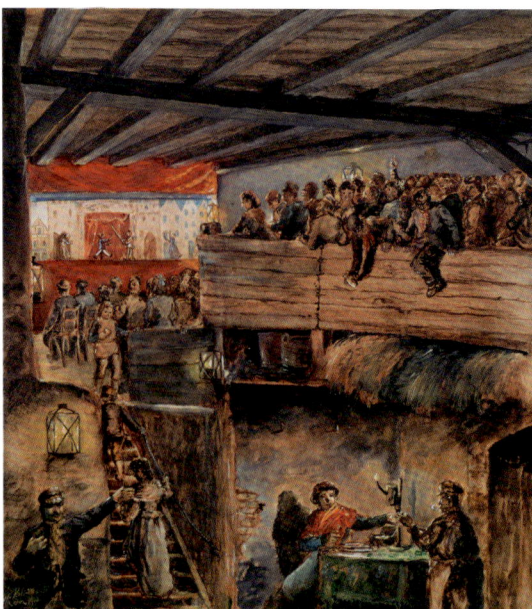

Winters musste sich gegen viele Konkurrenten durchsetzen. So gegen den Buchdruckergesellen Nicolaus Hofmann aus der Stolkgasse (später am Heumarkt, 1812 am Neumarkt) und Joseph Spiegel, der Auf der Aar 4 ansässig war. Bis 1815 sind u. a. als weitere Konkurrenten der Wollweber Michael Giersberg in der Lintgasse 18 (Winters' erstem Spielort) und Johann Michael Sultan, der nach Winters in der Lintgasse 14 spielte, bekannt. Es knubbelte sich also regelrecht um den Heumarkt herum und die konkurrierenden Puppenspieler begegneten sich in ihren »Theateretablissements« ständig.

Nach dem Tode Winters' 1862 entbrannte ein heftiger Kampf um seine Nachfolge unter Familienmitgliedern, früheren Mitspielern und Konkurrenten. Peter Josef Klotz, der mit einer Enkelin Winters' verheiratet war, führte das Theater weiter. Nach dem Tod des letzten Familienmitglieds musste es 1919 schließlich geschlossen werden.

Die intensive Erforschung der Hänneschen-Bühne des 19. Jahrhunderts, die der Theaterwissenschaftler Carl Niessen in den 1920er Jahren leistete, führte schon bald zu dem Vorhaben, die Kölner Hänneschen-Tradition wiederaufleben zu lassen. Dies betrieb Carl Niessen in der Folgezeit gemeinsam mit seinem älteren Bruder Josef, einem pensionierten Kölner Rechtsanwalt, mit großem persönlichem Einsatz. Das führte zunächst zur Etablierung einer mobilen Hänneschen-Spieltruppe, der Wanderbühne des »Alten Kölner Hänneschen-Theaters«, und gipfelte schließlich in der Gründung der »Städtischen Puppenspiele« als feste stadtkölnische Institution.

Der Zusammenhang zwischen theaterwissenschaftlicher Erforschung und Bekannt-heitsgrad des Theaters ist nach heutigem Kenntnisstand unumstritten. Hätte es Carl Niessen in seiner doppelten Funktion als Gründer der »Theaterwissenschaftlichen Sammlung« der Universität zu Köln und Förderer der Hänneschen-Tradition – ge-meinsam mit seinem Bruder Josef Niessen – nicht gegeben, hätte auch niemals ein solcher Aufschwung des Theaters im 20. Jahrhundert stattfinden können.

Aber der Faszination der Menschen für ihr »kölsch Hännesche« ist mit wissenschaftlichen Erklärungen allein nicht beizukommen. Zwischen »Brauchtum und Subkultur« (eine Formulierung von Hugo Borger 1976), zwischen Tradition und Zeitgeist, zwischen »Faxen met vill Klopperei« und unterhaltsamem Volkstheater mit kabarettistischen Einschlägen liegt die Bestimmung und die Wirkung dieses Theaters. Et Hännesche es un bliev em Hätze!

Bereits 1912 hatte sich Oberbürgermeister Max Wallraf der Verdienste seines Vorgängers um das Theater erinnert und einen »Ausschuß zur Rettung des Hänneschen« ins Leben gerufen. Schon damals wird erwogen, das Hänneschen in städtische Regie zu übergeben und in einem Bogen der Hohenzollernbrücke unterzu-bringen. Der Beginn des Ersten Weltkriegs verhinderte dies.

Danach nahmen die Brüder Niessen den Faden wieder auf und hatten so ent-scheidenden Anteil daran, dass die Stadt Köln dem »Hänneschen« kulturhistorische Bedeutung zumaß und unter Oberbürgermeister Konrad Adenauer die »Puppenspiele

Carl Niessen im Kreise der Puppenspieler
Der Theaterwissenschaftler (hintere Reihe, Mitte) sorgte gemeinsam mit seinem
Bruder Josef (vordere Reihe, links) für das Aufleben der Puppenbühne;
unbekannter Fotograf, um 1927 – Theaterwissenschaftliche Sammlung, Universität zu Köln

der Stadt Köln« entstanden. Fortan gab es einen städtischen »Spielkörper«, also ein Ensemble in einer Größe zwischen neun und 15 Spielerinnen und Spielern unter der Leitung eines Spielleiters. Von 1926 bis 2002 haben sechs Spielleiter mehr als doppelt so viele Ensembles geführt.

Am 9. September 1926 stand die »Herrichtung eines Raumes und Einbau einer Bühne für die Kölnischen Puppenspiele im Rubenshaus, Sternengasse, sowie Bewilligung eines Betriebszuschusses« auf der Tagesordnung der Kölner »Stadtverordnetenversammlung«. Neben Oberbürgermeister Konrad Adenauer waren u. a. Bürgermeister Dr. Matzerath und Dr. Ernst Schwering, der an diesem Tag als Beigeordneter verpflichtet wurde, an der Entscheidung beteiligt. Bereits vier Wochen später war es so weit: Am 9. Oktober 1926 wurde das Hänneschen-Theater offiziell zu den »Puppenspielen der Stadt Köln«.

Als neues Domizil wählte man – im zweiten Anlauf 1926 – erneut das Rubenshaus, Sternengasse 10 aus. »Et Hännesche en der Stänejaß« wurde zum Erfolg; das Ensemble konnte sich stets über ein volles Haus freuen. Nachdem das Hänneschen dort zwölf Jahre lang sesshaft war, »verordnete« die Stadt ihm 1938 sozusagen einen Umzug in die Nähe des Heumarkts. Das dortige Martinsviertel der Kölner Altstadt war Anfang des 20. Jahrhunderts stark heruntergekommen, litt unter zu dichter Bebauung, Verfall der Bausubstanz, katastrophalen hygienischen Verhältnissen, Prostitution und Kleinkriminalität. Deshalb hatte man bereits unter Oberbürger-

Umzug an den Eisenmarkt
Der Umzug in die neugestaltete Spielstätte am Eisenmarkt wurde mit
einem großen Zug durch die Stadt gefeiert; mit dabei auch Schäl, Bärbelchen,
Hänneschen und Schnäuzerkowski; unbekannter Fotograf, 1938 –
Kölnisches Stadtmuseum/Rheinisches Bildarchiv

meister Adenauer Pläne für eine Sanierung erarbeitet. Die nationalsozialistische Stadtverwaltung setzte diese Pläne ab 1935 in die Tat um, fügten sie sich doch ideal in das NS-Gedankengut ein. Das Projekt hieß jetzt »Altstadtgesundung«. Die dort wohnenden jüdischen Zuwanderer aus Osteuropa sollten vertrieben werden und nur »wertvolle Volksgenossen« dort wohnen. Man wollte eine historische Kulisse als Symbol für die mittelalterliche Größe Kölns und des Deutschen Reichs erhalten bzw. schaffen – das Hänneschen sollte dabei als »Sahnehäubchen« für seriös-bürgerliche Belebung sorgen.

An der Ecke Friedrich-Wilhelm-Straße (heute Markmannsgasse/Auf dem Rothenberg) war durch den Abbruch von zwei baufälligen Häusern eine Baulücke entstanden, in der die Grund und Boden GmbH nach Plänen des Architekten Paul Kosch einen Neubau errichtete, der im Erdgeschoss das Hänneschen-Theater mit Eingang am Eisenmarkt aufnahm. Bis zum Juni 1941 spielte das Hänneschen erfolgreich am Eisenmarkt – bis ein Bombentreffer das Theatergebäude gegen Kriegsende zerstörte. Der gesamte Fundus an Bühnenbildern, Puppen und Requisiten mit Ausnahme des Textarchivs ging verloren.

Auf Betreiben der Stadtkonservatorin Hanna Adenauer wurde nach Ende des Zweiten Weltkrieges das Martinsviertel entsprechend der Vorkriegssanierung restauriert. Architekt für den Hänneschen-Bau war Hubert Molis, der schon bei der Sanierung 1938 wesentlich mitgewirkt hatte. Er entwarf an Stelle des im Krieg zerstörten Barockhauses das heutige Haus Eisenmarkt 4, das mit seinem aus der Stadthausruine geretteten historischen Portal Haupteingang und architektonische Visitenkarte des Theaters wurde.

Im September 1986 zog das Hänneschen dann zum dritten Mal in seiner Geschichte am Eisenmarkt ein, nachdem es während des vorangegangenen großen Umbaus in der Wolkenburg beherbergt war. Nach den Umzügen 1938 (aus der Sternengasse) und 1951 (nach Ausweichspielorten in Universität und dem Klettenberger Brunosaal) sollte es nun 1986 der hoffentlich letzte Umzug auf längere Sicht bleiben.

Die Bronzefigur des Bildhauers Willi Klein an der Ecke Auf dem Rothenberg ist geblieben und verkündet hoffentlich noch viele Jahre für alle Besucher rund um den Heumarkt »He wed Hännesche gespillt!«.

195

Literatur
Niessen 1928; Oepen 2002,
S. 102–121; Verhandlungen 1926.

QUER ÜBER DEN HEUMARKT
DIE OST-WEST-ACHSE DER NS-ZEIT
VOM RUDOLFPLATZ ZUM HEUMARKT
THOMAS WERNER

12. März 1933: Bei der Kommunalwahl katapultierte sich die NSDAP im Kölner Stadtrat von ursprünglich drei auf 39 Sitze hoch. Nur einen Tag später veranlasste Josef Grohé, der damalige Gauleiter des Bezirks Köln–Aachen, die Absetzung des Oberbürgermeisters Konrad Adenauer und kündigte für die Stadt »eine grundlegende städtebauliche Reformpolitik« an. Um dieses Ziel wirkungsvoll und schnell durchsetzen zu können, wurden fast alle bisherigen Amtsträger der Stadtverwaltung durch linientreue Parteimitglieder ersetzt. Dem Ersten Beigeordneten und ehemaligen Regierungsbaumeister Robert Brandes wurde u. a. das Dezernat »Baudirektion« unterstellt. Nach dem Vorbild des Arbeitsstabes von Albert Speer wurde später eine »besondere Dienststelle« eingerichtet, um die Stadt nach den Wünschen des Führers – außerhalb des Einflusses von Parteien und Verwaltung – umzugestalten. Aufgrund seiner geografischen Lage als Drehscheibe des Westens und seiner traditionellen Bedeutung als Handelsplatz nahm Köln eine wichtige Stellung in der Städtehierarchie des Dritten Reiches ein.

In den ersten Jahren – von 1933 bis 1936 – plante man vorwiegend Einzelprojekte. So entwarf z. B. Clemens Klotz rechtsrheinisch ein monumentales »Haus der deutschen Arbeit« mit einem angegliederten Versammlungsgelände im Bereich der Deutzer Messe und zwei Jahre später einen linksrheinischen Aufmarschplatz mit steinerner Tribüne südlich des Aachener Weihers.

Im Sektor des Wohnungsbaus setzte man die in der Weimarer Republik entwickelte Idee der Stadtrandsiedlungen fort, um die hohe Baudichte der Innenstadt mitsamt den Verkehrsproblemen nicht zu verstärken, und verkaufte das Konzept im Rahmen der Propaganda als neue »Volkswohnungen« im architektonischen Kleid des Heimatstils. Aus den 1920er Jahren stammte auch die Planung eines Straßenkreuzes aus einer Ost-West- und einer Nord-Süd-Achse, die von den Nationalsozialisten für ihre Zwecke übernommen und teilweise realisiert wurde.

Der erdrutschartige Sieg der Nationalsozialisten bei der Reichstagswahl am 29. März 1936 schuf nun endgültig die politischen Rahmenbedingungen für die ideologisch motivierte Ausarbeitung und Realisierung eines umfangreichen Gesamt-

Eine Schneise durch die Stadt Köln
stellte die Ost-West Verbindung nach dem Ausbau dar;
unbekannter Künstler, Fotografie einer Skizze, 1938 –
Archiv Wim Cox

konzeptes für die Innenstadt von Köln, der auch als Gauleiterstadt ein besonderes Interesse der Machthaber zukam. In diesem Konzept vereinigten sich rein funktionale Überlegungen zur Verkehrslösung mit denen der propagandistischen Möglichkeiten einer inszenierten Architektur. Bei dem Besuch Hitlers im Frühjahr 1937 in Bad Godesberg konnte Gauleiter Grohé dem Führer persönlich seine Vorstellungen zur Ausgestaltung Kölns als »Metropole des neuen Deutschlands« vorstellen. Als wichtigster Teil des Verkehrskonzeptes wurde unmittelbar der Ost-West-Durchbruch in Angriff genommen, der vom Schlageterplatz (heute Rudolfplatz) bis zur Südseite des Heumarkts verlief. Übergeordnetes Ziel der Ost-West-Achse sollte später die Anbindung des Automobilverkehrs an die beiden Kölner Autobahnringe sein.

   Diese Achse wurde als leistungsfähige Durchgangsstraße konzipiert. Beginnend neben der damaligen Oper auf dem Rudolfplatz verlief die Trasse fast gradlinig an der Südseite von St. Aposteln vorbei, überbaute die Hälfte des Neumarktes, streifte mit einem minimalen Knick am Bürgerhospital von St. Cäcilien entlang, um schließlich im rechten Winkel auf die Südseite des Heumarkts durchzustoßen. Ohne Rücksicht auf die bestehende, im hohen Maße von der mittelalterlichen Stadt geprägte Topografie und den Gebäudebestand war hier ein 60 Meter breiter Straßenzug geplant, der sich in seiner architektonischen Ausgestaltung bewusst an den großen klassizistischen Prachtstraßen europäischer Metropolen orientierte. Die Mittelachse bildeten die zwei Straßenbahnstrecken, die auf jeder Seite von einer dreispurigen Autostraße gesäumt wurde. Ein breiter Streifen für schräg parkende Automobile trennte eine weitere Straßengasse für den Binnenverkehr ab. Hinter einer Baumreihe hätten die vorwiegend sechsgeschossigen Häuser den Straßenraum begrenzt. Völlig monoton sollte diese Zeilenbebauung ohne städtebauliche Akzente vom Rudolfplatz bis zum Heumarkt ausgeführt werden. Die einheitliche Höhe und die durchlaufende Trauflinie der Satteldächer zu beiden Seiten der Straße würde die »Sogwirkung und Geschwindigkeit« des Straßenraums unterstützen und die vorwiegend kleinteilige Architektur der Innenstadt abschirmen. Einen ungefähren Eindruck der damaligen

Der Verlauf der Ost-West Verbindung
zwischen Schlageterplatz (heute Rudolfplatz) und Heumarkt;
Fotografie eines Lageplans, 1937 – Archiv Wim Cox

Zeilenbebauung vermittelt heute noch das 1938 erbaute Haus Richard-Wagner-Straße 1/Ecke Hohenstaufenring 7. Mit ihrer Gestaltung und Dimensionierung hätte die Ost-West-Achse die Stübben'sche Ringstraße des ausgehenden 19. Jahrhunderts bei weitem übertrumpft.

Auf der südlichen Platzfläche des Heumarkts sollte die Verkehrsader bis vor die damalige große dreischiffige Markthalle reichen. Zwar war die Platzfläche seit dem Bau der Deutzer Hängebrücke 1915 (1935 umbenannt in »Hindenburgbrücke«) und deren Auffahrtsrampe bereits zweigeteilt, nun aber wäre der südliche Teil des Heumarkts durch die vierläufige Straßentrasse, die S-förmig auf die bestehende Brückenrampe geführt werden musste, gänzlich dem Verkehr geopfert worden.

Vor diesem S-förmigen Straßenverlauf sah man als architektonischen und visuellen Endpunkt des Ost-West-Durchbruchs ein Hochhaus vor, dessen leuchtturmhafte Erscheinung durch den natürlichen Geländeabfall der Straßenachse zur Rheinebene hin wahrscheinlich schon vom Neumarkt aus zu sehen gewesen wäre. Das Hochhaus hätte sich gleichzeitig in den Reigen der historischen Türme innerhalb des Rheinpanoramas gefügt. Auch hier griffen die nationalsozialistischen Stadtplaner auf die Ideen ihrer Vorgänger aus den 1920er Jahren zurück. Bereits 1925 beschloss der Stadtrat aus logistischen und räumlichen Gründen die Verlegung der Markthallen in den Kölner Süden und initiierte für die Ostseite des Heumarkts den »Wettbewerb

Die Pontonbrücke war lange Zeit die einzige Verbindung
zwischen dem linksrheinischen Köln und dem rechtsrheinischen Deutz,
Johann Heinrich Schönscheidt, Fotografie, 1876 –
Kölnisches Stadtmuseum/Rheinisches Bildarchiv

Brückenkopf«, der die dortige Neugestaltung im Zusammenspiel mit der Hindenburgbrücke zur Aufgabe hatte.

Im Juli 1938 begannen schließlich auf dem gesamten Straßenverlauf der Ost-
West-Achse die Abbrucharbeiten. Sie wurden zügig vorangetrieben, so dass bereits am
11. August 1939 die Straßenbahn zwischen Rudolfplatz und Heumarkt ihren Betrieb
aufnehmen konnte. Trotz Beginn des Krieges wurden die Arbeiten an dem gewaltigen
Durchbruch u. a. mit dem Abriss von Bürgerhäusern fortgesetzt, aber nicht vollendet,
während andere Großprojekte eingestellt wurden. Auch das von Clemens Klotz 1938
entworfene Gauforum auf dem Deutzer Messegelände, das das monumentale Zentrum
einer neu gestalteten Stadt Köln markieren sollte, blieb nur eine Vision. An der Südseite dieses Forums sollte der Ost-West-Durchbruch – jetzt von den Planern als auch
medial wirksame Aufmarschstraße gedacht – über die Hindenburgbrücke weiter nach
Osten verlängert werden. Eine parallel verlaufende Aufmarschstraße über die Hohenzollernbrücke hätte das Areal dann auf der Nordseite erschlossen.

Im Rückblick betrachtet ist die Planung und Ausführung des Ost-West-
Durchbruchs von 1933 bis 1945 mit der Nord-Süd-Achse das einzige städtebauliche
Projekt, das bis in die heutige Zeit nachwirkt. Der Durchbruch bestimmt ab Ende
der 1940er Jahre den Wiederaufbau und ist in der heutigen Ost-West-Verbindung
Hahnenstraße–Cäcilienstraße–Heumarkt immer noch erlebbar. Die immense Breiten-

Die Zerschneidung des Heumarkts
ist deutlich im Vordergrund des Modells zu erkennen;
die Brücke sollte zum rechtsrheinisch geplanten Gauforum führen;
Karl Hugo Schmölz, Fotografie, um 1939 – Archiv Wim Cox

ausdehnung wurde allerdings zurückgenommen und auch die begleitende Architektur der 1950er Jahre spricht mit ihrer Maßstäblichkeit und städtebaulichen Qualität eine neue Sprache – besonders einprägsam vorgeführt durch die Randbebauung der Hahnenstraße von Wilhelm Riphahn: mit der Reihe graziler Pavillons (heute leider durch unnötige Geschäftsreklamen überwuchert) und der dahinter aufragenden Wohnzeile, dem Stoffhaus Moeller oder dem Bauensemble »Die Brücke«.

Leider wird der Heumarkt auch heute noch durch das Erbe der damaligen Verkehrsplanung und die Anlage der Ost-West-Achse zweigeteilt. Statt einer würdigen Platzeinfassung bestimmen der Strom der vorbeifahrenden Autos und die Waschbetonbrüstungen der KVB-Trasse den südlichen Abschluss jenes Altstadt-platzes.

Viele alte Häuser
mussten dem Bau der Verkehrs-
verbindung weichen, so auch das
Haus Denant am Heumarkt 19;
Walter Wegener, Federzeichnung,
1939 – Kölnisches Stadtmuseum/
Rheinisches Bildarchiv

Die sogenannte Amerikanerbrücke
diente als Ersatz für die kriegszerstörte
Deutzer Brücke; nach Schäden durch
Eisgang im Winter 1946/47 wurde sie
abgebaut, ehe im Juni 1947 der Bau
der neuen Deutzer Brücke begann;
Bernt Rösel, Öl auf Sackleinen, 1945 –
Kölnisches Stadtmuseum/Rheinisches
Bildarchiv

Literatur
Architekten- und
Ingenieurverein Köln 1991;
Dülffer 2001; Kier, Liesenfeld,
Matzerath 1999.

DER JÜDISCHE HEUMARKT
JÜDISCHE GESCHICHTE IM MARKTVIERTEL
BARBARA BECKER-JÁKLI

Nach fast 400 Jahren des Niederlassungsverbots war es Juden erst seit 1798 unter französischer Herrschaft wieder erlaubt, in Köln zu leben und zu arbeiten. In den folgenden Jahrzehnten wuchs die jüdische Bevölkerung allmählich an. 1850, als Köln insgesamt 95 000 Einwohner hatte, zählte sie rund 1300 Personen, 1925 bei 700 000 Einwohnern 16 000 Personen. Ende des 19. Jahrhunderts war eine breite jüdische Mittelschicht entstanden, die Inhaber und Angestellte von Geschäften und Gewerbebetrieben sowie Akademiker, insbesondere Ärzte und Juristen, umfasste. Eigene jüdische Wohn- oder Geschäftsviertel gab es nicht: Die jüdischen Kölnerinnen und Kölner lebten, immer eine sehr kleine Minderheit innerhalb der katholischen und evangelischen Einwohnerschaft, als enge Nachbarn ihrer nichtjüdischen Mitbürger im gesamten Stadtgebiet.

Auch im Kern der Altstadt, am Heumarkt und in den umliegenden Straßen mit ihrer sozial recht gemischten Bevölkerung, hatten sich jüdische Familien niedergelassen. Die Häuser am Heumarkt selbst waren allerdings noch bis gegen Ende des 19. Jahrhunderts im Wesentlichen von alteingesessenen katholischen Familien bewohnt, jüdische Mieter gab es kaum. So ist für 1850 am Heumarkt nur der Geldwechsler Isaac Cassel belegt und 1870 hatten lediglich die Lederwarenhandlung Gebr. Koßmann und das Geldwechselgeschäft Solmitz & Cohen jüdische Eigentümer.

Dagegen befand sich in dieser Zeit in einigen anliegenden Straßen schon eine größere Anzahl jüdischer Familien. Sie waren vor allem in der Schneiderei, Kleidermanufaktur und im Textilhandel tätig, einige auch in Geldgeschäften.

Eine dieser Straßen war Obenmarspforten, wo unter anderen die Kleiderhandlung der Familie Emanuel, die Manufakturwarenhandlung J. L. Rothschild & Söhne und die Galanteriewarenhandlung und Wechselstube

Das Doppelhaus auf der Ecke von Marsplatz und Steinweg wirkt anmutig, noch ist von Gräueltaten nichts zu erahnen; im nationalsozialistischen Terror wird es zu einem sogenannten Ghettohaus; Hermann Rückwardt, Lichtdruck, 1891 – Kölnisches Stadtmuseum/Rheinisches Bildarchiv

Hirsch & Cie
Undatierte Werbeanzeige –
NS-Dokumentationszentrum Köln

von Michael Goldschmidt ihren Sitz hatten. Im Haus Obenmarspforten 13 eröffnete 1889 ein Damenmodegeschäft, das an diesem Standort schließlich fast 50 Jahre existierte – bis zur erzwungenen Schließung wahrend des NS-Regimes. Stammhaus der Neugründung in Köln war das Brüsseler Unternehmen Hirsch & Cie, eine Firma, die mit luxuriöser Mode äußerst erfolgreich war und Zweiggeschäfte in Paris, Amsterdam und mehreren deutschen Städten unterhielt. In der Folgezeit wurde auch das Kölner Geschäft mit seinem eleganten Sortiment an Kostümen, Mänteln, Blusen, Hüten, Morgenröcken, Unterröcken, Strümpfen und Pelzen zu einem beliebten Einkaufsort modebewusster Kundinnen.

Einkaufserlebnisse in gehobenem Ambiente
boten die Geschäftsräume von Hirsch & Cie. an Obenmarspforten 13;
unbekannter Fotograf, um 1935 – NS-Dokumentationszentrum Köln

Anfang des 20. Jahrhunderts trat der aus Dresden stammende Kaufmann Walther Hannes als Teilhaber in das Unternehmen ein, dessen Frau Johanna Langstadt in Brüssel bei Hirsch & Cie eine Lehre absolviert hatte. Als Walther Hannes 1930 Alleininhaber des Geschäfts wurde, zählte das Unternehmen ca. 100 Beschäftigte und gehörte zu den führenden Firmen der Branche im Rheinland. Eine großzügige Neugestaltung des Gebäudes und der Geschäftsräume in diesen Jahren spiegelte wirtschaftlichen Erfolg und Vertrauen in die Zukunft wider. Architekt des Umbaus war der Kölner Clemens Klotz, der nur wenige Jahre später als bevorzugter Architekt des NS-Regimes Karriere machen sollte.

Mit der Machtübernahme der Nationalsozialisten 1933 war die Erfolgsgeschichte des Unternehmens beendet. Bereits nach dem vom neuen Regime organisierten Boykott jüdischer Geschäfte Anfang April 1933 ging der Umsatz von Hirsch & Cie zurück, 1938/39 schließlich musste das Haus Obenmarspforten 13 an nichtjüdische Interessenten verkauft werden. Kurz darauf gelang Walther und Jenny Hannes sowie ihrem Sohn Gerd die Emigration nach Großbritannien, von dort weiter in die USA. Sohn Theodor, der sich nach Frankreich geflüchtet hatte, wurde nach Auschwitz verschleppt und ermordet. Das Haus Obenmarspforten 13 wurde nach dem Verkauf von der Tanzgaststätte Blatzheim sowie von der »Gemeinnützigen

Werbung im Geist der Zeit
zeigt die Abbildung aus einer Werbebroschüre von Hirsch & Cie.; vermutlich um 1930 – NS-Dokumentationszentrum Köln

Obenmarspforten 13
Wohnraum der Familie Hannes; unbekannter Fotograf, um 1935 – NS-Dokumentationszentrum Köln

206

Wohnungs- und Siedlungsgesellschaft Neue Heimat«, einer Organisation der Deutschen Arbeitsfront, genutzt. Im Krieg wurde es weitgehend zerstört.

Ein Gebäude im Viertel um den Heumarkt war aufs engste mit einem wesentlichen Ziel der antisemitischen Politik des NS-Regimes verbunden – mit der rigorosen Ausgrenzung der jüdischen Bevölkerung innerhalb der Stadt. Erster entscheidender Schritt zur Ghettoisierung bildete die Aufhebung des Mieterschutzes für Juden im Jahr 1939. Nichtjüdische Hauseigentümer konnten nun jüdischen Mietern problemlos kündigen, so dass diese gezwungen waren, in eine neue Unterkunft – meist in Häusern jüdischer Eigentümer und in beengte Räumlichkeiten – umzuziehen. Eine entscheidende Verschärfung folgte Mitte 1941, als die NS-Behörden eine Zusammenlegung der jüdischen Bevölkerung in einigen linksrheinischen Stadtteilen und hier in ca. 300 sogenannte Judenhäuser anordneten. Eines dieser Ghettohäuser war das Doppelhaus Marsplatz 10–14/Steinweg 15.

Seit den 1870er Jahren gehörten die zunächst noch getrennten Gebäude Marsplatz 10–12, später auch Nr. 14, und Steinweg 15 der jüdischen Familie Marx, die unter dem Firmennamen F. Alsberg eine Kleidermanufaktur und ein Geschäft für Modewaren, Damen- und Kinderkleider betrieb. Nachdem sich die Firma um 1920 aufgelöst hatte, wurden die Häuser von den jüdischen Kaufleuten Hugo Baermann und Sally (Salomon) Walter, Besitzer der Webwarengroßhandlung Baermann & Walter, erworben. Hugo Baermann war mit Elisabeth Walter, der Schwester seines Kompagnons, verheiratet. Das Ehepaar hatte zwei Kinder: Margarete und Hans.

Gert Hannes
in der Wohnung der Familie; unbekannter Fotograf, um 1935 –
NS-Dokumentationszentrum Köln

Die Hauseigentümer vermieteten die Wohnungen des vierstöckigen Gebäudes, lebten selbst aber nicht dort. Während um 1930 unter den Mietern vermutlich keine Juden waren, lebten 1939 schon drei jüdische Mietparteien im Haus und auch die Eigentümer zogen kurz darauf ein, da sie ihre bisherigen Wohnungen hatten aufgeben müssen. 1941 hatte das Haus bis auf eine Mietpartei nur noch jüdische Bewohner – fast alle nichtjüdischen Mieter waren ausgezogen, Juden waren zwangsweise eingezogen. Die soziale Isolierung der jüdischen Kölnerinnen und Kölner realisierte sich somit sehr schnell.

Im Umfeld des Pogroms 1938 wurden die Eigentümer des Hauses Marsplatz 10–14/Steinweg 15, Hugo Baermann und Sally Walter, nach Dachau verschleppt, jedoch nach einigen Wochen wieder entlassen. Margarete Baermann konnte 1938/39 nach England emigrieren, da sie eine Arbeitserlaubnis als Dienstmädchen erhielt. Ihr Vater und Bruder wurden 1939 in Köln zur Zwangsarbeit im Straßenbau eingezogen und Anfang Dezember 1941 zusammen mit Elisabeth Baermann in das Ghetto Riga deportiert. Hugo Baermann kam dort im Mai 1944 ums Leben, Elisabeth verschleppte man im Herbst 1944 in das Konzentrationslager Stutthof bei Danzig. Sie starb kurz darauf an Hunger und Erschöpfung. Hans Baermann überlebte verschiedene Konzentrations- und Arbeitslager und wurde 1945 im Konzentrationslager Buchenwald befreit. Seine präzisen Berichte über die Deportation und die unmenschlichen Lebensbedingungen in den Lagern gehören zu den eindringlichsten Zeugnissen dieser Zeit.

Behagliches Wohnen
in den Ess- und Wohnräumen der Familie; unbekannter Fotograf, um 1935 –
NS-Dokumentationszentrum Köln

Sally Walter war unverheiratet. Er wurde in der Strafanstalt Siegburg inhaftiert und am 20. Juli 1942 nach Minsk deportiert. Wie alle fast eintausend Insassen dieses Transports wurde er unmittelbar nach der Ankunft am 24. Juli in dem bei Minsk gelegenen Maly Trostinez erschossen.

Bis heute sind die Namen von weiteren 28 Frauen, Männern und Kindern bekannt, die zwischen 1939 und 1942 im Gebäude Marsplatz 10–14/Steinweg 15 wohnten. Für die meisten von ihnen war es die letzte Adresse in Köln vor Flucht oder Deportation. Die älteste Bewohnerin, die über 80-jährige Friedericke Fuchs, starb noch im Mai 1941 bei der Familie ihrer Tochter im Haus. Sie wurde auf dem jüdischen Friedhof in Köln-Bocklemünd bestattet. Nur wenige Monate später setzten die Deportationen ein: 17 Hausbewohner wurden in den drei ersten Transporten von Köln aus im Oktober und Dezember 1941 in die Ghettos Litzmannstadt (Lodz) und Riga verschleppt. Sie kamen entweder in den Ghettos ums Leben oder wurden in den Lagern Kulmhof, Stutthof und Auschwitz ermordet. Nur ein junger Mann überlebte die Deportation nach Riga.

Unter den Ende 1941 Deportierten war auch die Lehrerin Rahel Cahn-Falk. Sie war als Ehefrau des Lehrers Dr. Meier Cahn Anfang der 1920er Jahre von Leipzig nach Köln gezogen, wo er die Leitung des jüdischen Realgymnasiums Jawne übernahm. Nach dem Tod ihres Mannes unterrichtete Rahel Cahn-Falk an der Jawne, wohl bis zur Auflösung der Schule. Der Direktor des Gymnasiums, Dr. Erich Klibansky, konnte noch

Familie Klibansky,
stehend mit Schirm: Jenny Klibansky, in der Mitte sitzend ihr Ehemann Pinkus,
rechts sitzend, Sohn Erich; unbekannter Fotograf, ca. 1908 –
NS-Dokumentationszentrum Köln

1939 für mehrere Schulklassen die Ausreise nach Großbritannien organisieren und damit 130 Kindern das Leben retten. Rahel Cahn-Falk hatte ihre beiden Töchter Jette und Miriam bereits früher in die Niederlande geschickt, um sie dort in Sicherheit zu bringen. Sie wurden nach der deutschen Besetzung deportiert und ermordet. Rahel Cahn-Falk verschleppte man im Oktober 1941 von Köln nach Litzmannstadt. Im September 1942 wurde sie in Kulmhof ermordet.

Auch die Mutter von Erich Klibansky, die verwitwete Jenny Klibansky, lebte zeitweise im Haus Marsplatz 10–14/Steinweg 15. Sie zog vermutlich Ende 1941 zur Familie ihres Sohnes, den man mit seiner Frau Martha und drei Söhnen in das Ghettohaus St.-Apern-Straße 21–33 eingewiesen hatte. Von dieser Adresse aus wurden Jenny Klibansky, ihr Sohn, ihre Schwiegertochter und die drei Enkel im Juli 1942 nach Minsk deportiert und in Maly Trostinez ermordet. Eine junge Frau, deren Eltern und Schwester vom Haus Marsplatz 10–14/Steinweg 15 deportiert wurden, war in die Niederlande geflohen. Sie wurde von dort verschleppt und in Auschwitz ermordet. Vermutlich vier Bewohner des Hauses emigrierten und überlebten die Verfolgung. Das Schicksal von zwei Personen konnte bisher nicht geklärt werden.

Das Hab und Gut der Deportierten verblieb im Ghettohaus, wurde von den NS-Behörden beschlagnahmt und in öffentlichen Auktionen als »aus nichtarischem Besitz« stammend versteigert.

DIE RISKANTE SUCHE
NACH DEM »KURZEN GLÜCK«
DER HEUMARKT ALS TREFFPUNKT FÜR
HOMOSEXUELLE WÄHREND DER NS-ZEIT
JÜRGEN MÜLLER

Die blühende Homosexuellensubkultur im Köln der Weimarer Republik mit über 20 Lokalen, Vereinen und den zahlreichen Zeitschriften wurde unmittelbar nach der Machtübernahme der Nationalsozialisten fast vollständig zerstört. Übrig blieben nur halböffentliche Treffpunkte wie Parkanlagen, Bäder, Kinos und Pissoirs. Am Heumarkt befanden sich zwei öffentliche Toiletten: eines am Platz selbst und eines in der angrenzenden Markthalle Am Sassenhof. Außerdem verkehrten am Heumarkt die Stricher, deren Szene sich am Rheinufer entlang bis zur Bastei ausdehnte.

Das Lokal »Im steinernen Kännchen« war 1930 zunächst in der Helenenstraße 16 ansässig. 1932 wechselte der Wirt Karl Oberndörfer den Standort und übernahm eine an Vor St. Martin 14 bestehende Restauration – vielleicht war das Lokal deshalb 1933 noch nicht als Homosexuellentreffpunkt aktenkundig und blieb von polizeilichen Maßnahmen unbehelligt. 1939/40, im Rahmen der Altstadtsanierung, wurde das Lokal geschlossen. Das dritte »Steinerne Kännchen« eröffnete die Witwe Elisabeth Oberndörfer Am Perlenpfuhl 12. Über die Ausstattung des Lokals in Heumarktnähe ist nicht viel bekannt. Es bestand aus zwei Gasträumen, in einem wurde getanzt und hier trafen sich auch die Homosexuellen.

Die Kriminalpolizei verfügte keine Schließung des Lokals, auch als sie wusste, dass dort Homosexuelle ein und aus gingen. Denn seit 1935/36 änderte sie bei der Homosexuellenverfolgung ihre Strategie: Eine kleine übersichtliche Lokalszene ermöglichte sowohl die Kontrolle der Homosexuellen als auch – bei Bedarf – verdeckte Festnahmen. So nahm die Polizei verhaftete Strichjungen mit zu den Lokalen, um dort bekannte Freier unter einem Vorwand nach draußen zu locken. Vor dem Lokal erfolgte dann die Verhaftung der überraschten Homosexuellen.

Die Bedeutung der halböffentlichen Treffpunkte, insbesondere der Pissoirs, in der

Der Heumarkt im Zweiten Weltkrieg
Die in der Weimarer Zeit blühende Homosexuellensubkultur stand längst unter strenger Aufsicht und Verfolgung durch das NS-Regime – Foto Rheinisches Bildarchiv

Schützt Eure Gesundheit!
Das Emailleschild wurde bei Ausgrabungen entdeckt; es war in der unterirdischen Toilettenanlage auf dem Heumarkt montiert – Römisch-Germanisches Museum/ Rheinisches Bildarchiv

Szene auch »Klappen« genannt, und der männlichen Prostitution ergab sich aus der Diskriminierung und der Verfolgung der Homosexuellen. Die eigene Wohnung, oft nur ein möbliertes Zimmer, schied für die meisten als Ort des Sexualverkehrs aus. Es galt, die eigene Anonymität zu wahren und sich den Hausmitbewohnern nicht verdächtig zu machen. Die Homosexuellen waren darauf angewiesen, ihre sexuellen Erlebnisse außerhalb der eigenen Wohnung zu finden. In den Pissoirs konnte man unverdächtig andere Männer treffen. Die Kontaktaufnahme fand fast beiläufig statt: Mit Kopfnicken, verstohlenem Blick oder einem Positionswechsel vor den Urinalen wurde sexuelles Interesse signalisiert. Außenstehende nahmen den Vorgang gar nicht wahr. Offensiver war die Kontaktaufnahme mit Strichjungen: Es wurde nach einer Zigarette gefragt oder ein Geldstück fallengelassen. Der Sexualakt fand entweder im Pissoir oder in einem unbeobachteten Teil eines nahegelegenen Parks statt.

Die Polizei kontrollierte die öffentlichen Toiletten regelmäßig, konnte aber zunächst nur wegen Erregung öffentlichen Ärgernisses einschreiten. Nach der Strafrechtsverschärfung vom Sommer 1935, die jede »unzüchtige« Handlung zwischen zwei Männern – das konnte auch nur eine zärtliche Berührung sein – unter Strafe stellte, drohte Gefängnis. Nun konnte die Polizei Pissoirs gezielter kontrollieren. Die Berichte einer umfangreichen Aktion gegen Kölner Homosexuelle vom Sommer 1938 offenbaren das nun massive polizeiliche Vorgehen. »Klappen« wurden stundenlang observiert und es wurde notiert, wer wie oft das Pissoir betrat. Einem Verdächtigen

Das »Steinerne Kännchen«
eröffnet nach der Schließung 1939/40 in der Straße Am Perlenpfuhl 12 neu
und blieb inmitten der Kriegstrümmer bestehen; Hermann Claasen, Fotografie –
LVR-Landesmuseum Bonn

IN DER DIKTATUR

wurde vorgehalten, dass er sich »fünf Mal ohne Grund in der Bedürfnisanstalt Am Sassenhof (...), längere Zeit aufhielt, ohne zu urinieren. Nach seinem Benehmen und Äußeren zu urteilen, suchte er sich in dem genannten Pissoir einen Partner zum gleichgeschlechtlichen Verkehr.«[1] Einen jungen Arbeiter konfrontierten die Polizeibeamten nach dessen Observation quer durch die Kölner Altstadt damit, dass er sich zuerst im Pissoir an der Trankgasse aufgehalten und schließlich eine Stunde unter der Hohenzollernbrücke gestanden habe. »Als er [sich] in der Nähe der Bedürfnisanstalt am Heumarkt in verdächtiger Weise umhertrieb«[2], wurde er festgenommen. Wegen seines Alters wurde ihm vorgeworfen, sich als Stricher zu betätigen.

Für den Sommer 1938 sind zahlreiche solcher Festnahmen rund um den Heumarkt belegt. Doch sie änderten nichts an der Bedeutung dieser Treffpunkte für die Homosexuellen. Im Krieg, als die Pissoirs in den Abendstunden verdunkelt wurden, war die Gefahr, erwischt zu werden, geringer. Zugleich jedoch drohten Homosexuellen ungleich härtere Strafen. Als »Volksschädlinge« konnten sie zu einer Zuchthausstrafe verurteilt, viele dann auch in Konzentrationslager deportiert werden. Das Strafrecht in der NS-Fassung wurde erst 1969 reformiert.

Treffen im Schutze der Anonymität
Die öffentlichen unterirdischen Toiletten, die »Klappen«,
dienten – wie hier noch in den 1960er Jahren auf dem Heumarkt –
als Homosexuellentreffpunkte – Foto Rheinisches Bildarchiv

Literatur
Müller 2003.

VOM SOCKEL GEHOBEN
UND WIEDERAUFERSTANDEN
DAS KÖNIGSDENKMAL AUF
DEM HEUMARKT NACH 1878
JOHANNES RALF BEINES

Da sich der Heumarkt um die Mitte der 1910er Jahre nicht zuletzt durch den Neubau der Deutzer Brücke zu einem Verkehrsknotenpunkt entwickelte, geriet das dortige Königsdenkmal zunehmend in eine Randlage. Zwischen den hier rangierenden Bahnen war es nur noch unter Lebensgefahr erreichbar. Hinzu kam eine zunehmende Geringschätzung des künstlerischen Erbes der sogenannten Gründerzeit sowie die ab 1918 geführte Diskussion über die Abschaffung aller Hohenzollern-Denkmäler in Köln. Weniger radikal war der Vorschlag der »Befreiung« des Platzes durch eine Verlagerung des Denkmals. Angedacht waren dafür beispielsweise die Plätze vor dem Hahnentor, Neumarkt, Barbarossaplatz, Friesenplatz, Königsplatz (Rathenauplatz) und schließlich die von Dombaumeister Hans Güldenpfennig 1934 entworfene Aufstellung in Domnähe.

Doch das Denkmal blieb auf dem Heumarkt – auch in der NS-Diktatur. Erst mit dem Luftangriff am 29. Juni 1943, der die Innenstadt besonders hart traf, wurden auch diesbezüglich neue Fakten geschaffen: Durch den Luftdruck einer in der Nähe niedergegangenen Bombe waren Reiter und Pferd vom Sockel gehoben und auf die Platzfläche geworfen worden. Am 6. März 1945 fand hier ein letztes Gefecht mit den einrückenden Amerikanern statt. Mehrere deutsche Soldaten wurden anschließend unmittelbar neben den Denkmaltrümmern provisorisch beerdigt.

Danach herrschte zunächst Stille um das Denkmal – sieht man von heimlichen Diebstählen ab: So entwendete 1946 der Kölner Spediteur Robert Herr (Vater der später bekannten Volksschauspielerin Trude Herr) Bronzeteile, die sich schließlich in drei Glocken für die evangelische Kirche von Roth im Westerwald verwandelten. Zwei Jahre darauf wanderten weitere Teile in die neuen

Der König reist per Schiff
Am 29.9.1990 kam die von Raimund Kittl ergänzte Reiterfigur über den Rhein von Düsseldorf nach Köln zurück; Csaba Peter Rakoczy, Fotografie, 1990 – Kölnisches Stadtmuseum/Rheinisches Bildarchiv

Im Zuge der Umgestaltung der Domumgebung
plante der Dombaumeister Hans Güldenpfennig das Denkmal auf dem neu geschaffenen Friedrich-Wilhelm-Platz an der Nordseite der Kathedrale; Walter Wegener, Kohle auf Transparentpapier, 1933 – Metropolitankapitel der Hohen Domkirche Köln, Dombauarchiv, Foto Stadtkonservator Köln

216

Bronzeportale der Südseite des Domes. Kurz danach ließ die Stadtverwaltung den Oberkörper der Reiterfigur und drei Sockelreliefs sicherstellen und im Straßenbahndepot in Niehl, dann im Schlachthof in Neuehrenfeld unterbringen.

Im Umfeld der 1900-Jahr-Feier Kölns 1950 wurde Preußen und damit das Denkmal des preußischen Königs zum Inbegriff einer alsbald in Köln liebgewonnenen Legende: Der Weg von Preußen zum Ersten Weltkrieg, dann zur NS-Herrschaft, zum Zweiten Weltkrieg und schließlich zur Zerstörung der Stadt erschien gradlinig, wobei Köln und die Kölner dabei zu Opfern stilisiert wurden. So wurde konsequenterweise in der Stadtverordnetensitzung vom 12. Oktober 1950 mehrheitlich der Abbruch des Denkmalsockels beschlossen. »Die noch vorhandenen Denkmalteile werden bis zur Beschlußfassung über eine künftige Verwendung auf Lager genommen.«

Bereits in der Woche vom 21. bis 28. des Monats wurde die Demontage in aller Eile – und dabei durchaus unsachgemäß – durchgeführt. Die noch vorhandenen Bronzefragmente stellte man im Wasserwerk Hochkirchen sicher. Die am 21. Oktober 1959 vom Kölnischen Geschichtsverein erhobene Forderung nach der Wiederherstellung des Denkmals als (wertneutrales) geschichtliches Zeugnis wurde kurz darauf vom Rat der Stadt nicht nur abgelehnt, sondern es folgte sogar der Ratsbeschluss zur »Geschichtsentsorgung« durch Verschrottung (des Reiters) – die aber glücklicherweise nicht konsequent umgesetzt wurde. Wenig später fanden sich

Was vom Denkmal übrig blieb:
Pferd und Reiter wurden im Krieg fast vollständig zerstört;
J. Königsfeld, Fotografie, 1947 – Kölnisches Stadtmuseum/
Rheinisches Bildarchiv

verschiedene Interessenten, die einzelne der Sockelfiguren verstreut im Stadtgebiet aufstellen ließen.

Frischen Wind um die Zukunft des Denkmals entfachte 1978 die neu eingesetzte Stadtkonservatorin Hiltrud Kier. Ihre persönliche Biografie (geborene protestantische Österreicherin) verlieh ihr die Aura einer Nichtbetroffenen, als sie die Forderung erhob, die im Stadtgebiet verstreuten Skulpturen und sonstigen Denkmalfragmente wieder am alten Standort zu versammeln. Die Diskussion um das Für und Wider des »Preußendenkmals« entfachte sich in der altbekannten Qualität neu, aber dank der Überzeugungskraft von Frau Kier und mit tatkräftiger Unterstützung des Kölner Verkehrsvereins nahm im Dezember 1982 der letzte Teil des Pferdehinterns seine Rückreise zum Heumarkt auf.

Am 21. August 1984 beschloss der Stadtrat schließlich mit nur einer Gegenstimme, »die Reste des Heumarktdenkmals in der Mitte des Heumarktes (in der Achse der Gürzenichstraße) auf einem Fundament aufzustellen, das die spätere Komplettierung des Originalzustandes ermöglicht«. Die leichte Abweichung vom ursprünglichen Standort des Denkmals ergab sich durch nach 1945 unterirdisch angelegte Versorgungsleitungen. Ende 1984 folgte die Errichtung des provisorischen Betonsockels für die Sockelfiguren, die im März des folgenden Jahres aufgestellt wurden.

Von den ehemals acht Sockelreliefs waren nur drei erhalten geblieben; da erwies es sich als Glücksfall, dass drei weitere auftauchten, die 1907/08 zum 100-jährigen Jubiläum der Firma Stinnes in Düsseldorf abgegossen worden waren. Deren Reproduktionen, die drei Originalreliefs und die beiden rekonstruierten Reliefs der Stirnseiten fanden 1993 ihren Weg zum Denkmal. Mitten in die Diskussion darüber, wer die Folgeaufträge zur Wiederherstellung der nur bruchstückhaft erhaltenen Reiterfigur bekommen sollte, platzte der Kölner Bühnenbildner Herbert Labusga mit seinem

Die ehemalige Sockelfigur des Generals Friedrich von Kleist und Reste des Pferdes, ausgelagert am Fort X – Foto Stadtkonservator Köln

Aus Styropor modellierte der Bildhauer Herbert Labusga die Figuren von Pferd und Reiter und stellte diese in einer Nacht-und-Nebel-Aktion auf den Denkmalsockel am Heumarkt; Herbert Labusga, Fotografie, 1985 – Privatbesitz

Reiter aus Styropor, den er in den Nachtstunden des 13. Novembers 1985 heimlich auf dem Heumarkt aufstellte. Gelungener Akt kölsch-volkstümlicher Folklore oder respektloser Umgang mit einem städtischen Platz und einem städtischen Denkmal? Diese Debatte wurde erst durch den Sturm am 20. Oktober 1986 beendet, der den Styropor-Reiter vom Sockel fegte.

Nachdem die finanziellen Grundlagen geschaffen worden waren, beauftragte man im Januar 1989 den Düsseldorfer Bildhauer Raimund Kittl mit der Herstellung der Reiterfigur für geschätzte 304 000 DM – Kittl erhielt im gleichen Jahr den Auftrag zur Rekonstruktion des Kaiserdenkmals in Koblenz. Im Mai 1990 wurde die Skulptur unter Einbeziehung weiterer, mittlerweile wieder aufgetauchter Skulpturenfragmente gegossen und am 29. September des Jahres per Schiff nach Köln gebracht. Im Anschluss sollten nun auch die Granitverkleidung und die Bronzierteile des Sockels sowie des Einfriedigungsgitters unter Einbeziehung eines inzwischen gefundenen Pfostens wiederhergestellt werden. Für die abschließenden Arbeiten, darunter inzwischen auch die statische Aufrüstung der Reiterfigur, veranschlagte man 1,5 Millionen Euro. Diese Mittel zog die Stadt jedoch 2005 per Ratsbeschluss zugunsten der Neuanfertigung der Ratsturmfiguren ersatzlos ein. Das verbliebene Stiftungsgeld der Friedrich Carl Heimann-Gesellschaft wurde 2007/09 in die statische Aufrüstung des Reiters investiert, leider von negativen Schlagzeilen der Lokalpresse begleitet.

2014 stellte der Rat 250 000 Euro bereit, um eine gestalterisch ansprechende »neu interpretierende« Form des Denkmals zu ermöglichen. Dabei wurden die

2015 wurden die 16 Sockelfiguren
vom Denkmal für Restaurierungszwecke abgenommen;
Martin Claßen, Fotografie, 2015 – Privatbesitz

historische Umrisslinie und die Proportion des Sockels als Hommage an den verlorenen Bestand wiederhergestellt – ohne die ursprüngliche Granitverkleidung, die Bron-
zezierteile und das Einfriedigungsgitter. Die Arbeiten wurden von Mai bis Herbst
2015 durchgeführt. Im Mai bis Juli 2016 erfolgte die Verkleidung der Bodenplatte
mit Basaltlava. Unterstützt wurde diese Fertigstellung des Denkmals vom Kölner
Verkehrsverein und privaten Sponsoren mit ca. 75 000 Euro.

Das Reiterdenkmal im Asyl:
Zwischen 2007 und 2009
wurde die restaurierungs-
bedürftige Reiterfigur im
Niehler Hafen zwischengelagert –
Foto Rüdiger Müller

Das Reiterdenkmal
wieder auf dem Heumarkt, vor
seiner Sockelrestaurierung 2015;
Patrick Essex, Fotografie, 2015 –
Foto patrickessex.com

Literatur
Beines, Chronologie 2004, S. 486–489;
Geis 2004, S. 446–469; Kier 2004,
S. 470–478;Verhandlungen der Stadt-
verordneten 1950; Verhandlungen
des Rates 1984.

GÜNTER, JÜRGEN, HÜHNER-FRANZ
SCHWULE MEILE HEUMARKT
RÜDIGER MÜLLER

März 1945: Der letzte Bombenangriff zerstört die Altstadt rund um den Heumarkt. Dann bahnen sich US-Panzer ihren Weg durch den »Trümmerhaufen« Köln. Endlich ist es vorbei. Mit dem Krieg, den Bombardements, dem Naziterror. Die Amerikaner haben die Kölnerinnen und Kölner befreit – auch die homosexuellen. Von den Nazis als »Volksschädlinge« verfolgt, verhaftet und ermordet, ist Schwulen und Lesben zur Zeit des Wiederaufbaus eine kurze Atempause vergönnt – die Menschen haben andere Probleme. Doch schon Anfang der 1950er Jahre sorgt man sich wieder um »Moral« und »Volksgesundheit«.

    Namhafte Kirchenvertreter drängen Oberbürgermeister Schwering, die Trümmer rund ums Rathaus abräumen zu lassen, da dort »lichtscheues Gesindel aller Art (...) sein Unwesen treibe«[1]. Auch die Sittenwächter fordern eine »selbstverständliche Bekämpfung der abscheulichen homosexuellen Erscheinungen, unter denen wir nicht erst seit fünf Jahren in bestimmten Bedürfnisanstalten leiden«[2]. Die öffentliche Toilette unter dem Heumarkt, wo einige männliche Besucher schüchtern Kontakte mit Gleichgesinnten knüpfen, wird von Polizei und Jugendamt observiert. Wo die Toilettenfrau für ein kleines Bestechungsgeld schon mal wegschaut, sehen die Beamten umso genauer hin. Misstrauisch beäugen sie die wachsende Subkultur: In den Wirtschaftswunderjahren gibt es in Köln bereits an die 15 Homosexuellenlokale. Einige der markantesten befinden sich im Heumarktviertel.

    Vor allem in der Hühnergasse – deren Name vom hier im Mittelalter gelegenen Geflügelmarkt herrührt. Das dortige »Caroussel« pries ein Magazin mit blumigen Worten als »eindeutig einschlägige Kellerbar«: Hier »fanden wir irgendwo in reichlich

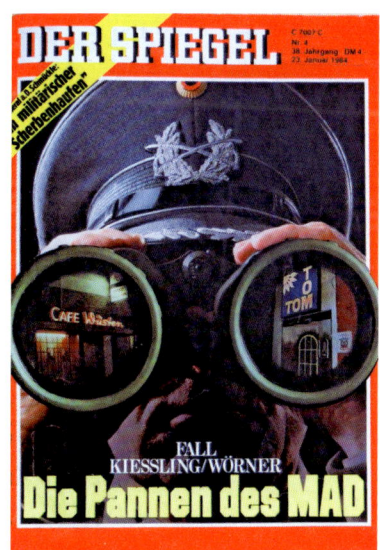

Homosexuelles Epizentrum am Heumarkt
Die Hühnergasse als Heimat verschiedenster Szenelokale –
Foto Rheinisches Bildarchiv

Der bundesweite Skandal
um den Vier-Sterne-NATO-General Günter Kießling
bringt das »TomTom« und die Hühnergasse 1984
in die internationalen Medien; Spiegel Nr. 4/
Januar 1984 – Centrum Schwule Geschichte Köln

angehäuftem Tuntenplüsch ein weiches Plätzchen«. Unscheinbar der Hauseingang »mit gewöhnlicher Kellertreppe«, umso eleganter das Ambiente.[3] Jedenfalls sobald man die Einlasskontrolle der resoluten Madame Marie, die das Lokal »stricherfrei« hielt, überstand. Als Geschäftsführer legten die Geschwister Heinz und Anneliese Enkeler Wert auf einen extravaganten Charakter: Antiquitäten zierten die Vitrinen, Getränke wurden am Tisch serviert, man plauderte auf Barhockern an der wuchtigen Theke. Im Nebenraum trumpfte man mit einer Besonderheit auf: Männer durften mit Männern tanzen! Während das anderswo allerhöchstens zu Karneval geduldet war, falls einer der Herren Frauenkleider trug. Konservative witterten Sodom und Gomorrha, doch im »Caroussel« ging es eher spießig zu: Im für die Adenauer-Ära typischen Anzug mit Hemd und Krawatte. Man wollte nicht anecken. »Die Hände mussten immer auf dem Tisch sein«[4] – so fieberten die männlichen Gäste wie Backfische einer Aufforderung zum Tanz entgegen. Wo sonst konnte man mit Geschlechtsgenossen wenigstens für die Dauer einer Schlagermelodie auf Tuchfühlung gehen?! Hier wähnte man sich, so ein Zeitzeuge, »so richtig kleinbürgerlich, biedermeierlich aufgehoben«[5]. Das war nicht abwertend gemeint. Die mütterliche Garderobenfrau kümmerte sich nicht nur um die Mäntel, sondern auch um das Seelenheil ihrer Gäste. Ein ausgeklügeltes »Sicherheitssystem« – vom roten Lämpchen bis zum dezenten Mit-dem-Vorhang-Wedeln – warnte vor Gefahr von außen, vor Kontrollen oder Razzien.

Schließlich wurde das, was dort passierte, mit Gefängnis bestraft. Der Paragraf 175 in der verschärften Fassung der Nationalsozialisten machte aus harmlosen Tänzern immer noch Perverse und Kriminelle. Vielen schoss der Schweiß aus den Poren, wenn sie beim Eintritt in ein als homosexuell verschrienes Etablissement gesehen wurden: »Man hatte natürlich Angst, wenn man da reingeht, dass man da eins auf den Deckel kriegt.«[6] »Schwulenklatschen« zählte auch damals zu den Lieblingsbeschäftigungen von »Halbstarken« – andere, neugierig auf diese exotische Welt, »wollten nur mal gucken«[7].

Zuweilen herrschte reger Verkehr zwischen »Carousel« und dem Nachbarn »En d'r Höhnerjass« – später: »Bei Franz« und »Hühnerfranz«. Rückten Polizeikontrollen an, schleuste man weibliche Gäste durch einen unterirdischen Gang von der einen in die andere Gaststätte, damit sie dort mit den Schwulen »poussierten«. So fanden die Beamten keinen Grund zur Beanstandung. Zeitzeugen vermuten auch stillschweigende Übereinkünfte zwischen Kneipiers und der Staatsgewalt. So wurden im »Carousel« zeitweilig Uniformierte gesichtet, die für ein Kölsch und einen Plausch an der Theke blieben, sich dann höflich verabschiedeten und »die Sache war erledigt«[8].

Da beim »Franz« angeblich »ein Jugendlicher mit Geldversprechen animiert worden sei, das Elternhaus zu verlassen«[9], beobachtete das Jugendamt das dortige Treiben mit Argusaugen. Nach einer Ortsbegehung im November 1964 notierte ein Beamter: »Der Innenraum war dicht besetzt mit jugendlichen Gästen. Darunter

befanden sich auch 10 Jugendliche unter 18 Jahren. Ganz offensichtlich handelt es sich hier um einen Treffpunkt für Homosexuelle, die mit langen Haaren und oftmals heruntergekommenen Gesichtszügen dicht gedrängt beisammen saßen.«[10] Das Szenario wirkte auf das Kontrollpersonal derart furchteinflößend, dass man von Ausweiskontrollen »wegen der Gefahr des Widerstandes gegen die Beauftragten des Jugendamtes«[11] absah. Das Verhalten der Gäste – »meistens junge Männer mit existentialistischem Aussehen« – war schon bei früheren Kontrollen bitter aufgestoßen: So »küßten sich die Männer gegenseitig, nachdem sie das Lokal betreten hatten. Die Art der Sprechenden und ihr Ausdruck war in jeder Beziehung unmännlich geprägt (hohe Stimme, tänzelnde Bewegungen).« Kein Wunder, dass selbst dezent zivil gekleidete Beamte »in diesem eigenen homosexuell wirkenden Klima« sofort auffielen.[12] Gezielt gestreute Gerüchte, in den Toilettenräumen des »Caroussel« würden sich Männer gegenseitig parfümieren, schminken und »noch Schlimmeres« miteinander tun, erwiesen sich jedoch als haltlos – und als Spitze einer Privatfehde zwischen Pächter und Hauseigentümer.

Mit sämtlichen Konventionen, wie ein anständiges Schwulenlokal auszusehen hätte, brach – passend zur Aufbruchsstimmung der ausgehenden 1960er Jahre – das Lokal »Himmel und Hölle« (Unter Käster 5–7, heute: »Altstadt-Pub«). 1967 eröffnet, wenige Monate später wieder geschlossen, setzte das Lokal ein Gegengewicht zum Plüschigen und Biederen der Konkurrenz. »Himmel und Hölle« waren hier Programm –

Als Stricherlokal verrufen
Das »TomTom« in der Hühnergasse; später befindet sich
hier das »Le Caroussel«, das Mitte 2016 schließt –
Centrum Schwule Geschichte Köln, Bild Heinz-Walter Friedriszik

die Garderobiere thronte auf einem Sessel mit riesigen Engelsflügeln, über den Gästen schwebten an die 60 Putten beim Harfe- und Geigenspiel inmitten eines indirekt beleuchteten Wolkenhimmels. Entsprechend finster präsentierte sich die Hölle in der unteren Etage: dunkle Schieferwände, Lederkissen, ein offener Kamin und ein riesenhafter Drache aus Hühnerdraht und Filzlappen. Tendenziell anders war auch das Musikprogramm: Am Wochenende legte »Jörg von Radio Luxemburg« nicht mehr Catherina Valente und Peter Alexander auf, sondern Frank Sinatra, Supremes und Nat King Cole. Allein durch Mundpropaganda wurde »Himmel und Hölle« binnen weniger Wochen zum Magneten für Schwule aus dem In- und Ausland. Viel Ehr', viel Feind: Da stand dann schon mal ein Schlägerkommando aus dem »Milljö« vor der Tür. Der Auftrag: im Laden aufzuräumen. Nur das Ordnungsamt war schlagkräftiger. Vor Weiberfastnacht 1967 wurde »Himmel und Hölle« dichtgemacht – wegen des mehrmaligen Verstoßes gegen die Auflage, dass auf zehn Männer im Lokal mindestens eine Frau zu kommen habe. Zudem beanstandete man laut Kölner Stadt-Anzeiger »die mangelnde Beleuchtung sowie das Benehmen der Gäste«[13].

Zurück zum »Caroussel«, inzwischen deutschlandweit bekannt unter seinem neuen Namen »TomTom«. Grund war eine angebliche Beobachtung, die sich 1984 zur wahren Staatsaffäre entwickelte. In ihrem Mittelpunkt: Vier-Sterne-NATO-General Günter Kießling (1925–2009). Zeugen behaupteten, Kießling verkehre in Kölns schwuler Szene, speziell im als Stricherlokal verrufenen »TomTom«. Gleich

Asi mit Nivoh
Ermittlungen vor Ort stellte auch der Kölschrocker und Szenekenner Jürgen Zeltinger an; Du & Ich Nr. 5/Mai 1984 (Ausschnitt) – Centrum Schwule Geschichte Köln

Kein Lokal wie jedes andere,
das »Himmel und Hölle«, Unter Käster 5–7; heute befindet sich hier der »Altstadt-Pub« – Centrum Schwule Geschichte Köln

mehrere Personen berichten von einem »Günter (oder auch: ›Jürgen‹) von der Bundeswehr«[14]. Bundesverteidigungsminister Manfred Wörner gab Alarm – Kießling, wegen angeblicher Homosexualität erpressbar und somit ein Sicherheitsrisiko, sei untragbar. Wörner versetzte seinen General in den vorzeitigen Ruhestand. Kölschrocker und Szenekenner Jürgen Zeltinger »ermittelte« vor Ort – im Auftrag der Boulevardpresse. Fernsehteams gaben sich in der Hühnergasse die Klinke in die Hand: Nicht nur zahllose Pannen, zweifelhafte Zeugen und Wörners Vorgehen wurden öffentlich diskutiert. Der Kölner Schwulenaktivist Jean-Paul Letist resümierte, die Kießling-Affäre sei eine Wörner-Affäre, denn das Verhalten des Ministers belege, dass Homosexuelle nicht nur von der Gesellschaft, sondern auch von der Regierung diskriminiert würden. Aufgrund mangelnder Beweise wurde der General zwar rehabilitiert, blieb aber zeitlebens »geächtet«. In der Hühnergasse erinnerte später ein Graffiti-Wandbild an den Skandal.

Nach einer »Generalüberholung« führte Lindenstraßen-Star Claus Vinçon das inzwischen »Le Caroussel« genannte Lokal, seit Mitte 2016 ist es geschlossen. Aufhorchen lässt die Hühnergasse heute nur noch die Anwohner, die seit Jahren eine fortschreitende »Verwahrlosung« der kaum 50 Meter langen Furt zwischen Heumarkt und Alter Markt beklagen. Sicher ist die »Höhnergass« kein Juwel der Stadtarchitektur – aber immer noch schillernder Anziehungspunkt für Nachtschwärmer aller Couleur.

Literatur
Balser, Kramp, Müller und Gotzmann 1994, Kölner Stadt-Anzeiger 4./5.3.1967; Kölner Stadt-Anzeiger, 30.9.2014; DER SPIEGEL, Heft Nr. 4, 23.1.1984; DER SPIEGEL, Heft Nr. 3, 16.1.1984..

Unveröffentlichte Quellen
HAStK – Acc. 561, Nr. 309; HAStK – Acc. 414, Nr. 70; Zeitzeugeninterviews 1992/93, Centrum Schwule Geschichte Köln, Archiv.

DIE HANDWERKSKAMMER
AM HEUMARKT
SELBSTVERWALTUNG
UND »FEST IN GOLD«
ULRICH S. SOÉNIUS

Der Heumarkt hat eine lange Tradition als Wirtschaftsstandort. Dies galt und gilt auch für die Selbstverwaltungsorganisationen der Wirtschaft. Seit über fünf Jahrzehnten ist am Heumarkt 12 die Handwerkskammer Köln beheimatet. Sie vertritt nicht nur die Handwerksunternehmen in der Stadt, sondern die der gesamten Region Köln-Bonn. Seit 1897 organisieren sich die Handwerksunternehmen in eigenen Kammern. Bei der »älteren Schwester«, der Industrie- und Handelskammer, die bis 1932 im Heumarktviertel ihren Sitz hatte, waren die Handwerker vorher nicht organisiert.

1897 ermöglichte die Änderung der Gewerbeordnung die Gründung von Handwerkskammern. In Köln geschah dies nach der Wahl durch die Unternehmen am 2. April 1900. An diesem Tag traten die Gründungsmitglieder im Sitzungssaal des Regierungspräsidenten zusammen. Aufgabe der neuen Kammer war neben der Vertretung des Gesamtinteresses ihrer Mitglieder die Regelung und Überwachung des Ausbildungswesens, die Unterstützung der öffentlichen Hand bei der Förderung des Handwerks und die Bildung von Gesellenprüfungsausschüssen. Schon früh war die Kammer in der Gewerbeförderung tätig. Die erste Geschäftsstelle befand sich in angemieteten Räumen an der Bischofsgartenstraße 5.

Zu Beginn vertrat die Handwerkskammer ca. 16 000 Unternehmen mit 51 Berufen, heute sind es über 33 600 Handwerksbetriebe mit 151 Berufen. Bei der Gründung gab es einige, die heute nicht mehr präsent sind – z. B. Küfer, Mühlenbauer oder Stock- und Schirmmacher; dafür gibt es heute neue Berufe, wie Bauten- und Objektbeschichter, Technische Systemplaner oder Informationselektroniker.

Aufgrund des Raumbedarfs wechselte die Handwerkskammer kurz zum Neumarkt und war seit 1908

Die Architektur
der mittelalterlichen Giebelhäuser zum Vorbild hat das Gebäude der Handwerkskammer – Foto Raimond Spekking/CC BY-SA 4.0, Wikicommons

Bundeskanzler Ludwig Erhard
zu Besuch in der Kölner Handwerkskammer; Heinz Sangermann, Fotografie, 1965 – Stiftung Rheinisch-Westfälisches Wirtschaftsarchiv zu Köln

in einem eigenen Haus an der Machabäerstraße 34 ansässig. Dieses Domizil bewohnte sie bis zur Zerstörung im Zweiten Weltkrieg 1944. Die Handwerkskammer war ein Jahr zuvor Bestandteil der Gauwirtschaftskammer Köln geworden und hatte als eigenständige Institution aufgehört zu existieren.

Nach dem Krieg wurde Elektromeister Bernhard Günther mit der Wiedergründung der Handwerkskammer beauftragt, die am 6. Juni 1945 erfolgte. Die Kammer übernahm in der Gilbachstraße ein zerstörtes Schulgebäude. Bis 1975 war Günther Kammerpräsident – er gestaltete in dieser und in vielen anderen Positionen, u. a. als langjähriger Bundestagsabgeordneter, die Arbeit der Handwerkskammer entscheidend mit.

Der Aufgabenbereich wurde stetig erweitert. Ein Teil dieser Aufgaben ist hoheitlicher Natur (Handwerksrolle, Lehrlingsrolle und Sachverständigenbestellung), ein anderer staatlicher: die Rechtsaufsicht über Kreishandwerkerschaften und Innungen. Die wachsende Körperschaft des öffentlichen Rechts benötigte ein neues Gebäude. 1956 erwarb sie von der Trinitatiskirche ein erstes Areal am Heumarkt – weitere Grundstückskäufe folgten. Für den Neubau wurde ein Architektenwettbewerb ausgeschrieben, den der Kölner Architekt Hans Schilling für sich entscheiden konnte. Im Herbst 1959 bezogen die Mitarbeiter das neue Gebäude, das mit drei Spitzgiebeln Bezüge zu den mittelalterlichen Bauten in Köln herstellte. Im Juni 1960 wurde der Bau offiziell eröffnet, Bundeswirtschaftsminister Ludwig Erhard verkündete dabei seinen ersten »Maßhalteappell«. Weitere Bauabschnitte folgten am

Rückbesinnung auf das Mittelalter
Bei der Vereidigung schwören Sachverständige in der Handwerkskammer vor dem Verbundbrief, der mittelalterlichen Stadtverfassung der Gaffeln – Handwerkskammer Köln, Foto Arne Schröder, 18.4.2016

AUFERSTANDEN AUS RUINEN ...

Heumarkt. Der Ostteil des Gebäudes mit dem markanten Turm zum Rhein hin wurde 1970 in Betrieb genommen. Architekt war Werner Ingendaay. In Köln-Ossendorf entstand das »Bildungszentrum Butzweilerhof«, wo hauptsächlich die »überbetriebliche Unterweisung« stattfindet. Dort gibt es seit 1999 in der Nachbarschaft ein Fortbildungszentrum. Zudem unterhält die Handwerkskammer eine Geschäftsstelle in Bonn.

Als Wirtschaftsorganisation ist die Handwerkskammer Köln am Heumarkt auch mit Veranstaltungen präsent, z. B. Ausstellungen, und besonders mit dem »Fest in Gold«, das gemeinsam mit der Kreishandwerkerschaft Köln und der Gold- und Silberschmiede-Innung Köln einmal jährlich veranstaltet wird. Junge Goldschmiede fertigen dazu künstlerisch wertvoll gestaltete Karnevalsorden an, die an Persönlichkeiten des öffentlichen Lebens verliehen werden. Seit 2011 veranstaltet die Handwerkskammer anlässlich des bundesweiten »Tags des Handwerks« jährlich im September ein großes Open-Air-Fest mit Musik und Information auf dem Heumarkt – auf jenem Platz also, auf dem seit Jahrhunderten Wirtschaft betrieben wird.

Anziehungspunkt für die Massen
Der Tag des Handwerks: natürlich auf dem Heumarkt –
Handwerkskammer Köln, Foto Tom Zygmann, 2016

Literatur
Kind 2000.

BALLHAUS AM RHEIN
DAS MARITIM HOTEL
IM SÜDEN DES HEUMARKTS
WIBKE BECKER

Nach dem Abriss der alten Hauptmarkthalle nach dem Zweiten Weltkrieg blieb ein großer Teil des südlichen Heumarkts lange Zeit unbebaut. Das direkt neben der Auffahrt zur Deutzer Brücke gelegene Grundstück wurde lediglich als Parkplatz genutzt. Die Brachfläche riss ein weiteres Loch in die Rheinfront. Zur Schließung dieses Unortes und besseren Nutzung des Areals wurden bis Mitte der 1980er Jahre immer wieder neue Pläne diskutiert, beispielsweise der Bau einer Konzerthalle, einer Eissporthalle, eines Hotels, eines Kongresszentrums oder einer Spielhalle. Im Dezember 1986 genehmigte der Rat schließlich den Verkauf des Grundstückes an die Maritim Hotelgesellschaft mbH. Die wichtigsten Auflagen der Stadt für das Bauvorhaben: Das Hotelgebäude sollte dem Heumarkt zu einer besseren stadträumlichen Geschlossenheit verhelfen und eine öffentlich zugängliche Verbindung zwischen Innenstadt und Rheinuferpromenade schaffen. Als Sieger des Architekturwettbewerbs ging das Kölner Büro Prof. Kraemer, Sieverts + Partner (KSP) hervor. Aufgrund der Ähnlichkeit des Entwurfs mit dem von Prof. Gottfried Böhm entworfenen Stuttgarter Züblin-Haus wurde auf Empfehlung der Jury auch das Büro Böhm an den weiteren Planungen beteiligt.

Zum Jahreswechsel 1988/89 wurde das Maritim Köln eröffnet. Mit über 450 Zimmern, Luxussuiten, öffentlicher Tiefgarage, Schwimmbad, Veranstaltungs- und Konferenzräumen und mehreren Restaurants ist es bis heute das größte Hotel der Stadt. Der Forderung, einen der Öffentlichkeit zugänglichen Raum zu schaffen, kamen die Architekten mit der Anlage einer gläsernen Halle zwischen den beiden Hoteltrakten nach. Restaurants, Bars und Ladengeschäfte säumen die Längsseiten der 100 Meter langen Passage, die den gesamten Platz bis zur Straße am Rheinufer erschließt. In einem am nördlichen Gebäudeteil angeschlossenen

Herrschaftlich am Rhein
breitet sich der Großbau des Maritim Hotels am Rheinufer aus – Foto Maritim Hotel Köln

Großbaustellenprojekt
Die Bauarbeiten des integrierten Parkhauses mit eigener Zufahrt unter dem Haus – Maritim Hotel Köln, Foto Foto-Studio A. Olligschläger

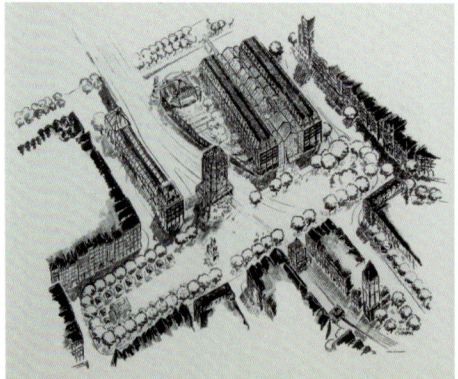

232

Rundbau befindet sich der Hauptveranstaltungssaal des Hauses, der mit Platz für rund 1600 Personen das Angebot an großen Veranstaltungsräumen in Köln wesentlich verbesserte – er ist bis heute der größte Kölner Hotel-Festsaal. In seiner Gestalt lehnte sich das Hotel mit Giebeln und grauer Tuffsteinfassade an die Architektur der Altstadt und der Markthalle an. Zahlreiche Fachleute bezeichneten den Neubau nach der Eröffnung als geglückten städtebaulichen Blickfang und wichtigen Schritt zur Wiederherstellung des Heumarktes als städtischen Platzraum.

Andere, parallel angestoßene Ideen für eine Neugestaltung des Heumarktes blieben hingegen unverwirklicht. Weit fortgeschritten waren 1988 die Planungen für ein neues Rautenstrauch-Joest-Museum nach einem Entwurf von Prof. Gottfried Böhm auf der nördlichen Seite der Brückenrampe, entlang der Markmannsgasse. Böhms Entwurf sah einen zwischen zwei Türmen liegenden langgestreckten Museumsbau vor, der sich der Architektur des Maritim Hotels anpasste. In Anlehnung an eine Idee des Stadtplaners Fritz Schuhmacher aus den 1920er Jahren sollte der östliche Turmbau an der Brückenauffahrt gemeinsam mit seinem »Pendant«, dem Saal des Maritim Hotels, die Brückenmündung architektonisch einfassen und ein Stadttor »mit Zeichencharakter«[1] bilden. Das Projekt wurde 1993 zugunsten des Neubaus des Wallraf-Richartz-Museums aufgegeben. Wenig später griff ein privater Investor die Idee eines Museumsbaus an gleicher Stelle wieder auf. Geplant war ein Duftmuseum in einem auf Stahlsockeln stehenden futuristisch wirkenden Gebäude 2003 sollte eröffnet werden. Doch auch dieses Vorhaben scheiterte. Reine Theorie blieben zudem die zahlreichen Planungen, die unübersichtliche Verkehrsführung auf dem Heumarkt zu verbessern, die das Areal südlich der Brückenauffahrt vom restlichen Platz abschneidet – bis heute.

Bis 1997 rückte das Kölner Maritim auf Platz vier der umsatzstärksten Hotels in Deutschland. Internationale Stars wie Larry Hagman, Claudia Schiffer, Roger Moore, Elton John, Liza Minnelli oder Whitney Houston zählten zu den Gästen.

… UND DER ZUKUNFT ZUGEWANDT?

Rudi Carrell und andere Mitarbeiter des in Köln ansässigen Privatsenders RTL wohnten sogar dauerhaft im Maritim. Die Kölnerinnen und Kölnern nutzten die gläserne Passage gerne zum Cafébesuch oder sonntäglichen Schaufensterbummel. Dank des Festsaals wurde das Maritim zudem zu einer wichtigen Veranstaltungsadresse: Bedeutende Ereignisse der Ballsaison zogen in den 1990er Jahren hierher, beispielsweise der KölnBall, die UNICEF-Benefiz-Gala »Follow your heart«, die Gala des Kölner Sports oder der Juristenball, ab 1997 auch die Eröffnungsgala der Kölner Aidshilfe zum Christopher Street Day (bis 2015). Mit dem »Ball Jeunesse« im Maritim bekam Köln 1990 einen neuen Wohltätigkeitsball nur für Menschen zwischen 18 und 30 Jahren. Innerhalb kurzer Zeit gaben sich darüber hinaus im großen Saal renommierte Karnevalsgesellschaften wie die Roten Funken, die Grielächer, die Prinzengarde oder die Jummimüüs-Gesellschaft die Klinke in die Hand. Auch das Fernsehen war in den 1990er Jahren oft zu Gast. RTL drehte hier beispielsweise die Talkshow »Die Woche« und sendete ab 1992 die Kostümsitzung der Prinzengarde (bis 2005). Für besonderen Glamour am Heumarkt sorgte im Dezember 1992 die Verleihung des »Bambis«, des ältesten deutschen Medien- und Fernsehpreises. Der Ehren-Bambi ging in diesem Jahr an Willy Millowitsch. Der »Telestar«, bis zur Etablierung des »Deutschen Fernsehpreises« die wichtigste Fernsehauszeichnung von ARD und ZDF, wurde ebenfalls mehrmals im Maritim verliehen.

Auch wenn es rund 30 Jahre nach der Eröffnung einige modernere Übernachtungsmöglichkeiten in Köln gibt: Das Maritim hat noch immer einen besonderen Charme und zählt zu den beliebtesten Hotels der Stadt.

Heimat des Kölner Karnevals
Durch die Größe des Festsaals ist das Maritim auch sehr beliebt im Kölner Karneval, wie hier bei einer Sitzung der Kölschen Funken Rut Wieß vun 1823 – Foto Maritim Hotel Köln

Literatur
AIT 1989, S. 28–35; Hagspiel 1991, S. 324–330; Kantzow 2007; Kracht 2003; Liebs 1991, S. 286–294; MacNeille 2004; Maritim Hotel Köln 1998; Modernes Köln 1988; Schreiber 1989; TOP Magazin 1997; Verhandlungen des Rates 1986; Vielhaber 1989; Wahlenová 1989, S. 23–31; Zöller 1989.

Unveröffentlichte Quellen
Lorber, Paul, Schneider und Fuhrmann 1999.

VON DER SEVERINSTRASSE AN DEN HEUMARKT

DAS HISTORISCHE ARCHIV DER STADT KÖLN

BETTINA SCHMIDT-CZAIA UND CLAUDIA TIGGEMANN-KLEIN

Severinstraße 222–228, 50676 Köln, so lautete vom 26. Juli 1971 bis zum 3. März 2009 die Adresse des Historischen Archivs der Stadt Köln. Der moderne Zweckbau an der Severinstraße war markant, zu seiner Entstehungszeit wegweisend und Anlass zu neugieriger Nachfrage, was sich wohl hinter der Fassade mit Granitplatten und schmalen, schießschartenartigen Fenstern verberge. Dass sich dort die Schätze Kölner und rheinischer Geschichte, aber auch der Geschichte des Alltags der Bürgerinnen und Bürger seit über zwölf Jahrhunderten verbargen, wurde vielen erst später schmerzhaft bewusst – mit dem Einsturz am 3. März 2009.

Die Anfänge des Archivs reichen in das frühe 12. Jahrhundert zurück. Die Unterbringung der Archivalien führte von einer Kiste im Haus eines Patriziers über ein Gewölbe im Ratsturm, die Rathauskapelle, das Haus Cäcilienstraße 1 a und einen neugotischen Repräsentativbau am Gereonskloster zu dem Gebäude, das 1971 in der Severinstraße bezogen wurde.

Der Einsturz vom 3. März 2009 machte Archivbestände und Archivmitarbeitende gleichermaßen obdachlos. Während die Archivbestände im Zuge der Bergung nach und nach in 20 sogenannten Asylarchiven in ganz Deutschland Zuflucht fanden und nun zentral im Magazin des ehemaligen Landesarchivs in Düsseldorf als Asylarchiv gelagert werden, kamen die Archivmitarbeitenden zunächst für zwei Wochen notdürftig in Büros im Kulturdezernat unter. Ab Ende März 2009 fand man im 14. Stock des Stadthauses in Deutz Unterschlupf. Diese Büros waren ursprünglich für die Kämmerei vorgesehen, zum Zeitpunkt des Einsturzes aber ungenutzt.

Diese Unterbringung im Zentrum der Stadtverwaltung brachte zwar einige Vorteile, aber auch größere Nachteile mit sich, die schließlich zum Bezug des Interimsgebäudes am Heumarkt führten. Von Vorteil war es etwa, in direkter räumlicher Nähe zu vielen anderen städtischen Dienststellen zu sein. Als Nachteil erwies sich zum Beispiel, dass das Archiv kaum wahrgenommen wurde und kein eigenes Profil entwickeln konnte. Zwar gab es einen notdürftig eingerichteten provisorischen Lesesaal für die unbeschädigt gebliebenen Zweitschriften der mikroverfilmten Bestände, aber Vorträge, Ausstellungen und weitere Presse- und Öffentlichkeitsarbeit

Eine vorübergehende Heimat
am südlichen Rand des Heumarkts hat das Historische Archiv der Stadt Köln nach dem Archiveinsturz gefunden – Foto Raimond Spekking/CC BY-SA 4.0, Wikicommons

236

konnten nicht durchgeführt werden. Es fehlte schlichtweg an Räumen und Zugangs-
möglichkeiten, um das Bürgerarchiv auch unter diesen Bedingungen fortzuführen,
von der Benutzung der nach und nach wieder zugänglichen Bestände ganz zu
schweigen.

Am Heumarkt 14 fand sich dann erfreulicherweise eine Immobilie, die das
Archiv im Herzen der Stadt wahrnehmbar und mit Zugang für alle unterbringen
konnte, bis der Neubau am Eifelwall fertig gestellt sein wird. Die Verhandlungen
zwischen der Gebäudewirtschaft der Stadt Köln als Mieterin und der Handwerkskammer Köln als Vermieterin führten zum Erfolg, und ab dem 22. April 2010 bezogen
die Mitarbeitenden des Archivs das Erdgeschoss mit Ausstellungsraum und Lesesaal,
das Zwischengeschoss und die erste Etage des Hauses Heumarkt 14. Außerdem
stehen dem Archiv zwei Sitzungs- und Besprechungsräume im siebten Obergeschoss
zur Verfügung. Die vorher – bis auf eine private Nutzung der obersten Etage – weitgehend leer stehende Immobilie wurde durch den Einzug neu belebt, die Kämmerei
und das Finanzdezernat der Stadt Köln zogen nach, ebenso gewerbliche Mieter.

Im Ausstellungsraum zeigt das Archiv einmal pro Jahr über einen Zeitraum von
wenigstens sechs Monaten eine größere Ausstellung, die auffällig auf der Frontschei-
be zur Straße hin beworben wird – das Schaufenster wird in das Gestaltungskonzept

Das Hotel »Vanderstein-Bellen« und die Metzgerei Camps
prägten bis zu den Zerstörungen im Zweiten Weltkrieg
das Erscheinungsbild des südlichen Heumarkts; August Sander, Fotografie, um 1938 –
Kölnisches Stadtmuseum/Rheinisches Bildarchiv

dieser Ausstellungen eng eingebunden. Dazwischen werden in »Kabinettstückchen« kleinere Ausstellungen geboten, die einen besonderen Blick auf Einzelstücke oder einzelne Themen eröffnen. Flankiert werden all diese Ausstellungen durch ein breit angelegtes Vortragsprogramm mit vielen Referenten aus dem Haus sowie von außerhalb; Besucherzahlen zwischen 50 und 120 pro Vortrag zeigen, wie gut dieses Angebot des Archivs als Zentrum der Stadtgeschichte angenommen wird.

Dennoch wirkt die Adresse »Heumarkt« bis heute verwirrend, wird doch dieser Teil des Heumarktes im Schatten des Maritim Hotels und jenseits der Bahnlinie über die Deutzer Brücke oft nicht mehr als »Heumarkt« wahrgenommen. Dabei finden sich in den Adressbüchern von 1828 bis 1973 am Heumarkt 14 illustre Vorbewohner: So wechseln die Eintragungen zwischen 1828 und 1871 zwischen »Seydlitz, Wwe«, einfach nur »Seydlitz« und »Seydlitz & Merkens, Bankgesch(äfte)«. Von 1872 bis 1899 war hier die Weinhandlung Engels zu finden, ergänzt ab 1904 durch das »Baubureau« der gegenüber angelegten Zentralmarkthalle. In den Jahren 1922 bis 1941/42 waren der Metzger Camps hier ansässig und der Jurist Barth, ehe die Kriegszerstörungen auch den Heumarkt 14 betrafen.

Im Oktober 1959 bezog die Handwerkskammer den von Hans Schilling entworfenen Neubau am Heumarkt 12. Zusätzlich fanden sich hier ab 1960 die Landesverbände der Innungskrankenkassen und Landeskrankenkassen Nordrhein und Rheinland-Pfalz, 1961 kam die Konditorenfachschule hinzu. Einrichtungen der Handwerkskammer und Versicherungen sowie Dienstleistungsunternehmen wechselten sich in den Folgejahren ab. Der Architekt Werner Ingendaay fügte 1970 den Ostteil des Gebäudes hinzu, die heutige postalische Adresse »Heumarkt 14«. Zu den ersten Mietern ab 1971 gehörten die Führ Hans KG Büromaschinen, Orbis-Reisen und die Rheinische Handwerksbaugesellschaft für Schlüsselfertiges Wohnen, ehe 1973 auch die Rechtsanwälte Deringer, Herrmann, Rekker, Sedemund, Tessin ihren Sitz hier nahmen. Die Kanzlei Deringer ist eine der Gründungszellen von Freshfields Bruckhaus Deringer, die bis zu ihrem Umzug in den Rheinauhafen 2005 ebenfalls hier ansässig war.

Das heutige Gebäude am Heumarkt 14 liegt am »Piccadilly Circus« von Köln. An den großen Schaufensterscheiben des Ausstellungsraumes fahren täglich tausende Autos vorbei, Linienbusse steuern regelmäßig die Haltestelle vor dem Haus an, und auch der Weg der Fußgänger zum Rhein und zum Schokoladenmuseum führt am Archiv vorbei. Zahlreiche Gäste der am Rheinufer liegenden Flusskreuzfahrtschiffe nehmen am Archiv vorbei den Weg in die Altstadt oder zur »Malzmühle«.

Aber nicht nur seine derzeitige Adresse verbindet das Archiv mit dem Heumarkt. Der Heumarkt selbst lässt sich an vielen unterschiedlichen Stellen in den Archivbeständen finden und erforschen. So weist das Historische Archiv eine große Zahl von sogenannten Mühlenzetteln auf, die u.a. aus der »Malzmühle« stammen und belegen, wie viel Malz dort jeweils wann gemahlen wurde. Da aus dem Malz Bier wurde, lässt sich

auf diese Weise einiges zum frühneuzeitlichen Bierkonsum aussagen. Die Schreinsbücher im Historischen Archiv enthalten ebenfalls Informationen zu den Eigentumsverhältnissen der Immobilien am Heumarkt, teilweise sogar bis zurück in das 12. Jahrhundert. Der Heumarkt, detailreich mit seinen Häuserzeilen, erscheint in den Zeichnungen, die der Kölner Drucker, Verleger und Schriftsteller Franz Anton Kreuter angelegt hat. Auf einigen von ihnen lassen sich die Häuser aufklappen, so dass ein dreidimensionaler Eindruck entsteht.

Auch im Archivbestand »Oberbürgermeister« sowie in den »Abgaben« des Stadtkonservators und im Trümmeramt finden sich Informationen über den Heumarkt. Der ebenfalls im Archiv befindliche Nachlass des Bildhauers Gustav Blaeser beinhaltet die Skizzen für das Reiterdenkmal Friedrich Wilhelms III. auf dem Heumarkt.

So schön die Lage am Heumarkt 14 auch ist: Die Unterbringung stellt ein Provisorium dar, können doch Archivalien im Original nur im Lesesaal des Restaurierungs- und Digitalisierungszentrums in Porz-Lind vorgelegt werden. Das führt zu dauerhaft

wenigstens zwei Archivstandorten in Köln. Sie überbrücken also nur die Zeit bis zum Bezug des Neubaus am Eifelwall, der voraussichtlich 2020 erfolgen kann. Dort sind dann Bestände und Archivmitarbeitende erstmals seit dem 3. März 2009 wieder vereint.

Literatur
Schmidt-Czaia 2010, S. 10–38; Schmidt-Czaia 2011; Schmidt-Czaia, Fleckenstein und Plassmann 2014.

DRINK DOCH ENE MET ...
DER HEUMARKT UND
SEINE KNEIPEN
STEFAN LEWEJOHANN UND
SASCHA PRIES

Unter Feldforschung versteht man das systematische, an Ort und Stelle vorgenom-
mene Sammeln wissenschaftlich auswertbarer Daten durch Beobachtung oder Be-
fragung von Kulturen oder bestimmten Gruppen in einem natürlichen Raum. Unser
Forschungsthema: die Kneipen, Ort: der Heumarkt!

Der erste Blick über den Platz ist beeindruckend: Die große Freifläche inmitten
der zahlreichen historischen Gebäude bietet einen seltenen Anblick in der ansonsten
eng bebauten Kölner Altstadt. Selbst wenn man nicht weiß, wessen Reiterdenkmal
im Zentrum steht – man wähnt sich in einem zentralen, traditionsreichen Viertel, in
dem jeder lapidare Pflasterstein Geschichte atmet.

Und tatsächlich bietet das Viertel um den Heumarkt eine spannende und
äußerst ambivalente Geschichte. Einerseits errichteten hier im Kern der Altstadt
wohlhabende Kaufleute und einflussreiche Gaffeln ihre prunkvollen Wohn- und
Geschäftshäuser. Andererseits war das Marktviertel wegen der Nähe zum Hafen bekannt für die zahlreichen Gaststätten, Brauereien und Weinstuben – und aus eben-
diesem Grund für seine florierende Prostitution. Aber auch fromme Pilger nahmen
z. B. im Gasthaus »Harte Faust« auf dem Heumarkt Quartier. Zulauf bekamen die
Wirte vor allem durch die vielen auswärtigen Kaufleute, die der Rat dazu verpflichtete,
dass sie »in offenbaieren herbergen lijgen [sollen] by yren wirden«[1]. Zur Vermeidung
von Absprachen zwischen den Kaufleuten und zur Verhinderung des Verlusts fälliger
Handelsgebühren, sogenannter Akzisen, wurden auch ihre Waren hier gelagert. Die
Wirte fungierten als Unterkäufer, ohne die der Handel zwischen den Parteien nicht
zustande kommen durfte.

Meist wurde dort, wo Bier ausgeschenkt wurde, auch gebraut. Im Vorderhaus
befanden sich die Schankwirtschaften, im Hinterhaus die Brauereien. Rund um den
Heumarkt siedelten sich Brauhäuser wie das »Sassen-Huys« auf dem Sassenhof, das
Brauhaus »Zum Sack« in der Straßburgergasse (beide schon 1412 nachgewiesen)
oder das Brauhaus »Zum Schloss Bensberg« am Heumarkt 68 an.

Eines der alten Prunkhäuser am nordwestlichen Rand des Heumarkts beherbergt heute eines der großen Gasthäuser am Platz und bildet den Ausgangspunkt

Bierdeckel in Hülle und Fülle
lassen sich in den diversen Gasthäusern rund
um den Heumarkt sammeln – Foto Sascha Pries

242

unserer Forschungsreise: das »Gilden im Zims«. 1568 ließ der Ratsherr Wilhelm ter Lahn von Lennep das »Haus St. Peter« im Stil der Spätrenaissance mit prächtiger Fassade errichten. Seit Mitte des 19. Jahrhunderts war das »Haus St. Peter« ein Bierhaus. Der Radrennfahrer Hans Zims erwarb es 1920 und gab der Gaststätte seinen Namen. Das im Zweiten Weltkrieg zerstörte Gebäude wurde wieder aufgebaut und in den 1950er Jahren zum Treffpunkt der Kölner Sportwelt. Seit dem Umbau 2006 ist es unter Enkelsohn Hans-Willi Zims die »Heimat kölscher Helden« mit Biografien von mehr oder weniger bekannten Kölnerinnen und Kölnern auf der Speisekarte. Der historische Gewölbekeller ist heute zugleich Außenstelle des Kölner Karnevalsmuseums.

In direkter Nachbarschaft zum traditionsreichen »Gilden im Zims« locken den durstigen Feldforscher ganz andere Töne – Alpentöne! Seit 2015 servieren hier im »Servus Colonia Alpina« Zenzis in Lederhosen Münchner Spaten-Bier und Weißwurst – Kölsch sucht man auf der Karte vergebens. Und auch im 19. Jahrhundert wurde an dieser Stelle weniger Bier als vielmehr Kornbranntwein verköstigt: Seit 1870 führte Caspar Ewald hier im Haus Seidmachergässchen 2 zwischen Steinweg und Heumarkt die Kornbranntweinbrennerei »Em Höttche«, die später von Mathias Berg – dem Urgroßvater eines der beiden Herausgeber – übernommen wurde. Bergs Tochter zog es hingegen weit weg von der Gastronomie: Grete Brabender (1896–1995) wurde Skulpturenrestauratorin. Ihre Arbeit an zahllosen Skulpturen von Hamburg bis Nürnberg bescherte ihr den liebevollen Spitznamen »Mutter der

Beliebte Travestieshows
bot das »Timp« bis zu seiner Schließung – Werbeanzeige aus: First, Kölner Monatsmagazin für Schwule, 1990er Jahre

Grußkarte der
Kornbranntweinbrennerei »Em Höttche«; L. Boeren (Verlag), 27.6.1914 (Stempeldatum) – aus: Werner Schäfke/Peter Ditgen (Hg.): Köln auf alten Ansichtskarten, Köln 1996, S. 11

Madonnen«. Bis ins hohe Alter ging Brabender ihrem Beruf nach und war 1983 – im Alter von 87 Jahren – noch Deutschlands älteste aktive Restauratorin. Das »Höttche« selbst wurde im Zweiten Weltkrieg zerstört; damit ging – durch die Nähe zum Kölner Rathaus – auch eine beliebte Einkehrmöglichkeit für die Kölner Ratsmitglieder verloren, die ihre Diskussionen oftmals an der Theke des »Höttche« weiterführten.

Unweit des »Zims« und des »Servus« ist ein Stein in das Heumarktpflaster eingelassen, der auf die Schattenseite der Vergnügung verweist: Er erinnert an Timm Knieper, der im Mai 2008 im Alter von 20 Jahren nach einer nächtlichen Schlägerei zwischen betrunkenen Jugendlichen einer Hirnblutung erlag. Es war nicht das erste Mal, dass am Heumarkt aus Spaß bitterer Ernst wurde. Schon aus dem Mittelalter sind Streitereien, teils auch mit Todesfolge, bekannt – 1481 endete in der Salzgasse eine Auseinandersetzung zwischen betrunkenen Wachleuten in einer wilden Messerstecherei.[2]

Auf dem Weg zum südlichen Heumarkt passiert man die Bolzengasse. Hier erinnert nichts mehr an die ehemalige »Bierinsel«, wie man das Gebiet um den Gürzenich im Volksmund des 19. Jahrhunderts wegen der hohen Zahl an Wein- und Bierhäusern nannte. Von den damaligen Lokalen, wie beispielsweise dem bayerischen Bierlokal »Massau« in der Kleinen Sandkaul 7, der Weingroßhandlung »Jansen«, Martinstraße 23, oder dem Brauhaus »Kränkel«, Martinstraße 24, stand bis vor kurzem nur noch das »Hotel Timp« an der Pipinstraße. Zuletzt machte sich das »Timp« als Travestielokal einen Namen, bis hier 2008 die Perücken endgültig an den Nagel gehängt wurden und es nur noch zweimal kurzzeitig als Ausstellungsfläche seine Pforten öffnete. Heute findet man in dieser Gegend lediglich noch das »Kölner's« in der Bolzengasse 3, das bis 2009 den etwas unzeitgemäßen Namen »Beim Bimbo« trug. Das »Bimbo« war in den 1960er Jahren besonders für seine guten Frikadellen und die mit illustren Tünnes-und-Schäl-Anekdoten und Prominentenbildern verzierten Wände bekannt.

Schnapsgläschen und Steinzeugkrüge
aus dem Inventar der Kornbranntweinbrennerei »Em Höttche« im Haus Seidmachergässchen 2 – Privatbesitz, Foto Marcus Trier

Gedenkstein
für den verstorbenen Timm Knieper, eingelassen im Heumarktpflaster – Foto Rheinisches Bildarchiv

Will man heute zur »Malzmühle« vordringen, muss man sich zunächst durch den Verkehrsstrom aus Menschen, Autos und Bahnen kämpfen sowie das Gewirr aus Straßen, Schienen, Busbahnhof und Verkehrsinseln überwinden. Der Platz wurde hier zwischen 1937 und 1939 im Rahmen der nationalsozialistischen Stadtplanung zerschnitten, so dass der südliche Teil heute zu einem anderen Viertel zu gehören scheint. Ist man jedoch am Heumarkt 6–10 angelangt, betritt man die letzte verbliebene Brauerei und eine der bekanntesten Adressen am Platz.

Bereits im frühen Mittelalter befand sich hier ein Hof des Weseler Klosters – schon damals mit angeschlossener Brauerei. Baumeister Nikolaus Krakamp erbaute 1744 an dieser Stelle das »Haus Gruwel«. 1858 übernahm es Jakob Koch und gründete die bis heute bestehende Brauerei. Neben dem meist obergärigen Bier stellten er und sein gleichnamiger Sohn in den folgenden Jahrzehnten nach einem geschützten Verfahren auch ein über die Stadtgrenzen Kölns hinaus bekanntes Malzextrakt-Bier her. Noch in den 1920er Jahren galt es gemeinhin für schwangere und stillende Frauen als »wertvolles Nähr- und Kräftigungsmittel«. Das Koch'sche Malzbier hatte damals wie heute 2,5 Prozent Alkohol.

Die »Malzmühle« gehört zu Kölns kleinen Brauereien. Das Bier ist trüber als die meisten anderen Kölschsorten und schmeckt malziger. In der an die Brauerei angeschlossenen »MühlenBar« wird neben Kölsch aus dem normalen Zapfhahn das in Kleinstmengen gebraute sogenannte Craft-Bier angeboten – seit einigen Jahren

Großer Andrang
anlässlich des von der Stadt reglementierten Kartoffelverkaufs im Kriegsjahr 1915;
in der Hauptmarkthalle reichten die Warteschlangen bis vor die »Malzmühle«;
Fritz Geus, Fotografie – Kölnisches Stadtmuseum/Rheinisches Bildarchiv

… UND DER ZUKUNFT ZUGEWANDT?

drängen unzählige Craft-Biere diverser Mikro-Brauereien auf den Markt, die sich von den industriell gefertigten Bieren durch Geschmack und die rein handwerkliche Herstellung unterscheiden.

Im ebenfalls dazugehörenden »Höhnerstall« wird die 40-jährige Geschichte der Kölner Kultband »Höhner« anhand zahlreicher Exponate präsentiert.

Am südlichen Heumarkt ließ im 16. Jahrhundert der Hansekaufmann Gerhard Pilgrum mehrere Häuser errichten. Eines davon, 1541 erbaut, beherbergte seit dem Ende des 19. Jahrhunderts das Hotel und Weinhaus »Vanderstein-Bellen«. Es galt als das schönste der Stadt, bis es am 31. Mai 1942 dem sogenannten 1000-Bomber-Angriff zum Opfer fiel.

Von hier aus setzt sich unser Weg weiter fort in Richtung Rhein. Heute befindet sich der Thurnmarkt der Empfindung nach deutlich abseits des Heumarkts. Vor der Teilung in den 1930er Jahren lag er jedoch genau im Dunstkreis des Platzes: Hier befand sich etwa das Gasthaus »Heilig Geist«, in dem später Berühmtheiten wie Johann Wolfgang von Goethe und Giacomo Casanova nächtigten.

Gleich nebenan stand das Gasthaus »Wilder Mann«, wo es 1563 laut Hermann Weinsberg zu einem exotischen Auftritt kam: Am 10. Oktober wurde hier »ein Elefant, ein groß Biest« vorgeführt, »(...) es hatte lange Zähne und einen Schnabel, wie man's malt, von Farbe braun, mausfarben, nicht schwarz (...) so hoch wie ein Mann sich recken konnte, in der Mitte schier so dick wie zwei Pferde«[3]. Anschließend wurde der Elefant auf ein Schiff geladen und rheinaufwärts transportiert. Er soll ein Geschenk des Königs Philipp von Spanien an den römischen König Ferdinand gewesen sein.

Ebenfalls am Thurnmarkt befand sich seit ca. 1650 der Gasthof »Zum großen Ochsen«. Nach der Französischen Revolution wurde er in »Zum roten Ochsen« umbenannt. Auch heute noch begrüßt den Gast das Hauszeichen eines roten Ochsen am Eingang. Hier logierten der Marquis de La Fayette und 1817 auf seinem Besuch in

Nur das Eingangsportal
ist von den Zerstörungen des
Zweiten Weltkriegs verschont geblieben –
Foto Brauerei zur Malzmühle

Trümmer und Spitzendeckchen
Trotz der erheblichen Zerstörungen wurde der Betrieb
schnellstmöglich wieder aufgenommen und versucht, zur
Normalität zurückzukehren – Foto Brauerei zur Malzmühle

der neuen Rheinprovinz der preußische Kronprinz Friedrich Wilhelm, hier soll Ferdinand Freiligrath beim Beobachten schwäbischer Auswanderer zu seinem 1832 verfassten Gedicht »Die Auswanderer« inspiriert worden sein. Das Haus wurde im Zweiten Weltkrieg zerstört. Ab Mitte der 1950er Jahre widmete sich der neue Besitzer Karl Flöck mit seiner Frau Käthe dem Wiederaufbau. Mit Erfolg: Ende der 1960er Jahre war das Restaurant vor allem für seine großportionierten Fleischspeisen und den mit hunderten historischen Waffen, Gemälden, Fahnen und archäologischen Funden ausstaffierten Schankraum im Obergeschoss bekannt. Flöck gehörten auch die benachbarte Hotelgaststätte »Zum Anker« sowie die Schiffer- und Fernfahrertreffs »Em Schänzge« und »Em Stüffge«. Über der Theke im »Anker« hing der »Schrumpf-kopf eines Huambisa-Indianers«, um den Flöck das eine oder andere Völkerkunde-museum beneidet haben soll. Allesamt waren Lokale, die – so die Meinung Flöcks – nur in St. Pauli oder den Hafenvierteln internationaler Seestädte ihresgleichen hatten.

Und so falsch lag er damit nicht: Im zwielichtigen Hafen- und Marktviertel der 1950er Jahre nahmen seine Lokale eine besondere Rolle ein. Diese »Flugzeugmutter-schiffe der Verbrecherwelt«[4], wie der damalige Kölner Staatsanwalt Dr. Düntzer sie nannte, dienten kriminellen Banden als Startpunkt für ihre Beutezüge. Auch Prosti-tuierte warteten hier auf ihre Freier. Seit Ende des Zweiten Weltkriegs waren die am Hafen liegenden Trümmergrundstücke ein Ort zur Anbahnung sexueller Kontakte zwischen Prostituierten und Freiern – aber auch Homosexuellen – gewesen. Das rief natürlich auch die »Sittenpolizei« auf den Plan, deren ständige Kontrollen aber kaum Wirkung zeigten. Erst der 1963 gefällte Beschluss der Stadtverwaltung, die »Dirnen-

Hoher Besuch
US-Präsident Bill Clinton während des G-8-Gipfels 1999 in Köln
zu Besuch in der »Malzmühle« – Foto Brauerei zur Malzmühle

… UND DER ZUKUNFT ZUGEWANDT?

häuser« abzureißen, beendete das »unsittliche« Treiben am Thurnmarkt.

Von diesem Ausflug an den Rand des Heumarkts führt uns der Weg zurück auf die Mitte des Platzes. An der Ostseite befindet sich heute noch die »Keule« – einst Stammkneipe des SPD Politikers Hans-Jürgen Wischnewski, die er häufiger mit seinem Freund Otto Wolff von Amerongen, dem langjährigen Präsidenten des Industrie- und Handelstages, besuchte. Nach Aussage des damaligen Wirts, Christian Hoffmann, betrieben die beiden hier »Entwicklungshilfe für Schottland« – indem sie große Mengen Whisky tranken.

In der nordöstlichen Ecke des Heumarkts schließt die Salzgasse an. Im Mittelalter wurde Köln durch diese Gasse und das am Rhein gelegene Salzgassentor mit Wein versorgt – heute wälzen sich die Massen auf der Suche nach Vergnügen durch dieses Nadelöhr der Kölner Altstadt. Hier erinnern Ambiente und Geräuschpegel an einen berüchtigten Strandabschnitt auf Mallorca – Lokale wie der »Keks« versuchen, ihre Kundschaft mit Gassenhauern und gefälliger Tanzmusik zu locken. Zu gegebener Stunde schmettern hier hunderte Kehlen »Kölsche Jung« von Brings oder die Hymne des 1. FC Köln über die Salzgasse. Das Gewölbe, unter dem im »Keks« gesungen wird, ist indes nicht echt, sondern ein bloßer Versuch, an die Tradition des Viertels anzuknüpfen.

Etwas weiter Richtung Rhein befindet sich das Brauhaus »Sünner im Walfisch«. Vielleicht war es ein Zugeständnis an den Standort im Hafenviertel Kölns, das die Besitzer 1789 veranlasste, ihre Altstadt-Brauerei »Walfisch« zu taufen. Oder es hatte sich bereits im 16. Jahrhundert ein Wal in den Rhein verirrt (ähnlich wie der »Moby

Britische Kolonialtruppen
vor dem Hotel Vanderstein-Bellen während der britischen Besatzung
nach dem Ersten Weltkrieg; unbekannter Fotograf, um 1920 –
Kölnisches Stadtmuseum/Rheinisches Bildarchiv

248

Dick« getaufte Beluga 1966).Vielleicht war es auch der Sinn für Tradition: Schon
die »Gaststätte zum Einhorn«, seit 1623 die Vorgängerin des »Walfischs«, trug den
Namen eines für Köln eher untypischen Wesens. Das 1626 errichtete Gebäude mit
Stufengiebel stand ursprünglich in der Tipsgasse 4. 1935 kaufte Willy Gerbecks den
»Walfisch«, ließ das Haus Stein für Stein abtragen und in der Salzgasse 13 wieder-
errichten. Grund dieses »Umzuges« war die von den Nationalsozialisten betriebene
Altstadtsanierung, mit der man das überbevölkerte Viertel kontrollieren wollte und
rund 120 Prostituierte und 33 Bordelle vertrieb. Der »Walfisch« in der nun »gesäu-
berten« Salzgasse war ein feines Restaurant mit einem 150 000 Flaschen zählenden
Weinkeller. Nach dem Zweiten Weltkrieg erhielt er sogar einen Michelin-Stern, die
Ober trugen Smoking und hier verkehrten Gäste wie der spätere Bundeskanzler
Ludwig Erhard mit seiner Frau Luise. Hummer gibt es keinen mehr, dafür eine große
Zahl historischer Kupferstiche mit Walmotiven, eine Kölner Decke und das alte
Hauszeichen (natürlich in Form eines Wals) zu bestaunen.

Heute trudelt die Kneipen-und-Gasthausszene am Heumarkt zwischen kölsch-
tümelnder Tradition und ihrer Entäußerung durch die Hinwendung zum Tourismus.
Bei einem Spaziergang durch die Kneipen und Gaststätten dieses ehemaligen Brenn-
glases Kölner Kneipenkultur begegnet man sehr schnell dem »Kölschen Hätz« – allerdings nur aus Pappmaschee. Der Heumarkt erscheint wie ein Potemkinsches Dorf,
kölscher Thekensitzer und Köbes sind hier beinahe ausgestorben. Vielmehr ergießt

Gasthaus »Em Schänzge«
am Thurnmarkt; im Hintergrund ist die Hausmarke
des Gasthofs »Zum roten Ochsen« zu erkennen –
Foto Stadtkonservator Köln

sich über dem alten Marktviertel allwöchentlich das Partyvolk aus allen Teilen Kölns, dem Bergischen, der Eifel oder dem Vorgebirge.

Noch in den 1950er Jahren wetterte der erwähnte Wirt von »Anker« und »Rotem Ochsen« gegen die Vergnügungsparkstimmung auf »Hohe Straße, Schildergasse, Neumarkt und Ring, [denn] wo die bunten Lichtreklamen leuchten, wo sich die laute Betriebsamkeit unserer Tage auf ihre Art ausleben will, ist kaum Platz für kölsche Eigenart«. Gut möglich, dass er mit der verklärenden Romantisierung des Viertels und seiner Lokale versuchte, gegen die ständigen Kontrollen der »Sittenpolizei« vorzugehen: Nur »[z]wischen den Brücken von Köln drängen sich die Weinstuben und Gaststätten, in denen rheinische Volksart lebt und webt. Da leben Tünnes, Pitter und Schäl noch heute, die tabakrauchgebeizten Balken der Gaststuben biegen sich bei den Witzen der kölschen Grielächer, und manches Ostermannlied klingt noch auf, wenn in den stillen Gassen die Lämpchen unter den Madonnenfiguren an den Hauswinkeln im Nachtdunkel flackern.«[5] Jedenfalls ist es heute kaum zu glauben, dass er mit seinen Beschreibungen das Heumarktviertel meinte.

Sehr angenehm gelegen
So wirbt der »Gasthof zum Geist«
am Thurnmarkt in einer Anzeige;
Berndt, Kupferstich, Ende 18. Jahrhundert – Kölnisches Stadtmuseum/
Rheinisches Bildarchiv

Feiermeile in der Altstadt
Die Salzgasse in Blickrichtung nach Westen –
Foto Rheinisches Bildarchiv

Literatur
Flöck, Anker o.J.; Flöck, Ochse o.J.;
Forsbach 2013; Grevens Adressbücher
1880; Hässlin 1961; Huiskes 1990; Kramp,
2012, S. 210–227; Macherey 1921;
Mathar 1999; Mathar und Spiegel 1989;
Stahl und Wien 1968; Stein 1893–1895.

VOM MARKTPLATZ ZUR FEIERMEILE
ZUR EVENTKULTUR AUF DEM HEUMARKT

STEFAN LEWEJOHANN UND
SASCHA PRIES

Lange war der Heumarkt das pulsierende Herz der Stadt – hier kamen Menschen aus aller Welt zusammen. Hier verbreiteten Spielmänner und Gaukler Kurzweil unter den Kaufleuten und Marktbesuchern des Mittelalters, sorgten Tanzbären für – aus heutiger Sicht – zweifelhaftes Vergnügen und sogar exotische Tiere wie Elefanten wurden im Marktviertel der Menge vorgeführt, wie Hermann Weinsberg zu berichten wusste. Diese Stimmung alltäglichen Trubels hat der Heumarkt inzwischen eingebüßt. Der uralte Marktplatz entwickelte sich zunehmend zu einem Ort für Events, deren Größe und Beliebigkeit nicht unbedingt den Altstadtcharme des Ortes unterstreichen. Aber schauen wir zurück auf die Geschichte der Eventkultur auf dem Heumarkt.

Schon im Mittelalter war unser Platz ein wichtiger Ort des karnevalistischen Treibens. Vor allem in den hier und in der Umgebung ansässigen Gaffel- und Zunfthäusern wurde gefeiert und getanzt. Es war damals durchaus üblich, sich zur Fastnacht zu vermummen, was der Rat allerdings aus Angst vor Exzessen immer wieder verbot. Auch im 18. Jahrhundert war der Heumarkt ein beliebter Anlaufpunkt des jecken Volkes: Eigens für die Fastnachtszeit erteilte der Rat Schwerttänzern die Erlaubnis, hier ihre Vorstellungen zu geben.

Heute ist der Heumarkt eines der Epizentren des Kölner Karnevals und lockt jährlich schon am »Elften im Elften« zehntausende Jecke vor die große Bühne, wo sich die singende Hautevolee das Mikro in die Hand gibt. Eine Band wird dort künftig fehlen: Die Bläck Fööss haben »keine Lust mehr auf das Spektakel«[1], erteilten dem Massentreiben eine Absage und stießen eine Diskussion um Tradition und Kommerz im Karneval – nicht nur am Heumarkt – an.

Auch außerhalb der Session – etwa während der alljährlich am zweiten Freitag nach Ostern stattfindenden Gottestracht, einer Prozession rund um die mittelalter-

Schach spielende Jecken
Elfter im Elften auf dem Heumarkt, 2010 –
Privatbesitz, Foto Rüdiger Müller

Ein zweifelhaftes Vergnügen
boten Tanzbären den mittelalterlichen Marktbesuchern;
Knochen, 13. Jahrhundert – Kölnisches Stadtmuseum/
Rheinisches Bildarchiv

liche Stadt – war der Heumarkt seit Jahrhunderten eine beliebte Anlaufstation für Schausteller und ihre Bühnen. Mit ihnen kamen »Gäuchelspieler, seiltänzer [sic!] und andere Spielende«[2], Marionetten- oder auch Affentheater in die Stadt. Im Juli 1724 erregte der Arzt Johann Christian Hüber mit seiner Schaustellergruppe großes Aufsehen: Unter den 50 Personen, die ihr Lager auf dem Heumarkt aufgeschlagen hatten, befanden sich nämlich eine Zwergin sowie zwei Kamele.

Dass das Publikum gegenüber den Darbietungen auf dem Heumarkt einen hohen Anspruch hatte und äußerst kritisch sein konnte, zeigte sich 1713: Am 24. April wurde dem Rat gemeldet, dass Kölner Studenten die Spiel- und Gaukelhütten »durch Werfung von Steinen (...) Unleydentlich incommodiren thäten«[3].

Teilweise ging es bei Aufführungen auch heiß her – nicht immer zur Freude der Anwohner. So baten sie den Rat am 8. November 1758, da man »der feursbrunst gäntzlich exponirt« werde, die Operngesellschaft von Mauro Gurrini an »einen anderen keinem Menschen schaden zufügen könnenden orth«[4] zu verlegen. Ein Feuer ganz anderer Art entfachte Giacomo Casanova im Anschluss an die Vorstellung einer französischen Theatergruppe: Während seines Aufenthalts in Köln 1760 besuchte

Quacksalber vor St. Maria im Kapitol
Ein Zahnbrecher, umgeben von Schauspielern, lockt zahlreiche Zuschauer an;
Gerrit Berckheyde, Leinwand auf Holz, drittes Drittel 17. Jahrhundert –
Kölnisches Stadtmuseum/Rheinisches Bildarchiv

er mit Freunden eine Bretterbude auf dem Heumarkt. Dort lernte er Maria Ursula Columba zum Pütz, verheiratete de Groote, kennen und verwickelte sie in ein kurzes, aber höchst intensives Liebesabenteuer. Dass sie ausgerechnet die Frau des amtierenden Kölner Bürgermeisters Franz Jacob de Groote war, scheint ihn nicht gestört zu haben.

In den 1820er Jahren entwickelte sich auf dem Alter Markt und dem nördlichen Teil des Heumarkts im Dezember der jährliche Nicolaimarkt. Anlass war das Fest des heiligen Nikolaus, das am 6. Dezember bei den meisten Kölner Familien mit einer Bescherung gefeiert wurde. Erst im Laufe der Zeit begannen auch die Kölner mit dem Christkind vorliebzunehmen und die Feierlichkeiten auf den 24. oder 25. Dezember zu verlegen. Den Marktverkäufern in ihren »Hötten« war das nur recht, gab es ihnen doch so ein gutes Argument für die Verlängerung ihrer Standzeiten, vom 1. Dezember bis zum 1. Januar, was der Rat 1837 entschied.

Gleichzeitig wurden Regeln für die Stände und Verkäufer aufgestellt: Zugelassen waren nur Kölner Händler, die Kinderspielzeug oder Backwaren anboten. Wer Gebäck verkaufte, durfte keinen Alkohol ausschenken und die Betreiber mussten je nach Breite

Jahrmarktszene auf dem Heumarkt
Vor der preußischen Hauptwache lockt eine Schießbude das zahlende Publikum;
Tillmann Wattler, Aquarell (Ausschnitt), 1851 –
Kölnisches Stadtmuseum/Rheinisches Bildarchiv

ihrer Buden (maximal 20 Fuß, ca. 6,30 Meter) ein Standgeld entrichten, Tische von 3 Fuß Breite kosteten 10 Pfennig. Trotz dieser genauen Vorschriften machten sich auf dem Heumarkt langsam, aber sicher Ramschbuden breit: Anfang der 1880er Jahre verkauften von 94 Buden nur noch die Hälfte Spielzeug und Gebäck. Die anderen boten Galanterie- und Kurzwaren, Schuhe, Zinn- und Blechartikel an oder waren reine Schau- oder Fotografenbuden. Besonderer Beliebtheit erfreuten sich die Schießbuden, von denen eine direkt neben dem preußischen Wachgebäude gestanden hatte.

Inzwischen war die ganze Fläche des Heumarkts mit Buden besetzt, im nördlichen Teil wurden Christbäume verkauft und auch ein »Türk«, der türkischen Honig anbot, war hier und da zu sehen. Der umgestaltete Heumarkt, mit dem Reiterstandbild Friedrich Wilhelms III. und dem Verkehrsknotenpunkt der Pferdebahn, war für diese Art von alljährlicher »Belagerung« in den Augen des Rates offenbar nicht mehr geeignet: 1885 fand der vorerst letzte Weihnachtsmarkt auf dem Heumarkt statt.

Fritz Imhoff komponierte ein Jahr später sein »Schwaneleed vun der Hötte«, in dem er die Entscheidung massiv kritisierte. Die »Hötten« hätten die Wirtschaft nach vorn gebracht und die wohlhabenden Kölner Kaufleute hätten sich alles bei den Marktverkäufern abgeschaut. »Doch, Köln, do denks noch ens aan us met Schrecken/ Wann dingen Handel geit der Berg erav!«, besang er den Verlust. Und siehe da: 120 Jahre später, seit 2005, stehen die »Hötte« wieder jedes Jahr auf dem Heumarkt, ergänzt durch die große Eislaufbahn rund um das Reiterstandbild, ziehen sie Busladungen unzähliger Touristen an.

Zwischen dem 4. und 16. Dezember 1869 machte der Circus Carré auf dem Heumarkt dem Nicolaimarkt Konkurrenz: In dem »gut geheizt[en]« Zelt wurden neben Seiltanz, dem »Non plus ultra in der Gymnastique«, und den Pausenclowns Gebr. Nagels, Rossi und Zavreta vor allem Pferdenummern präsentiert. Die Carrés waren für ihre Dressuren weltbekannt. So wundert es nicht, dass der Direktor Oscar Carré und sein Bruder Adolf höchstselbst die »Concurrenz der beiden Springpferde Flash

Deutscher Gewerkschaftsbund Maikundgebung Köln 1949.
Redner: Ministerpräs. Karl Arnold.
Foto: D. Storp, Düsseldorf.

und Thunderbolt« und die »Tischpromenade der 4 Trakehner Hengste« darboten.[5]
1873 schaffte es Oscar Carré, zwölf Hengste in der Manege gleichzeitig steigen zu
lassen. Carré gewann die in Köln geschlossene Wette über 10 000 Mark mit dem
berühmten Zirkusdirektor Ernst Renz, der behauptete, dies ebenfalls bewerkstelligen
zu können. 1879 eröffnete Oscar Carré in der Gertrudenstraße ein festes Zirkusge-
bäude mit Platz für 3000 Zuschauer und Stallungen für 90 Pferde. Damit waren die
Gastspiele in dem provisorischen Zelt auf dem Heumarkt Geschichte.

Zwischen 1933 und 1945 spielte der Heumarkt eine wichtige Rolle bei der
Selbstinszenierung der Nationalsozialisten. So diente er etwa am 7. März 1936
anlässlich der Rheinlandbesetzung als Startpunkt für einen großen Fackelzug über
den Domplatz zur zentralen Kundgebung am Neumarkt. Auch beim Hitler-Besuch
drei Wochen später war der Heumarkt zentraler Kundgebungsort. Ab Ende 1940
waren an der Brückenrampe am Heumarkt im Rahmen einer Wanderausstellung des
Wehrkommandos VI und des Luftgaukommandos VI für 14 Tage »Beutestücke« aus
dem Westfeldzug zu sehen.

Zu einer von den Nazis besonders groß inszenierten Veranstaltung kam es am
10. Juli 1943: Bei einer Großkundgebung auf dem Heumarkt gedachte die Kölner

Maikundgebung 1949
des Deutschen Gewerkschaftsbunds auf dem Heumarkt,
am Mikrofon NRW-Ministerpräsident Karl Arnold; Dieter Storp, Fotografie, 1949 –
Kölnisches Stadtmuseum/Rheinisches Bildarchiv

Bevölkerung den Opfern des Bombenkriegs. Unter großer Beteiligung des NS-Funktionärskorps ließ man die Glocken der anliegenden Kirchen läuten. Um 17.26 Uhr gab es eine Schweigeminute und gleichzeitig sollten die Arbeiter der Kölner Betriebe die Arbeit ruhen lassen. Im Anschluss an eine Ansprache des Gauleiters Josef Grohé, in der er das »Judentum« für den gegen Deutschland gerichteten Luftkrieg verantwortlich machte, fand eine Verleihung von Kriegsverdienstkreuzen an Kölner statt.[6]

Auch in der direkten Nachkriegszeit war der Heumarkt ein Ort politischer Demonstrationen: Am 1. Mai 1949 beispielsweise kam es zu einem Sternenmarsch. Von zehn Kölner Vororten aus zogen rund 10 000 Gewerkschafter zu einer zentralen Kundgebung auf dem Heumarkt. Mitten in der Kölner Ruinenlandschaft hielt NRW-Ministerpräsident Karl Arnold die Hauptrede und unterstrich die Forderung nach mehr Mitbestimmung der Werktätigen und einer Neuordnung der Großwirtschaft in Nordrhein-Westfalen. Auch die Integration der Flüchtlinge aus den sowjetisch besetzten Gebieten war ein wichtiges Thema seiner Ansprache. Anschließend sangen die Teilehmer gemeinsam die Internationale. Die KVB tat sich wegen des Sonntagsfahrplans schwer, die Massen nach Hause zu befördern. Bis heute finden die Kundgebungen zum 1. Mai am Heumarkt statt.

Und nicht nur dies: Demonstrationen für Bürgerrechte der Schwulen und Lesben sind inzwischen zum Massenphänomen geworden – so auch in Köln. Seit 1991 bildet der Heumarkt das Zentrum des Straßenfestes im Rahmen des Kölner Christopher Street Days, der heute als ColognePride und einer der größten (und schönsten) Europas jährlich knapp eine Million Menschen in die Altstadt lockt: Homo-Hauptstadt Köln.

Aber auch rechtsextreme Gruppierungen versuchten, den Platz für ihre Demonstrationen zu nutzen. So sollte der sogenannte Anti-Islamisierungskongress,

Politischer Heumarkt
Immer wieder finden politische Kundgebungen auf dem Platz statt, wie hier anlässlich der Demonstration gegen den Aufmarsch rechter Hooligans in der Kölner Innenstadt im Oktober 2015

Winterliches Vergnügen
Seit 2005 lockt der Weihnachtsmarkt jährlich tausende Besucher auf den Heumarkt; eine Attraktion stellt dabei stets die Eisbahn rund um das Reiterdenkmal dar – Weihnachtsmarkt Kölner Altstadt

der u. a. von der rechtsextremen Partei ProKöln veranstaltet wurde, auf dem Heumarkt stattfinden. Ein breites Bündnis aus Parteien, Gewerkschaften, gesellschaftlichen und politischen Gruppen, Bands, Musikern und rund 50 000 Demonstranten konnte den damit verbundenen Aufmarsch der Neonazis jedoch verhindern.

Ein Zeichen gegen Ausgrenzung, Fremdenhass und für ein buntes Deutschland wurde am 25. Oktober 2015 gesetzt. Als sich Hooligans und Neonazis ankündigten, gegen die vermeintliche »Islamisierung« Europas zu demonstrieren, hielt Köln dagegen: Unter dem Motto »Köln stellt sich quer« marschierte eine große Gegendemonstration vom Heumarkt aus zum Deutzer Ottoplatz und verhinderte den Marsch der Rechten in die Innenstadt.

Die Großfläche des Heumarkts sah aber auch anderes: So befand sich hier 1999 beim G-8-Gipfel das Medienzentrum und im darauffolgenden Jahr die in der Öffentlichkeit umstrittene und viel diskutierte »Körperwelten«-Ausstellung. Beim »Sommermärchen« der Fußballweltmeisterschaft 2006 feierten die Fans auf der Fanmeile am Heumarkt. Auch Weinliebhaber finden hier bei der alljährlichen Weinwoche ihren Platz.

Doch mit jedem weiteren Großevent droht der Heumarkt ein weiteres Stück seiner früheren Identität zu verlieren. Noch zu Beginn des 20. Jahrhunderts war er – das belegen die zeitgenössischen Fotos eindrucksvoll – ein geschäftiger Ort, von Menschen gefüllt und vom Handel geprägt. Mit dem Zweiten Weltkrieg, der Zerstörung und dem Wiederaufbau änderte sich das: Heute zerschneiden Straßen und Bahntrassen die ursprünglich zusammengehörige Marktfläche und der Platz wird im wahrsten Sinne des Wortes »links liegen gelassen«. Einheimische trifft man daher kaum noch hier an, sie haben sich andere Orte der Stadt erobert, wie den Brüsseler Platz, den Lenauplatz oder den Vorplatz von St. Agnes. Wochenmärkte finden dezentral statt, etwa auf dem Neptunplatz, dem Wilhelmplatz oder dem Platz vor St. Heribert in Deutz. Hat der Heumarkt seine Funktion als Träger Kölner Identität verloren? Sollte er – wenn es so weitergeht – bald nur noch die Decke eines Parkhauses sein?

257

… UND DER ZUKUNFT ZUGEWANDT?

Literatur
Alexander 2015; Architekten- und Ingenieurs-Verein für den Niederrhein und Westfalen 1888; DGB-Region Köln–Leverkusen– Erft-Berg 2006; Eigen Haard, 20.3.1909; Groten 1988; Hässlin 1961; Herborn 2009; Jacob 1938; Kölnische Rundschau 3.5.1949, S. 1, 9; Merlo 1890, S. 145–219.

Unveröffentlichte Quellen
Kölnisches Stadtmuseum G 20715, 1–9.

VON CHICAGO BIS NACH SYDNEY
ÜBER DIE HEUMÄRKTE DIESER WELT
STEFAN LEWEJOHANN

Hunderte Eisläufer vergnügen sich auf der großen Freifläche des Heumarkts, aus der Ferne weht der Wind das Läuten der weit über die Stadtgrenzen bekannten Domglocke herüber – nicht der »decke Pitter«, sondern die »Pummerin«. Denn wir befinden uns nicht auf dem Kölner Weihnachtsmarkt auf dem Heumarkt, sondern im dritten Bezirk Wiens. Der hier befindliche Heumarkt erhielt seinen Namen von dem in großen Mengen aus Ungarn hergeschafften und feilgebotenen Heu. Seit 1901 ist der Eislaufverein dort beheimatet und hatte am 21. und 22. Januar 1907 sogar die Eiskunstwelt zu Gast, die hier ihre Weltmeisterschaft austrug. Heftige Diskussionen in der Stadtgesellschaft rief jüngst die geplante Platzneugestaltung mit Hotel, Konzerthaus und Eislaufverein hervor. Das Projekt orientierte sich an der Idee des Architekten Ludwig Baum, der in den 1890er Jahren hier ein »Olympion« plante, mit Raum für Konzerte, den 1867 gegründeten Eislaufverein sowie für eine Arena für 40 000 Menschen – nun liegt es vorerst auf Eis. Der Wiener Heumarkt: Handelsplatz für Heu, mitten in der Stadt und heute Vergnügungsfläche für Eisläufer – Parallelen zu Köln lassen sich zweifelsfrei ausmachen.

Der Wiener Heumarkt ist kein Einzelfall – auch in anderen Städten findet man Plätze mit diesem Namen oder Orte, die einmal so hießen. Allesamt nach dem dort gehandelten Heu benannt, liegen sie im Zentrum der Altstädte mitten im Marktviertel, mal Platz, mal Straßenzug – oft in der Nähe eines Flusses. So finden sich in Bamberg, Heidelberg, Hanau, Volkmarsen und Eibelstadt Heumärkte, im niederbergischen Wülfrath eine Heumarktstraße. Im schweizerischen Bern hieß der Südteil des heutigen Bärenplatzes seit dem 16. Jahrhundert Heumarkt. Erst in der Mitte des 19. Jahrhunderts setzte sich der heutige Name durch.

Auch Städten anderer Länder brannte sich der Heuhandel in die Stadtpläne ein: Im schottischen Edinburgh und im australischen Sydney heißen ganze Stadtteile »Haymarket«, im kanadischen Montreal gibt es einen »Marché au foin« (»Heumarkt« auf Französisch), im französischen Auxerre hieß die Place Charles Lepère früher »Marché au foin«. In London erstreckt sich der Straßenzug »Haymarket« vom Piccadilly Circus in Richtung Themse. Der »Sennaja Ploschtschad« (»Heumarkt«

auf Russisch) in St. Petersburg kann mit einem Bewohner von Weltruhm aufwarten: Fjodor Dostojewski. Der Sohn dieses Heumarktviertels lässt den Leser an der Seite von Rodion Raskolnikow, der Hauptfigur seines Romans »Schuld und Sühne«, durch das im 19. Jahrhundert verruchte Viertel mit Freudenhäusern und zwielichtigen Etablissements spazieren – und weist dem Heumarkt damit einen Platz in der Weltliteratur zu.

Doch nicht nur der Name verbindet den Kölner Heumarkt mit den Heumärkten dieser Welt – auch ihre Geschichte weist Parallelen auf. In der Münchner Altstadt etwa war der Sankt-Jakobs-Platz als Heumarkt bekannt. Ähnlich wie die preußische Hauptwache auf dem Kölner Heumarkt fand sich auch hier ein Wachgebäude. Seit 1808 taten 15 Kavalleristen im »Wachlokal im städtischen Feuerhaus am Anger« – im Volksmund »Angerpikett« genannt – ihren Dienst. Heute befindet sich hier im Zeughaus das Münchner Stadtmuseum und gegenüber das Jüdische Museum.

Der Marburger Heumarkt war ab 1903 zentraler Verkehrsknotenpunkt der Pferdebahn – im gleichen Jahr fuhren den Kölner allerdings schon vier der insgesamt 17 elektrischen Straßenbahnlinien an.

Ähnlich wie in Köln siedelte in Stettin die Kaufmannschaft um den »Rynek Sienny« (»Heumarkt« auf Polnisch) am Ufer der Westoder. Er war der Hauptmarktplatz im Zentrum der bürgerlichen Stadt. Die Kaufleute und Seefahrer stifteten hier 1355 die Nikolaikirche, die 1811 allerdings niederbrannte. Das Alte Rathaus am Heumarkt, seit dem 15. Jahrhundert Symbol der bürgerlichen Repräsentanz, wurde im Zweiten Weltkrieg zerstört, 1975 wiedererrichtet und beheimatet seitdem das Stadtmuseum. In direkter Nachbarschaft zum Heumarkt findet sich der »Rynek Nowy« (»Neumarkt«) – in Stettin fast wie in Köln. Heute trifft hier sozialistischer Wohnungsbau der späten 1950er Jahre auf vermeintlich barocke Prachtbauten, die nach historischem Vorbild wiedererrichtet wurden. Eine Sanierung am historischen Vorbild, die man sich zeitweise auch für den Kölner Heumarkt gewünscht hätte.

Im Zentrum Stockholms liegt seit dem 17. Jahrhundert der »Hötorget« (»Heumarkt« auf Schwedisch). Wie der Kölner Heumarkt seit dem Mittelalter war

Der Wiener Heumarkt
ist seit 1901 Heimat des Wiener Eislaufvereins; unbekannter Fotograf, 1901 – Archiv Bezirksmuseum Landstraße, Foto Wikicommons

Die alte Hötorgshallen in Stockholm
im Jahr 1953; kurze Zeit später musste sie einer modernen Markthalle weichen; unbekannter Fotograf – Stockholms stadsmuseum, Foto Lennart af Peterséns, Wikicommons

auch der Stockholmer Heumarkt nach Handelswaren organisiert: So wurde in einem Bereich mit Lebensmitteln, in einem anderen mit Holzstämmen, Stroh und dem namengebenden Heu gehandelt. 1856 wurde der Handel mit Heu auf den nahe gelegenen Platz »Norrmalmstorg« verlegt, doch behielt der Stockholmer Heumarkt seine Funktion als Markt. Ab 1884 fand dieser in der neuangelegten »Hötorshallen« (»Heumarkthalle«) statt – ähnlich wie 15 Jahre später in Köln. Allerdings war die Kölner Markthalle mit 7500 Quadratmetern fast fünfmal größer. In den 1920er Jahren mussten die kleineren Buden und Handwerksstätten weichen. 1953 wurde die Halle im Zuge der Neugestaltung der Stockholmer Innenstadt abgerissen und die neue »Hötorgscity« als massiger Gebäudekomplex im Stil der 1950er Jahre erbaut – eine Markthalle zog in den unterirdischen Teil des Komplexes.

Eine Tragödie verbindet den Kölner Heumarkt mit dem »Haymarket« in Chicago. In den USA war der 1. Mai im 19. Jahrhundert der traditionelle »Moving Day«, der Stichtag für den Abschluss oder die Kündigung von Verträgen, was häufig mit Arbeitsplatz- und Wohnortwechsel verbunden war. 1886 versammelten sich rund 80 000 Arbeiter in Chicago, um hier für die Einführung des Achtstundentages zu demonstrieren. Am 3. Mai wurden bei Übergriffen der Polizei mehrere Demonstranten getötet, woraufhin man sich auf dem »Haymarket« versammelte. Zum Ende der Demonstration – es waren noch rund 200 Demonstranten auf dem Platz – trafen 176 bewaffnete Polizisten ein. Plötzlich detonierte eine Bombe. Nie wurde ermittelt, wer sie zündete: Panik brach aus, die Polizisten schossen um sich. Sieben Polizisten und vier Arbeiter starben. Am nächsten Tag wurde das Kriegsrecht ausgerufen und die Arbeiterführer verhaftet. In der Tagespresse betitelte man das Ereignis als »Haymarket Massacre«. Auf dem Kölner Heumarkt finden seit 1949 am 1. Mai, dem »Tag der Arbeit«, Gewerkschaftskundgebungen statt. Seinen Anfang aber nahm dieser Tag auf einem anderen Heumarkt – mitten in Chicago.

Das Alte Rathaus am Heumarkt in Stettin
beheimatet seit seiner Wiedererrichtung 1975
das Stadtmuseum – Foto David Castor,
2012, Wikicommons

Das Haymarket-Massaker in Chicago
Der Bombenanschlag während der Kundgebung am
3. Mai 1886 kostete elf Menschen das Leben;
Thure de Thulstrup, kolorierter Holzschnitt,
1886 – Foto akg-images/North Wind Picture Archives

UNVERÖFFENTLICHTE QUELLEN

Centrum Schule Geschichte Köln:
Zeitzeugeninterviews 1992/1993,
Archiv

Historisches Archiv der
Stadt Köln:
HAStK, Best. 400, Nr. 3199
HAStK, Best. 891/12, Bl. 15;
Abt. 1141, Nr. 5: Briefwechsel
zwischen E. Rietschel und
W. Müller, 24. Juli 1860
HAStK, Acc. 561, Nr. 309 und
Acc. 414, Nr. 70

Kölnisches Stadtmuseum:
G 20715, 1–9, Greven & Becht-
hold, Theaterzettel Circus Oscar
Carré auf dem Heumarkt in Köln,
12. Dezember 1869

Landesarchiv NRW:
LANRW, BR 0009, Nr. 1205

Lorber Paul Schneider +
Fuhrmann – Architekten:
Museum der Düfte in Köln. Duft-
kanal, Vorentwurf, Köln 1999

NS-Dokumentationszentrum
der Stadt Köln:
NS-DOK, Best. E 782/1&2
NS-DOK, Zeitzeugeninterview
mit Gerald (Gerd) Hannes im
1996, Z 10159

Eberhard Raths: Unternehmer des
Kölnisch Wasser-, Tabak- und Sei-
dengewerbes Kölns und Mülheims
während des 18. und zu Beginn
des 19. Jahrhunderts. Diplomarbeit
im Seminar für Wirtschafts- und
Sozialgeschichte (unpubliziert),
Köln, Wintersemester 1964/65

Stiftung Rheinisch-Westfälisches
Wirtschaftsarchiv:
RWWA, Abt. 106, Nr. 160,
Fasz. 17.
RWWA, Abt. 81, Nr. 40, Fasz. 2.
RWWA, Abt. 107 Deutz AG:
Hausbauurkunde Nikolaus August
Otto

AUSGEWÄHLTE LITERATUR

AIT Architektur, Innenarchitektur,
Technischer Ausbau: »Rheinblick.
Das neue Maritim in Köln«,
H. 6, 1989, S. 28–35

Beatrix Alexander: Eine Bretterbude auf dem Heumarkt ...,
2015, http://www.museenkoeln.
de/portal/bild-der-woche.
aspx?bdw=2015_46 (Stand:
6.8.2016)

Architekten- und Ingenieurverein
für Niederrhein und Westfalen
(Hg.): Köln und seine Bauten.
Festschrift zur VIII. Wandersamm-
lung des Verbandes deutscher
Architekten- und Ingenieur-Verei-
ne in Köln vom 12. bis 16. August
1888. Bd. II, Köln 1888

Architekten- und Ingenieurverein
für den Niederrhein und Westfalen und Köln mit Unterstützung
der Stadt Köln (Hg.): Bauliche
Entwicklung 1888–1927, Festgabe
zum Deutschen Architekten- und
Ingenieurtag 1927, Köln, Berlin-
Halensee 1927

Architekten- und Ingenieurverein
Köln e. V. von 1875 (Hg.): Köln,
seine Bauten 1928–1988, Köln
1991

Nico Aten, Diederik Bente, Franz
Kempken, Eva Lotter und Marion
Merse: Ausgrabungen auf dem
Heumarkt in Köln, in: Kölner Jahr-
buch 30, Köln 1997, S. 345–404

Nico Aten, Gjergj Frasheri, Franz
Kempken und Marion Merse:
Ausgrabungen auf dem Heumarkt
in Köln. Zweiter Bericht zu den
Untersuchungen von Mai 1997 bis
April 1998. In: Kölner Jahrbuch 31,
Köln 1998, S. 481–596

Nico Aten: Römische bis neuzeitliche Befunde der Ausgrabung
auf dem Heumarkt in Köln. Mit
Beiträgen von Pieter M. Grootes
und Ursula Tegtmeier, in: Kölner
Jahrbuch 34, Köln 2001, S. 621–700

Nico Aten: Die frühmittelalterlichen Bestattungen aus den
Ausgrabungen auf dem Heumarkt,
in: Kölner Jahrbuch 34, Köln 2001,
S. 831–839

Kristof Balser, Mario Kramp, Jürgen Müller und Joanna Gotzmann (Hg.): »Himmel und Hölle« – Das Leben der Kölner Homosexuellen 1945–1969, Köln 1994

Barbara Becker-Jákli (Hg.): Köln um 1825. Ein Arzt sieht seine Stadt. Die medizinische Topographie der Stadt Köln von Dr. Bernhard Elkendorf. Edition und Kommentar (Publikationen des Kölnischen Stadtmuseums Bd. 1, hg. v. Werner Schäfke), Köln 1999

Johannes Ralf Beines, Walter Geis und Ulrich Krings (Hg.): Köln: Das Reiterdenkmal für Friedrich Wilhelm III. von Preußen auf dem Heumarkt (Stadtspuren – Denkmäler in Köln, Bd. 31), Köln 2004

Johannes Ralf Beines: Lexikon der Künstler und Kunsthandwerker nebst ausführenden Firmen, in: Beines, Geis, Krings 2004, S. 251–301

Johannes Ralf Beines: Chronologie des Schicksals des Königsdenkmals 1990 bis heute, in: Beines, Geis und Krings 2004, S.486–489

Iris Benner: Kölner Denkmäler 1871–1918, Aspekte bürgerlicher Kultur zwischen Kunst und Politik (Publikationen des Kölnischen Stadtmuseums, Bd. 5), Köln 2003

Marianne Bergmann und Paul Zanker: ›Damnatio Memoriae‹ Umgearbeitete Nero- und Domitiansporträts, Jahrbuch des Deutschen Archäologischen Instituts 96, Berlin 1981, 317–412

Bericht über den Stand und die Verwaltung der Gemeindeangelegenheiten der Stadt Cöln in den Etatsjahren 1901 bis 1905. Köln 1906; ... für das Etatsjahr 1904. Köln 1906; ... für das Etatsjahr 1905. Köln 1907

Hartwig Beseler und Niels Gutschow: Kriegsschicksale Deutscher Architektur. Verluste – Schäden – Wiederaufbau. Eine Dokumentation für das Gebiet der Bundesrepublik Deutschland. Bd. I: Nord / Bd. II: Süd, Neumünster 1988

Heinrich Beyer: Urkundenbuch zur Geschichte der, jetzt die preußischen Regierungsbezirke Coblenz und Trier bildenden mittelrheinischen Territorien, 3 Bde., Coblenz 1860

August Boerner: Kölner Tabak-Handel und -Gewerbe. 1628–1910. Veröffentlichungen des Archivs für Rheinisch-Westfälische Wirtschaftsgeschichte II, Essen 1912

Karsten Dahmen: Untersuchungen zu Form und Funktion kleinformatiger Porträts der römischen Kaiserzeit, Paderborn 2001

Joachim Deeters: Ferdinand Franz Wallraf. Begleitbuch zur Ausstellung des Historischen Archivs der Stadt Köln, 5.12.1974–31.1.1975, Köln 1974

Joachim Deeters: Die französischen Jahre. Ausstellung aus Anlaß des Einmarsches der Revolutionstruppen in Köln am 6. Oktober 1794, bearb. v. Joachim Deeters, Historisches Archiv der Stadt Köln, 6.10.–16.12.1994, Köln 1994

DGB-Region Köln – Leverkusen – Erft-Berg (Hg.): 60 Jahre 1. Mai im Köln der Nachkriegszeit, Köln 2006

Carl Dietmar und Marcus Trier: Colonia – Stadt der Franken. Köln vom 5. bis 10. Jahrhundert, Köln 2011

Elka Donner: Köln in alten und neuen Reisebeschreibungen, ausgewählt von Elka Donner, Düsseldorf 1990

Otto Doppelfeld: Vom unterirdischen Köln, Köln 1979

Winfried Dotzauer: Die Mitglieder der Kölner Freimaurerlogen, insbesondere der Loge ›Le Secret des trois Rois‹, vom Ende des Alten Reiches bis zu den Freiheitskriegen. Ein Beitrag zur Entwicklung der städtischen Gesellschaft vom Ancien régime zum Zeitalter Napoleons, in: Jahrbuch des Kölnischen Geschichtsvereins 44, Köln1973, S. 123–231

Jost Dülffer (Hg.): Köln in den 50er Jahren. Zwischen Tradition und Modernisierung. Köln 2001 (Veröffentlichungen des Kölner Geschichtsvereins, Bd. 44)

Konstanze Eckert: Lucius Caecilius Iucundus, in: Harald Meller und Jens-Arne Dickmann (Hg.): Pompeji – Nola – Herculaneum. Katastrophen am Vesuv. Ausstellungskatalog Halle, München 2011, S. 178–179

Leonard Ennen: Zeitbilder aus der neueren Geschichte der Stadt Köln mit besonderer Rücksicht auf Ferdinand Franz Wallraf, Köln 1857

Edith Ennen: Kölner Wirtschaft im Früh- und Hochmittelalter, in: Kellenbenz 1975, Bd. 1, S. 87–194

Eigen Haard: Circus-Monarchen. Oscar Carré, 20. März 1909

Marion Euskirchen, Stefan Kleuver und Beate Schneider: Das Ubiermonument. Der verborgene Turm. Römische Geschichte(n) rund um Kölns ältesten Steinbau, Köln 2016

263

Karl Flöck: Zum roten Ochsen, Köln o.J.

Karl Flöck: Zwischen den Brücken von Köln, Köln o.J.

Ralf Forsbach: Hans-Jürgen Wischniewski, 2013, http://www.rheinische-geschichte.lvr.de/persoenlichkeiten/W/Seiten/Hans-JuergenWischnewski.aspx (Stand: 10.8.2016)

Norbert Franken: Wachsspachtelgriffe mit Minervabüsten, in: Kölner Jahrbuch 27, Köln 1994, S. 311–316

Fritz Fremersdorf: Ortsarchiv Köln, Römisch-Germanisches Museum der Stadt Köln, Fundbericht 1924.012

Fritz Fremersdorf: Ein Fund römischer Ledersachen in Köln, in: Germania 10, Heidelberg 1926, S. 44–56

Peter Fuchs (Hg.): Chronik zur Geschichte der Stadt Köln, 2 Bde., Köln 1990

Brigitte und Hartmut Galsterer: Die römischen Steininschriften aus Köln, Mainz 2010

Walter Geis: Befürworter und Widersacher im Streit um den Wiederaufbau des Denkmals seit dem Zweiten Weltkrieg, in: Beines, Geis und Krings 2004, S. 446–469

Jutta Göpfrich: Römische Lederfunde aus Mainz, in: Saalburg-Jahrbuch 42, Darmstadt 1986, S. 5–67

Sigrid Gramulla: Wirtschaftsgeschichte Kölns im 17. Jahrhundert, in: Kellenbenz 1975, Bd. 1 S. 429–518

Grevens Adressbuch für Köln: Köln 1864–2000

Jacob Grimm: Deutsche Rechtsalterthümer, Bd. 2, Leipzig 1899

Manfred Groten (Bearb.): Beschlüsse des Rates der Stadt Köln 1320–1550. Bd. 4. 1531–1540, Düsseldorf 1988

Hans Güldenpfennig: Kölner Verkehrsprobleme und Domumgebung (Veröffentlichungen des Kölnischen Geschichtsvereins, Bd. 11), Köln 1934

Karin Hachenberg: Die Entwicklung der Kölner Polizei in Köln von 1794 bis 1871, Rechtsgeschichtliche Schriften 10, Köln 1997

Alexandra Haertel: »umb eyn gemeyne beste ind ere der stede« – Regelungen des Kölner Wirtschaftslebens durch den Rat der Stadt im Spätmittelalter, in: Geschichte in Köln, Bd. 54, Köln 2007, S. 27–59

Lucie Hagendorf-Nußbaum: Klein St. Martin, in: Die romanischen Kölner Pfarrkirchen von den Anfängen bis zur Gegenwart. Geschichte – Architektur – Ausstattung, Bd. 2, Colonia Romanica XXIX, Köln 2014, S. 105–132

Wolfram Hagspiel: »Profanbauten nach 1945 (Beispiele)«, in: Peter Fuchs (Hg.), Chronik zur Geschichte der Stadt Köln, Bd. 2: Von 1400 bis zur Gegenwart, Köln 1991, S. 324–330

Karl Hammer: Jakob Ignaz Hittorff. Ein Pariser Baumeister 1792–1867 (Pariser Historische Studien, hg. v. Deutschen Historischen Institut in Paris, Bd. VI), Stuttgart 1968

Karl Hammer: Jakob Ignaz Hittorff (1792–1867), in: Rheinische Lebensbilder, Bd. 3, Düsseldorf 1968, S. 117–131

Joseph Hansen (Hg.) und Heinz Boberach (Bearb.): Rheinische Briefe und Akten zur Geschichte der politischen Bewegung 1830–1850 (Publikationen der Gesellschaft für Rheinische Geschichtskunde 36), Bd. 2/1, Januar 1846 bis April 1848, Düsseldorf 1942

Johann Jacob Hässlin (Hg.): Das Buch Weinsberg. Aus dem Leben eines Kölner Ratsherren, München 1961

Josef Helten: Die Kölner Börse. Von 1553 bis 1927, Köln 1928

Wolfgang Herborn: Die Geschichte der Kölner Fastnacht. Von den Anfängen bis 1600. Hildesheim, Zürich, New York 2009

Bernd-Ulrich Hergemöller: Die »unaussprechliche stumme Sünde« in Kölner Akten des ausgehenden Mittelalters, in: Geschichte in Köln 21 (1987), S. 5–51

Bernd-Ulrich Hergemöller: Sodom und Gomorrha. Zur Alltagswirklichkeit und Verfolgung Homosexueller im Mittelalter, Hamburg 2000

Bernd-Ulrich Hergemöller (Hg.): Fontes sodomitarum. Ausgewählte Quellen zur Homosexuellenverfolgung im christlichen Mittelalter, Hamburg 2015

Bernd-Ulrich Hergemöller u. a.: »Sodomiter« in spätmittelalterlichen Städten, URL: https://www.commsywiki.uni-hamburg.de/wikis/651782/2826739/Main/K%C3%B6ln1484 (Stand: 9.9.2016)

Jürgen Herres: Köln in preußischer Zeit (Geschichte der Stadt Köln im Auftrag der Historischen Gesellschaft e. V., Bd. 9), Köln 2012

Jakob Ignaz Hittorff. Ein Architekt aus Köln im Paris des 19. Jahrhunderts, Kat. Ausstellung Wallraf-Richartz-Museum, Köln 1987

Gunther Hirschfelder: Die Kölner Handelsbeziehungen im Spätmittelalter (Veröff. des Kölnischen Stadtmuseums 10), Köln 1994

Thomas Höltken: Heumarkt V. Karolingisch-Ottonische Hausbefunde vom Heumarkt in Köln, in: Kölner Jahrbuch 39, Köln 2006, S. 457–520

Thomas Höltken: Die mittelalterlichen Marktschichten vom Heumarkt in Köln, in: Kölner Jahrbuch 41, Köln 2008, S. 579–677

Thomas Höltken und Marcus Trier: Köln – Stadtentwicklung zwischen Kirchen und Kaufleuten, in: Gregor K. Stasch und Frank Verse (Hg.): König Konrad I. – Herrschaft und Alltag. Begleitband zur Ausstellung »911 – Königswahl zwischen Karolingern und Ottonen. König Konrad der Erste – Herrschaft und Alltag«. Vonderau Museum Fulda, Fulda 2011, S. 170–184

Manfred Huiskes: Beschlüsse des Rates der Stadt Köln. 1320–1550, (Publikationen der Gesellschaft für rheinische Geschichtskunde LXV), Bd. 1, 1320–1543, Düsseldorf 1990

Bernhard Irmler: Colonia Claudia Ara Agrippinensium. Architektur und Stadtentwicklung (unveröff. Diss.), Köln 2004

Franz Irsigler: Kölner Wirtschaft im Spätmittelalter, in: Kellenbenz 1975, Bd. 1, S. 217–319

Martin Jacob: Kölner Theater im 18. Jahrhundert bis zum Ende der reichsstädtischen Zeit (1700–1794), Emsdetten 1938

Peer Alexander Kantzow: Chancen der Stadtreparatur. Untersucht an den Planungen Gottfried Böhms für die Kölner WDR-Arkaden und deren städtebauliches Umfeld. Dissertation, Universität zu Köln, Köln 2007

Katalog der Modelle für das in Köln zu errichtende Königs-Denkmal Friedrich Wilhelm III., ausgestellt im Museum Wallraf-Richartz, Köln 1862

Katalog der Modelle für das in Köln zu errichtende Königs-Denkmal Friedrich Wilhelm III., Zweite Konkurrenz, ausgestellt im Museum Wallraf-Richartz, Köln 1864

Alexander Kaufmann: Wunderbare und denkwürdige Geschichten aus den Werken des Cäsarius von Heisterbach, ausgewählt, übersetzt und erläutert von Alexander Kaufmann, in: Annalen des Historischen Vereins für den Niederrhein, Bd. 47, Köln 1888

Hermann Kellenbenz (Hg.): Zwei Jahrtausende Kölner Wirtschaft, unter Mitarbeit von Klara van Eyll, 2 Bde., Köln 1975

Hermann Kellenbenz: Wirtschaftsgeschichte Kölns im 16. und beginnenden 17. Jahrhundert, in: ders. 1975, Bd. 1, S. 321–428

Hermann Kellenbenz und Klara van Eyll: Die Geschichte der unternehmerischen Selbstverwaltung in Köln 1797–1914, Köln 1972

Frauke Kemmerling und Monika Salchert (Hg.): Mieh Hätz wie Holz. Neue Erkenntnisse, alte Tradition – immerwährende Sehnsucht. 200 Jahre Kölsch Hännesche, Köln 2002

Hermann Keussen: Topographie der Stadt Köln im Mittelalter, 2 Bde. (Publ. der Ges. F. Rhein. Geschichtskunde – Preis-Schriften der Mevissen-Stiftung II), Nachdruck der Ausgabe Bonn 1910, Düsseldorf 1986

Michael Kiene: Jacques Ignace Hittorff, précurseur du Paris d'Haussmann, Paris 2011

Hiltrud Kier, Karen Liesenfeld und Horst Matzerath (Hg.): Architektur der 30er und 40er Jahre in Köln. Materialien zur Baugeschichte im Nationalsozialismus (Schriften des NS-Dokumentationszentrums der Stadt Köln, Bd. 5), Köln 1999

Hiltrud Kier: Heumarktdenkmal, in: Kölner Verkehrsverein (Hg.): Das Reiterdenkmal auf dem Heumarkt, Köln 1984, S. 14–20

Hiltrud Kier: Die Wiederaufstellung des Heumarktdenkmals 1978–1990, in: Beines, Geis und Krings 2004, S. 470–478

Werner Kind: 100 Jahre Handwerkskammer zu Köln, Köln 2000

Ute Klatt: Römische Klapptische, in: Kölner Jahrbuch 28, Köln 1995, S. 349–573

Gabriele Marita Knoll: Herausbildung, Dynamik und Persistenz von Standorten und Standortgemeinschaften im Großstadttourismus der Innenstadt von Köln im 19. und 20. Jahrhundert. Eine historisch-geographische Untersuchung (Geostudien SF 1), Köln 1988

Peter Knötzele: Römische Schuhe – Luxus an den Füßen (Schriften des Limesmuseums Aalen, 59), Stuttgart 2007

Peter Knötzele: Die Lederfunde aus Osterburken, in: Fundberichte aus Baden-Württemberg, 34/1, Stuttgart 2014, S. 699–766

Eugen Kogon: Der SS-Staat. Das System der deutschen Konzentrationslager, München 1974

Jutta Kokabi: Archäozoologische Untersuchung zu den Ausgrabungen Köln-Heumarkt, in: Kölner Jahrbuch 34, Köln 2001, S. 841–873

Kölner Verkehrs-Betriebe AG (Hg.): Nord-Süd Stadtbahn Köln. Haltestelle Heumarkt, Köln 2013

Kölner Stadt-Anzeiger: »Drei zweifelhafte Lokale geschlossen«, 4./5.3.1967

Kölner Stadt-Anzeiger: »Paragraf 175 – Leben zwischen Nachtbar und Beitstuhl«, 30.9.2014

Kölnische Rundschau: »Es muß endlich gehandelt werden«, Nr. 51, 4. Jg. 3.5.1949

Kölnische Rundschau: »Maianfang in Köln«, Nr. 51, 4. Jg. 3.5.1949

Eveline Kracht: »Hotel-Klassiker für genussreiche Stunden. Das Maritim: Hotelhalle zum Bummeln, Events in Festsälen, abwechslungsreiche Gastronomie«, Kölnische Rundschau, 9.9.2003

Mario Kramp: »… dass der gothische Stil bei den jetzt projectirten Bauten beibehalten werde …« – Gotik und Neugotik bei den Umbaumaßnahmen der Kölner Rathausbauten des 19. Jahrhunderts, in: Walter Geis und Ulrich Krings (Hg.): Köln: Das gotische Rathaus und seine historische Umgebung (Stadtspuren, Bd. 26), Köln 2000, S. 529–580

Mario Kramp: Gau, Franz Christian (François Chrétien), in: Saur Allgemeines Künstlerlexikon. Die Bildenden Künstler aller Zeiten und Völker, Bd. 50, München und Leipzig 2006, 161–162

Mario Kramp: Klassizismus und Kontrolle. Die Alte Wache am Waidmarkt, in: Mario Kramp und Marcus Trier (Hg.): Drunter und Drüber: Der Waidmarkt, Köln 2011, S. 115–119

Mario Kramp: Die Nacht ist nicht zum Schlafen da … in: Werner Schäfke (Hg.): Hafenstadt Köln, Köln 2012, S. 210–227

Mario Kramp: Köln/Nil – Die abenteuerliche Orient-Expedition des Kölners Franz Christian Gau 1818–1820, Begleitband zur Ausstellung im Kölnischen Stadtmuseum, Köln 2013

Detlev Kreikenbom: Griechische und römische Kolossalporträts bis zum späten ersten Jahrhundert nach Christus, Berlin, New York 1992

Antje Krug: Antike Gemmen im Römisch-Germanischen Museum Köln. Wissenschaftliche Kataloge des Römisch-Germanischen Museums IV, Frankfurt 1981

Bruno Kuske: Die Märkte und Kaufhäuser im mittelalterlichen Köln, in: Jahrbuch des Kölnischen Geschichtsvereins, Bd. 2, Köln 1913, S. 75–133

Bruno Kuske: Quellen zur Geschichte des Kölner Handels und Verkehrs im Mittelalter, 4 Bde. (Publikationen der Gesellschaft für Rheinische Geschichtskunde XXXIII), Bonn 1917–1934

Bruno Kuske: 400 Jahre Börse zu Köln, Köln 1953

Arnold Langen: Nicolaus August Otto, Stuttgart 1949

Yvonne Leiverkus: Köln. Bilder einer spätmittelalterlichen Stadt, Köln-Weimar-Wien 2005

Stefan Lewejohann: Das große Fressen in der guten Stube, in: Mario Kramp (Hg.): 125 Jahre Kölnisches Stadtmuseum. 125 mal gekauft – geschenkt – gestiftet, Begleitband zur Jubiläumsausstellung, Köln 2013, S. 76–77

Holger Liebs: »Hotelbauten«, in: Architekten- und Ingenieurverein Köln e.V. von 1875, Köln, seine Bauten 1928–1988, Köln 1991, S. 286–294

Doris Lindemann: Kölner Mobilität. 125 Jahre Bahnen und Busse. Hg. von der Kölner Verkehrs-Betriebe AG, Köln 2002

Jakob Lindlar: Die Lebensmittelpolitik der Stadt Köln im Mittelalter (Veröff. d. Köln. Geschichtsvereins 2), Köln 1914

Lambert Macherey: Kölner Kneipen im Wandel der Zeit (1846 bis 1921), Köln 1921

Andrew MacNeille: Zwischen Tradition und Innovation – Historische Plätze in der Bundesrepublik Deutschland nach 1945. Dissertation, Universität zu Köln, 2004

Thorsten Maentel: Robert Blum. Ich sterbe für die Freiheit, möge das Vaterland meiner eingedenk sein! In: Sabine Freitag (Hg.): Die Achtundvierziger. Lebensbilder aus der deutschen Revolution 1848/49, München 1998, S. 134–145

Maritim Hotel Köln: 10 Jahre Maritim Hotel Köln, Köln 1998

Franz Mathar und Rudolf Spiegel: Kölsche Bier- und Brauhäuser, Köln 1989

Franz Mathar: Prosit Colonia. Die vergessenen und die unvergessenen Brauereien, Bier- und Brauhäuser Kölns, Köln 1999

François Melis: Zur Geschichte der Neuen Rheinischen Zeitung und ihrer Edition in der Marx-Engels-Gesamtausgabe (MEGA), Hamburg 2012

Johann Jakob Merlo: Zur Geschichte des Kölner Theaters im 18. und 19. Jahrhundert, in: Annalen des Historischen Vereins für den Niederrhein, Bd. 50, Köln 1890, S. 145–219

Henriette Meynen: Festungsstadt Köln. Das Bollwerk im Westen, Köln 2010

Modernes Köln: Gesellschaft für Stadtentwicklung, Rautenstrauch-Joest-Museum für Völkerkunde, Köln 1988

Jürgen Müller: Ausgrenzung der Homosexuellen aus der »Volksgemeinschaft«. Die Verfolgung von Homosexuellen in Köln 1933–1945 (Schriften des NS-Dokumentationszentrums der Stadt Köln, Bd. 9), Köln 2003

Carl Niessen: Das rheinische Puppenspiel. Ein theatergeschichtlicher Beitrag zur Volkskunde, in: Rheinische Neujahrsblätter VII. H., Bonn 1928

Walter Oepen: »He wed Hännesche gespillt!« Die Spielstätten des »Kölschen Nationaltheaters«, in: Kemmerling und Salchert 2002, S. 102–121

Bernhard Peusquens: Die Kölner Zünfte bis zum Ausgang des Mittelalters, in: Beiträge zur Kölnischen Geschichte/Sprache/Eigenart, 2. Bd., H. 10 + 11, Januar 1917, S. 196–227

Hans Pohl: Wirtschaftsgeschichte Kölns im 18. und beginnenden 19. Jahrhundert, in: Kellenbenz 1975, Bd. 2, S. 9–162

Sascha Pries: Zum großen Cardinal. Foveaux: Blauer Dunst aus der Bolzengasse. In: Mario Kramp/Ulrich S. Soénius (Hg.): Made in Cologne. Kölner Marken für die Welt, Köln 2015, S. 204–207

Stefan Prott: 1396–1996. 600 Jahre Verbundbrief – der schwere Weg zur Demokratie. Hg. v. der Stiftung des Kölnhandwerks zur Förderung des demokratischen Staatswesens, Köln 1996

Michael Puls: Gustav Hermann Blaeser. Zum Leben und Werk eines Berliner Bildhauers. Mit Werkverzeichnis der plastischen Arbeiten, Köln 1996

Michael Puls: Zur Genese des Reiterdenkmals für Friedrich Wilhelm III. in Köln von 1855 bis 1878. Ein Thema in plastischen Variationen zwischen Rauch und Begas, in: Beines, Geis, Krings 2004, S. 74–159

Paul Ortwin Rave: Gustav Blaeser und sein Kölner Heumarktdenkmal, in: Wallraf-Richartz-Jahrbuch, Bd. 5, Köln 1928, S. 119–155

Reallexikon der germanischen Altertumskunde, Berlin und New York 2005

Hans-Jürgen Reuß: Nicolaus August Otto, Köln 1979

Manfred Ritschel: Linienchronik der Kölner Straßen- und Vorortbahnen 1903–1978, Köln 1978

Helmut Roth und Marcus Trier: Ausgewählte Funde des 4. bis 11. Jahrhunderts aus den Ausgrabungen auf dem Heumarkt, in: Kölner Jahrbuch 34, Köln 2001, S. 759–791

Arnold Ruge: Zwei Jahre in Paris. Studien und Erinnerungen. Teil 1, Leipzig 1846

Dieter Salzmann: Antike Porträts im Römisch-Germanischen Museum Köln, Kölner Jahrbuch für Vor- und Frühgeschichte 23, Köln 1990, S. 131–220

Werner Schäfke: Blauer Dunst. Vier Jahrhunderte Tabak in Köln, Köln 1984

Werner Schäfke (Hg.): Das neue Köln 1945–1965, Köln 1995

Werner Schäfke und Marcus Trier (Hg.): Mittelalter in Köln. Eine Auswahl aus den Beständen des Kölnischen Stadtmuseums, Köln 2010

267

Egon Schallmayer: Unterlagen zur römischen Rheinbrücke von Köln im Archiv des Saalburgmuseums, Saalburg Jahrbuch 50, Saalburg 2000, S. 205–212

Burghardt Schmidt und Elisabeth Höfs: Die Hölzer aus den Ausgrabungen auf dem Heumarkt in Köln als Baustein eines neuen 2500jährigen Eichenkalenders für Nordrhein-Westfalen, in: Kölner Jahrbuch 34, Köln 2001, S. 793–830

Julie Schmidt: Die Zunft der Fleischer zu Köln, in: Jahrbuch des Kölnischen Geschichtsvereins e. V., 4, Köln 1917, S. 1–189

Bettina Schmidt-Czaia: Das Historische Archiv der Stadt Köln. Geschichte – Bestände – Konzeption Bürgerarchiv, in: dies./ Ulrich Soénius: Gedächtnisort. Das Historische Archiv der Stadt Köln, Köln 2010, S. 10–38

Bettina Schmidt-Czaia (Hg.): Das Schatzhaus der Bürger mit Leben erfüllt – 150 Jahre Überlieferungsbildung im Historischen Archiv der Stadt Köln. Beiträge des Symposiums anlässlich des 150-jährigen Jubiläums am 19. Oktober 2007, (Mitteilungen aus dem Stadtarchiv von Köln, 98), Köln 2011

Bettina Schmidt-Czaia (Hg.) unter Mitwirkung von Gisela Fleckenstein und Max Plassmann: Erinnern an die Zukunft. Das Kölner Bürgerarchiv (Mitteilungen aus dem Stadtarchiv von Köln, 100), Köln 2014

Norbert Schmitt: Nadelöhr in der Limburger Fahrgasse. Lademasse für die Fuhrleute am Kölner Heumarkt, in: Jahrbuch des Kölnischen Geschichtsvereins, Bd. 52, Köln 1981, S. 235–236

Matthias Schreiber: »Häuser mit eigener Innenstadt. Höhepunkt des kölnischen Bauwunders: Ein Hotel am Rhein«, Frankfurter Allgemeine Zeitung, 31.3.1989

Rudolf Schultze und Carl Steuernagel: Colonia Agrippinensis. Ein Beitrag zur Ortskunde der Stadt Köln zur Römerzeit, in: Bonner Jahrbuch, Bd. 98, Bonn 1895, S. 1–144

Gerd Schwerhoff: Köln im Kreuzverhör. Kriminalität, Herrschaft und Gesellschaft in einer frühneuzeitlichen Stadt, Bonn u. a. 1991

Helmut Signon: Alle Straßen führen durch Köln, überarb. u. aktual. v. Klaus Schmidt, Köln 2006

Ulrich S. Soénius: Mobilität in der Großstadt. Verkehr in Köln im Jahr 1914, in: Mario Kramp, Petra Hesse und Ulrich S. Soénius (Hg.): Köln 1914. Metropole im Westen, Begleitband zur Ausstellung des Kölnischen Stadtmuseums, des Museums für Angewandte Kunst Köln und der Stiftung Rheinisch-Westfälisches Wirtschaftsarchiv zu Köln, Köln 2014, S. 82–89

Michael P. Speidel: Die Denkmäler der Kaiserreiter Equites Singulares Augusti. Beihefte der Bonner Jahrbücher 50, Köln 1994

DER SPIEGEL: »Kohl: Das läuft nicht gut«. H. Nr. 3, 16.1.1984

DER SPIEGEL: »Ein Abgrund von Sumpf hat sich aufgetan«, H. Nr. 4, 23.1.1984

Walter Stahl und Dieter Wien: Köln und Bonn von 7 bis 7, Hamburg 1968

Hugo Stehkämper und Carl Dietmar: Köln im Hochmittelalter. 1074/75–1288 (Geschichte der Stadt Köln im Auftrag der Historischen Gesellschaft e. V., Bd. 3), Köln 2016

Walther Stein: Akten zur Geschichte der Verfassung und Verwaltung der Stadt Köln im 14. und 15. Jahrhundert, 2 Bde. (Publikationen der Gesellschaft für Rheinische Geschichtskunde X), Bonn 1893–1895

Esther Sophia Sünderhauf (Hg.): Begas – Monumente für das Kaiserreich, Kat. Ausstellung Berlin, Deutsches Historisches Museum, Dresden 2010

Publius Cornelius Tacitus, Germania

Ursula Tegtmeier: Zweighölzer aus einer mittelalterlichen Schicht aus den Ausgrabungen auf dem Kölner Heumarkt: Hinweise auf Niederwaldwirtschaft, in: Kölner Jahrbuch 34, Köln 2001, S. 875–885

Bianca Thierhoff: Ferdinand Franz Wallraf (1748–1824). Eine Gemäldesammlung für Köln (Veröffentlichungen des Kölnischen Stadtmuseums, hg. v. Werner Schäfke, H. XII), Köln 1997

Th. F. Thiriart: Itinéraire de Cologne (Adress-Verzeichnis), Köln 1813

Renate Thomas: Die Jupiterstatuetten im Römisch-Germanischen Museum Köln, in: Kölner Jahrbuch 28, Köln 1995, S. 575–614

Renate Thomas: ›Miniaturporträts‹ als ›Propagandamittel‹. In: Dietrich Boschung und Hansgerd Hellenkemper, Kosmos der Zeichen. Schriftbild und Bildformel in Antike und Mittelalter. ZAKMIRA Bd. 5, Wiesbaden 2007, S. 285, 286

Renate Thomas: Denkmäler der Matronenverehrung in der CCAA (Köln), in: Kölner Jahrbuch 47, Köln 2014, S. 91–178

TOP Magazin: »Maritim Köln auf Platz 4, Maritim Bonn auf Platz 19«, H. 2, 1997

Werner Tschacher: Malleus maleficarum (Hexenhammer), in: Gudrun Gersmann, Katrin Moeller, Jürgen-Michael Schmidt (Hg.), Lexikon zur Geschichte der Hexenverfolgung (24.6.2008), URL: http://www.historicum.net/ no_cache/persistent/artikel/5937/ (Stand: 9.9.2016)

Walter Tuckermann: Die Häuser der alten Kölner Zünfte und Gaffeln, in: Mitteilungen des Rheinischen Vereins für Denkmalpflege und Heimatschutz, Jg. 5, H. 1, 1911, S. 82–95

Martin Turck: Von Wachtgebäuden bis zur Garnisonsbäckerei. Sonstige militärische Bauten, in: Henriette Meynen: Festungsstadt Köln. Das Bollwerk im Westen, Köln 2010, S. 328–341

Klara van Eyll: Wirtschaftsgeschichte Kölns vom Beginn der preußischen Zeit bis zur Reichsgründung, in: Kellenbenz 1975, Bd. 2, S. 163–266

Verhandlungen der Stadtverordneten-Versammlung zu Köln vom Jahre 1926

Verhandlungen des Rates der Stadt Köln: Nichtöffentliche Sitzung des Rates der Stadt Köln vom 11. Dezember 1986, in: Verhandlungen des Rates der Stadt Köln vom Jahre 1986, hg. v. der Stadt Köln, Der Oberbürgermeister, Köln 1986 (Ds-Nr. 2022/086)

Christiane Vielhaber: »Zehn Jahre Maritim. Nachts Spiegeleier für Elton John«, Kölner Stadt-Anzeiger, 22./21.11.1989

Hans Vogts: Die Profanen Denkmäler (Die Kunstdenkmäler der Stadt Köln 7,4), Düsseldorf 1930 (auch: Nachdruck 1980)

Hans Vogts: Das Kölner Wohnhaus bis zur Mitte des 19. Jahrhunderts (Rheinischer Verein für Denkmalpflege und Heimatschutz, Jahrbuch 1964/65), 2 Bde., Neuss 1966

Rita Wager: Ochsenkauf am Heumarkt, 2003, http://museenkoeln.de/portal/bild-der-woche. aspx?bdw=2003_31 (Stand: 21.10.2016)

Rita Wagner (Bearb.): Kölnischer Bildersaal. Die Gemälde im Bestand des Kölnischen Stadtmuseums einschließlich der Sammlung Porz und des Kölner Gymnasial- und Stiftungsfonds, hg. v. Werner Schäfke, Köln 2006

Dagmar Wahlenová: »Hotelneubauten«, in: Andreas Sauer, Kölner Architektur der achtziger Jahre, Köln 1989, S. 23–31

Ferdinand Franz Wallraf: Nachrichten über ehrenhafte Kölner unserer Zeit, welche durch ihre Ausbildung und durch ihren aus der Fremde hierher schallenden Ruf in Kunst und genialer Wissenschaft sich besonders hervorthun, in: Beiblatt der Kölnischen Zeitung Nr. 17 ff., 1820, ed. in: Johann Heinrich Richartz (Hg.): Ausgewählte Schriften von Ferdinand Wallraf, Köln 1861, S. 284–294

Ernst Weyden: Des Kölners Franz Christian Gau Reisen, in: Kölnische Zeitung Nr. 314–318, November 1856, Köln, Universitäts- und Stadtbibliothek Köln, Zeitungsausschnittsammlung, Merlo 1, S. 207–227

Hennig Wrede: Die spätantike Hermengalerie von Welschbillig, Berlin 1972

Edith Wurmbach: Das Wohnungs- und Kleidungswesen des Kölner Bürgertums um die Wende des Mittelalters, Bonn 1930

Klaus Zöller: »Nun lösen alle Partner die Hotel-Wette ein. Martim gestern abend feierlich eröffnet«, Kölner Stadt-Anzeiger, 20.1.1989

269

ANMERKUNGEN

**Unerwartete Entdeckung
am Malzbüchel**
1 Kölnische Rundschau,
17.8.1965.

Das Tor zum Heumarkt
1 Hässlin 1961, S. 152.
2 Hässlin 1961, S. 152 f.
3 Doppelfeld 1979, S. 39.
4 Hässlin 1961, S. 152.

Wo der Rubel rollt …
1 Zit. n. Beyer 1860, Bd. I. Nr. 263.
2 Stein 1893–1895, Akten Bd. II.
   Nr. 114, XXVIII § 8.
3 Stein 1893–1895, Akten Bd. II.
   Nr. 274, §§ 1,2.
4 Stein 1893–1895, Akten Bd. II.
   Nr. 51, I § 11.

Wo der Rubel entsteht …
1 Kaufmann 1888, S. 86.

**Ein vertuschter Sexskandal
am Heumarkt 1484**
1 HAStK, Kriminalakten 51, fol.
   1r, zit. n. Hergemöller 2000,
   S. 124.
2 Ebd., zit. n. Hergemöller 2000,
   S. 124.
3 HAStK, Kriminalakten 51,
   fol. 2r, zit. n. Hergemöller 2000,
   S. 125.
4 HAStK, Kriminalakten 51, fol.
   3r, zit. n. Hergemöller 2000,
   S. 130.
5 HAStK, Kriminalakten 51, fol.
   7r-8v, zit. n. Hergemöller 2000,
   S. 126.
6 Ebd., zit. n. Hergemöller 2000,
   S. 127.
7 Ebd., zit. n. Hergemöller 2000,
   S. 129.
8 Gemeint ist die »Seuche des
   Aufruhrs«, HAStK, Kriminalakten 51, fol. 7r-8v, zit. n.
   Hergemöller 2000, S. 126.
9 HAStK, Kriminalakten 51, fol.
   3r (untere Hälfte)-6v, zit. n.
   Hergemöller 2000, S. 135.

**Grausiges Spektakel der
Abschreckung**
1 Vgl. Grimm 1899, S. 726.

**Geschlechter, Bürger,
Freimaurer**
1 Vogts 1966, S. 488.

**Von den Karotten zum
Doppelmops**
1 Vgl. HAStK, Abt. Handel,
   M422 I, Bl. 46. Zit. n. Raths,
   1965, S. 75.
2 Ebd., Bl. 180. Zit. n. Raths,
   1965, S. 75
3 Vgl. HAStK, Abt. Handel,
   M. 581, Bericht vom
   17.12.1767 und ebd. Protokoll
   vom 10.6.1766. Zit. n. Raths,
   S. 73.
4 Vgl. RWWA, Abt. 106, Nr. 160,
   Fasz. 17.
5 RWWA, Abt. 81, Nr. 40, Fasz. 2.

**Zwischen Heumarkt und
Champs-Elysées**
1 Zit. n. Ennen, 1857,
   S. 60.
2 Ebd., S. 68.
3 Albert Klebe, Reise
   auf dem Rhein, zit. n.
   Donner 1990, S. 68.
4 Zit. n. Hammer, S. 2.
5 Wallraf 1861, S. 289.
6 Brief Wallraf an Reichsgraf
   Rigal, 21.11.1812, HAStK,
   Best. 1105, Nr. 16, Bl. 25;
   vgl. Deeters 1994, S. 124.
7 Weyden 1856, S. 209.
8 Brief Wallraf an Reichsgraf
   Rigal, 21.11.1812, HAStK,
   Best. 1105, Nr. 16, Bl. 25.
9 Brief Gau an Wagner,
   23.7.1821, Martin von
   Wagner Museum der
   Universität Würzburg,
   Br. Gau Bl. 251.
10 Wallraf, zit. n. Thierhoff
   1997, S. 26.
11 Wallraf, zit. n. Thierhoff
   1997, S. 26.

**Garant der öffentlichen
Sicherheit**
1 Vgl. LArchNRW, BR 0009
   Nr. 1905, Blatt 6 (Rückseite).
2 Vgl. LArchNRW, BR 0009
   Nr. 1905, Blatt 5.
3 Vgl. LArchNRW, BR 0009
   Nr. 1905, Blatt 16–17.
4 Vgl. Grundriss in der Graphi-
   schen Sammlung, Inv. Nr. A I
   3/908l.
5 Vgl. LArchNRW, BR 0009
   Nr. 1905, Blatt 16–17.
6 Ebd., Blatt 27.
7 Vgl. I IAStK, Best. 400,
   Nr. 3199, Blatt 12.
8 Vgl. ebd.
9 Zit. n. Hachenberg 1997,
   Polizei, S. 94.

Köln sucht das Super-Denkmal
1 Katalog der Modelle, 1862.
2 HAStK, Best. 891/12,
   Abt. 1141, Nr. 5, Blatt 15.

Stilbruch und Repräsentation
1 Hausbauurkunde.
   RWWA 107-F2596.
2 Hausbauurkunde.
   RWWA 107-F2596.
3 Hausbauurkunde.
   RWWA 107-F2596.

Die Hauptmarkthalle
1 Bericht Etatjahr 1904, S. 70.
2 Pohl 1975, S. 376.

**Die riskante Suche nach
dem »kurzen Glück«**
1 Festnahmeprotokoll des
   Hermann K. vom 2.8.1938,
   LAV NRW R, RW 58, Nr. 21727.
2 Festnahmeprotokoll des
   Wilhelm G. vom 21.8.1938,
   LAV NRW R, RW 58, Nr. 57848.

Vom Sockel gehoben und wiederauferstanden

1 Verhandlungen der Stadtverordneten zu Köln vom Jahre 1950. Köln 1950, S. 314.
2 Verhandlungen des Rates der Stadt Köln vom Jahre 1984. Köln 1984; Kier 2004, S. 357.
3 Mitteilungen von Dr. Thomas Werner/Stadtkonservator Köln am 18.8.2016.
4 Mitteilung von Martin Schwieren/Vorsitzender des Kölner Verkehrsvereins am 28.8.2016.

Günter, Jürgen, Hühner-Franz

1 Zit. n. Kramp, »Homosexuelle machen sich in Köln breit«, in: »Himmel und Hölle«, S. 185.
2 Ebd., S. 189.
3 Zit. n. Jürgen Müller, »Das Lokal am Abend«, in: »Himmel und Hölle«, S. 22 f.
4 Bettina Janecek, »Paragraf 175 – Leben zwischen Nachtbar und Beichtstuhl«, in: Kölner Stadt-Anzeiger, 30.9.2014.
5 Zeitzeugeninterview, 1.2.1993, Centrum Schwule Geschichte.
6 Zeitzeugeninterview, 26.2.1992, Centrum Schwule Geschichte.
7 Zeitzeugeninterview des Verf. mit Bert K., 22.7.2016.
8 Zeitzeugeninterview, 18.3.1992, Centrum Schwule Geschichte.
9 HAStK – Acc. 561, Nr. 309.
10 Ebd.
11 Ebd.
12 HAStK – Acc. 414, Nr. 70.
13 »Drei zweifelhafte Lokale geschlossen«, in: Kölner Stadt-Anzeiger, 4./5.3.1967.
14 »Kohl: Das läuft nicht gut«, in: DER SPIEGEL Nr. 3 vom 16.1.1984.

Die Handwerkskammer am Heumarkt

1 Modernes Köln 1988, S. 6 ff.

Drink doch ene met …

1 Stein, Akten, Bd. II, Nr. 44, § 1.
2 Beschlüsse, Bd. 1, 1481, Nr. 2.
3 Hässlin, Buch Weinsberg, S. 309.
4 Zit. n. Kramp 2012, S. 220.
5 Flöck, Anker, S. 3 f.

Vom Marktplatz zur Feiermeile

1 Kölnische Rundschau, 4.11.2015.
2 Ratsprotokolle 1700, fol. 110, zit. n. Jacob, S. 5.
3 Ratsprotokolle 1713 fol. 101, 102, zit. n. Jacob, S. 14.
4 Ratsprotokolle 1758, fol. 193, 194., Suppl. 30. X. 8. XI., zit. n. Jacob, S. 45.
5 Theaterzettel: Circus Oskar Carré auf dem Heumarkt in Köln, 12.12.1869, Kölnisches Stadtmuseum, Inv. Nr. G 20715, S. 1–9.
6 Für die Hinweise danken wir Dr. Thomas Roth vom NS-Dokumentationszentrum Köln.

271

Fassade »En d'r Höhnergass«
unbekannter Fotograf, 1970 –
Bilderbuch Köln, Archiv Ulrich
Herrmanns (Bild letzte Seite)